문명제국에서 국민국가로

기획강좌 : 근대의 갈림길 중국

문명제국에서 국민국가로

강진아 지음

창비
Changbi Publishers

기획강좌 '근대의 갈림길'을 펴내며

　지난 세기를 마무리하고 21세기로 들어오면서 우리 사회에서 100년 전의 세기 교체기에 대한 관심이 부쩍 높아졌다. 열강이 각축하는 중심에 한반도가 놓인 두 전환기의 유사성에 주목하며 또다시 한국이 위기를 겪는 게 아닌가 염려하기 때문이다.
　우리의 현재와 미래의 운명에 대한 깊은 우려에서 나온 이같은 역사적 관심에 부응하자는 것이 기획강좌 '근대의 갈림길'(전4권)을 기획한 동기이다. 네 권의 집필자들이 씨름한 물음은 동아시아 3국이 근대로 이행한 지난 세기의 교체기에 어떻게 서로 다른 길을 걷게 되었는가이다. 우리는 세 나라의 갈림길을 흔히 제국주의로 상승한 일본, 반식민지로 바뀐 중국, 식민지로 전락한 한국이란 이미지로 인식하는 데 아주 익숙하다. 더 나아가 일본은 근대의 '우등생', 중국은 '절반 열등생', 한국은 '열등생'이었다고 평가하기까지 한다.

'근대의 갈림길'은 이러한 오래된 역사해석을 따져 물으면서, 새롭게 답을 찾기 위한 공동연구 과정의 결실이다. 제1권은 한국이 식민지로 된 것은 필연적인 결과가 아니라 당시 나타난 여러 가능성들 가운데 하나가 실현된 것일 뿐임을 보여준다. 제2권은 중국이 걸어온 지난 100년을 5,000년이란 긴 역사 속에 위치시켜 파악하면서 성공과 실패의 이분법을 넘어서는 시각을 모색한다. 제3권은 일본이 이룩한 근대의 성공과 그 뒷면인 억압과 팽창을 함께 제시하여 복합적 관점이 필요함을 강조한다. 제4권은 한·중·일의 근대이행기를 비교하여 그것이 서로 엇갈리면서도 동시에 얽힌 하나의 지역사라는 관점을 이끌어내고 그를 통해 성공과 실패의 역사를 다시 볼 것을 제안한다. 제1권에서 제3권까지가 각국의 개항에서 1910/1911년 무렵까지의 개괄적 서술의 형식을 택했다면, 제4권은 비교와 총괄의 서술 형식을 취했다.

이 공동연구를 진행하는 데는 (주)아모레퍼시픽의 지원이 크게 도움이 되었다. 동아시아 3국의 근대이행기에 대한 남다른 관심과 이해를 갖고 있는 서경배 님의 지속적 격려는, 연구과정과 그 성과물을 간행하는 방식에서 사회와 소통하는 인문학의 새로운 방향을 모색하게 만든 추동력으로 작용했다. 그래서 이 기획강좌가 전문 연구자를 넘어서 일반 독자와도 소통할 수 있는 읽을거리가 되도록 집필자들은 힘을 기울였다.

다행히 창비사가 우리의 이런 뜻을 기꺼이 받아들여 맞춤한 편집체제의 출판물로 간행해주었다. 이 자리를 빌려 감사드린다.

아무쪼록 이 네 권의 책이 독자들과 대화의 공간을 넓혀나가, 간행 과정에 마음을 같이한 모든 분들의 정성에 보답이 되길 바라는 마음 간절하다.

공동연구진을 대표하여
백영서

책머리에

 이 책은 중국의 '5,000년'에서 근대 '100년'의 의미를 묻고 있다. 말 그대로 중국사에서 근대 '100년'이 가지는 의미를 상대화해서 평가해 보고, 실패와 성공의 이분법을 넘어보고자 한 시도이다. 하지만 '5,000년'과 '100년'이라는 수치에 대해 고개를 갸우뚱하는 독자가 적지 않을 것이다. 먼저 중국의 역사가 정확하게 언제부터 시작되었는가는 논란이 있다. 정말 중국역사가 '5,000년'인가라고 되짚으면, 고대사 연구의 향방에 따라 달라질 수 있다. '중국의 역사'를 '중국'이라는 단일 정체성을 공유한 역사로 한정하자면 그 기간은 훨씬 짧아질 것이다. 또 '100년'이라고 했지만, 이 책에서 다루는 근대는 사실상 마지막 장을 제외하면 1840년부터 1912년의 약 70여년간에 불과하다.

 오늘날 '5,000년'은 장구한 중국역사를 이야기할 때 누구나 쉽게 떠

올리는 숫자로 정착했다. 역사적 사실 여부와 상관없이 중국인은 중국의 역사를 5천년이라고 생각하며, 그 숫자에서 중국 전통에 대한 자부심을 느낀다. 따라서 '근대'를 중국사의 긴 호흡으로 다시 느껴본다는 의미에서 5,000년이라는 숫자를 100년과 대비시켰다. 그러면 왜 100년인가 하면 대답이 궁색하다. 원래 이 책은 1840년 아편전쟁에서 1949년 중화인민공화국의 성립까지 100여년을 근대로 잡고 서술할 작정이었다. 그런데 이번 출판은 한·중·일의 근대 경험을 비교하고 새롭게 해석하자는 취지에서 공동 기획되었으므로 각 권의 저자 사이에 조율이 필요했다. 무엇보다 서술 하한을 정하는 것이 필요했는데, 쉽게 의견이 좁혀지지 않아 1910/1911년과 1945/1949년 사이에 논쟁이 있었다.

이번 기획의 주제는 19세기 중반 개항 이래 동아시아 삼국이 완전히 바뀐 국내외 환경 속에서 어떻게 생존을 모색하고 근대적 국가 창출의 길로 들어섰는가, 그 경험을 정리하는 것이다. 그 점에서 두 시기는 모두 동아시아에서 전환점이다. 먼저 1910년 조선이 식민화되고, 일본은 제국주의 국가의 반열에 올랐다(한일합방). 이듬해 1911년 일본은 관세자주권을 회복하면서 불평등조약에서 완전히 벗어났다. 같은 해(1911)에 중국은 2천여년에 걸친 황제지배체제를 무너뜨리고 아시아 최초의 공화국 건립에 성공하였다(신해혁명). 일본은 구미(歐美)에 속하지 않은 최초의 식민지 보유국, 제국주의 국가가 되었고, 조선은 그 이웃나라에 의해 식민지가 되었으며, 중국은 불평등조약의 멍에 아래 불완전한 주권국가로 겨우 살아남았다.

개항이라는 세계질서로의 편입은 동아시아 내의 역학구도 역시 크게 바꾸었다. 중국 헤게모니를 중심으로 하는 중화적 국제질서는 붕괴했다. 새로운 지역 헤게모니로 일본이 등장하고 조선이 그에 흡수되었다. 지구상의 여타 비구미권(非歐美圈)이 구미 각국의 식민지로 쪼개져 편입된 것과는 달리, 동아시아는 기존의 지역 내 위계질서가 전복되고 새로운 위계질서로 재편되는 것으로 근대를 소화했다. 다만 그 새로운 위계질서의 형식은 서구와 마찬가지로 제국주의, 식민지, 불완전한 주권국가의 형식을 취했다.

한편 1949년을 즈음한 시기도 그 의의는 크다. 1945년 일본의 패전과 조선의 해방, 중국의 전승(戰勝)과 내전을 거친 공산주의 정권의 성립(1949)은 새로운 시대를 알리는 신호탄이었다. 개항과 마찬가지로, 이 시기에도 세계 정치경제를 이끄는 구미권(歐美圈)의 지각변동이 동아시아에 직접적인 영향을 미쳤다. 이번에는 제2차 세계대전과 글로벌 헤게모니로서 미국의 등장, 소련의 부상과 사회주의혁명의 고조가 그 내용이었다.

1945/1949년은 1910/1911년에 결정된 것처럼 보이는 동아시아 각국의 성패(成敗)를 순식간에 뒤집었다. 제국주의 강국으로 부상했던 일본은 패전으로 주권을 상실하고 미군정부 통치하에 들어갔다. 조선은 해방되어 최단기간에 식민통치에서 벗어났으나, 미국과 소련의 정치적 영향력을 강하게 받으며 분단을 겪는다. 명목상으로는 두 개의 주권국가를 탄생시켰지만 19세기 중반 이후 일관된 과제였던 '자주독립'은 미완의 과제로 남았다. 중국은 제2차 세계대전에서 연합국 측에 서면서, 남은 불평등조약을 청산하고 구미와 대등한 위치에 설 수 있었다.

그렇지만 이러한 결과는 오로지 서구의 지각변동을 그대로 반영한 것만은 아니며, 동아시아 각국의 선택과 1910/1911년의 결과에서 배태된 것이다. 후발주자 일본은 제국주의 국가가 되기로 결심했으나, 동아시아 지역 외에서는 식민지를 찾을 수 없었다. 일본은 계속해서 동아시아 지역 내에서 전쟁과 침략으로 교란자의 역할을 맡게 되었다. 그러나 영국을 대신해 미국이 새로운 글로벌 헤게모니로 등장하면서 식민지-제국주의 질서를 대신해 국제협력과 자유무역주의를 통한 지배를 표방하자, 일본의 지역전략은 갈수록 세계적 흐름과 맞지 않게 되었다. 한편, 불완전한 주권국가였던 중국은 미국의 동아시아 전략에 중요한 파트너로 부상했다.

중국은 미국의 지지로 1920년대 워싱턴체제하에서 주권을 보장받고, 1930년대 초까지 관세자주권을 회복하여 불평등조약에서도 부분적으로 벗어날 수 있었다. 1928년 민족주의 정당인 국민당이 정권을 장악하고 중국을 재통일하자, 미국과의 협력관계는 더욱 공고해졌다. 미국의 막대한 차관원조를 받으며 근대적 경제건설에도 박차가 가해졌다. 반면 일본은 경제성장을 지속하고 지역 헤게모니를 지키기 위해 중국을 계속해서 분열상태에 두고 무력화시키려 했다. 그 결과 일본의 대중국 전략과 단계적으로 진행된 대륙잠식은 1937년 중일전쟁으로 폭발하고, 1941년 이후 2차대전의 일부로 성격이 바뀌면서 1945년의 파탄을 맞게 되었던 것이다.

1910/1911년의 지각변동은 19세기 중반 개항 이후 일본이 영국을 모방하여 충실히 제국주의적 모델을 추구한 결과였다. 국민당 통치기 중국은 미국의 주권보장과 자유무역 추구, 기회균등정책에 편승하여

자립을 꾀하였는데, 1945/1949년의 지각변동은 이러한 중국과 이를 적극 방해하려 한 일본이 부딪힌 결과였다.

중국이 20세기 신흥헤게모니인 미국과 손을 잡은 것은 현명한 선택이었다. 하지만 전쟁의 대가는 컸다. 동아시아 내에서 일본의 팽창을 막아내느라 국력이 쇠진된 중국은 내란을 거치면서 공산당에게 정권이 넘어갔다. 결과적으로 중국의 공산화로 미국과 제휴할 수 있는 기회가 패전국인 일본에게 넘어갔고, 일본은 이 기회를 놓치지 않았다. 중국이 공산화되지 않았더라면, 1910/1911년의 결과를 역전시키고 동아시아에서 개항 이전과 같은 헤게모니적 지위를 회복할 수 있었을지도 모른다.

중국의 공산화는 동아시아 지역과 세계에서 중국의 고립을 초래했으나, 다른 한편으로 중국공산당은 사회주의 사상을 십분 활용하여 사회 내부의 봉건적 잔재를 청산하고 강력한 근대적(그러면서도 사회주의적) 국가건설을 성공리에 이끌어냈다. 정치적 우여곡절이 있었지만 21세기 중국이 미국과 경쟁하는 새로운 패권후보로 화려하게 재등장하게 된 것에는 이 시기에 확립된 정치적 리더십이 중요한 역할을 하고 있다.

이렇게 보자면 이번 기획의 주제, 즉 근대에 대한 대응은 현재도 진행형이다. 다만 전환기로서 1910/1911년과 1945/1949년의 의의는 보편적으로 인정된다. 이 두 시기를 두고 토론을 거듭한 끝에, 근대 수용의 과정에서 한・중・일의 국가형태가 선명히 갈리는 1910/1911년을 서술의 하한으로 하기로 결정했다.

필자는 1945/1949년을 지지하는 입장이었지만, 돌이켜보면 주어진 시간과 지폭이란 면에서 현명한 결정이었다. 필자의 아쉬움은 마지막 장에 맺음말의 형식으로 담았다. 하지만 중화민국 시기의 국가건설을 살펴보아야지 중국의 근대가 온전히 보이고, 오늘날로의 계승도 명확히 할 수 있다는 생각은 변함이 없다. '100년'이란 숫자는 미완의 숙제를 상기하기 위해서 남겨두었다.

'5,000년'에서 '100년'이 어떤 의미인지는 열려 있는 문제의식이다. 21세기 중국의 발흥을 지켜보며 '겨우' 200년 가량의 서구 패권이 무너지고 더 옛날에 그랬듯이 '원래대로' 중국에게 패권이 돌아가는 것이라고 해석하는 사람도 있으므로, '5,000년'에서 이 '100년'은 에피쏘드에 불과하다고 생각할 수도 있겠다. 인류에게 상상 이상의 생산력을 가져다주었지만, 그 근대란 문명도 '5,000년'의 문명적 우위를 유지해온 중국이 소화하는 데 시간이 좀 걸렸을 뿐이라고 주장할 수도 있다. 하지만 그 '5,000년' 역사에서 중국의 생산력이 이처럼 후진국 수준으로 추락한 적은 오로지 이 '100년'의 시간이었다는 점을 고려하면, '100년' 동안 중국이 겪은 경험과 고뇌는 역시 가볍지 않다.

세계의 중심이라는 지위에서 어떻게 중국이 그저 똑같은 국가 중 하나로, 나아가 열등한 국가 중 하나임을 깨닫고 받아들이게 되었는가. 그 과정에서 생존을 위한 근대적 국민국가의 건설이 정치, 경제, 문화 각 방면에서 어떻게 시도되고 좌절되고 수정되었는가. 이 책은 그 굴곡진 경험을 중화적 세계관을 청산하고 한족 민족주의를 핵심으로 중국의 정체성을 만들어가는 과정으로 정리하고자 한다. 1911년 만주족 왕조를 무너뜨리고 중화민국을 건설한 신해혁명이 그 대단원이 될 것이다.

많지 않은 시간과 부족한 공부에도 주위의 권유로 용기를 냈다. 나름대로 근대를 해석하는 개성있는 목소리를 내고 싶었는데 절반의 성공인 것 같다. 기획단계에서 일반 독자가 읽기 쉽게 각주를 달지 말고 전공용어는 풀어서 쓰기로 합의했지만, 제대로 지키지도 못했고 그렇다고 학술서처럼 꼼꼼히 인용을 하지도 못했다. 좁은 전공을 벗어나 처음 개설서를 집필하다 보니 실수가 한둘이 아니었다. 교열과 감수를 부탁드린 구범진, 문명기 두 선생님께는 뭐라 감사를 드려야 할지 모르겠다. 덕분에 가슴을 쓸어내릴 정도로 엉뚱한 실수를 면하기도 했으나, 논지와 글쓰기에서 의견을 달리하는 부분은 사견을 고집한 부분도 적지 않다. 여전히 남아 있을 실증적·논리적 오류는 모두 필자의 책임이다.

2009년 2월
강진아

차례

기획강좌 '근대의 갈림길'을 펴내며 5
책머리에 8

제1부 무너지는 제국

1장 아편전쟁과 개항   21
   19세기 초 중국의 경제위기와 은 유출
   아편문제와 린쩌쉬
   동아시아 최초의 개항
   아편전쟁의 대내외적 영향

2장 내란: 태평천국운동   46
   태평천국운동
   개항 전후 화남사회
   내란인가 혁명인가
   태평천국운동과 동아시아

3장 위로부터의 근대화: 양무운동   62
   개량노선의 시작
   양무파 관료의 형성과정
   양무운동 시기의 근대화정책 1
   양무운동 시기의 근대화정책 2
   개혁주체의 한계

4장 다민족국가와 중화제국의 딜레마   88
   팍스 씨니카(Pax Sinica) 시대의 번부와 조공
   변경의 위기
   중화질서의 동요
   청일전쟁
   제국의 딜레마

제2부 모색의 계절

5장 개항 후 중국의 경제　　　　　　　　　　　　　125
전통경제의 변용
근대기업의 성장
경제인프라의 형성

6장 모던 샹하이　　　　　　　　　　　　　　　　150
개항과 샹하이
조계와 외국자본
근대경제의 발전과 정치문화
동아시아와 샹하이

7장 입헌군주제의 시도와 혁명운동　　　　　　　　176
캉여우웨이와 쑨원
광서제와 103일 유신
혁명운동의 전개

8장 밖으로의 흐름: 화교　　　　　　　　　　　　191
해외로의 인구이동
중국 근대경제에서 화교의 역할
화교의 민족의식

제3부 새로운 시작

9장 혁명으로 가는 길 211
의화단운동과 반제 민족주의의 등장
20세기 초 토오꾜오의 중국인들
사회진화론과 민족주의의 형성

10장 최후의 근대화 231
청말 신정의 시작
새로운 정치공간의 등장
입헌으로의 길

11장 중화민국의 성립 246
철도 국유화조치와 쓰촨보로운동
우창봉기와 중화민국의 성립

12장 중국 근대로의 여행을 마치며 256

참고문헌 265

일러두기

1. 인명과 지명은 중국어, 일본어 원어 발음대로 표기했다.
2. 제도, 관직, 기관, 공장, 서명 등은 한국어 발음대로 표기했다. 관직, 공장, 기관 중에 지명에 상당하는 용어는 원어 발음대로 표기하되, 서명은 모두 한국어 발음대로 표기했다.
3. 광역지명은 한국어 발음대로 표기했다.
   예) 華北: 화북 ○, 화베이 ×   江南: 강남 ○, 장난 ×
4. 한국에 널리 알려진 발음표기가 있는 경우는 원어 발음이든 한국어 발음이든 정착된 발음표기를 따랐다(인명과 지명은 제외).
   예) 將軍: 쇼오군 ○, 장군 ×   幕府: 막부 ○, 바꾸후 ×
5. 각주에 인용한 문헌은 참고문헌에 있는 경우 저자명과 연도만을 기재하였고, 참고문헌에 없는 경우는 서지사항을 모두 적었다.

제1부

무너지는 제국

제1장

아편전쟁과 개항

 중국의 개항은 동아시아의 첫 개항이었다. 이 거대한 국가는 어떻게 근대세계에 문을 열었을까? 청조의 개항은 동아시아 각국에게는 어떻게 받아들여졌을까? 중국의 개항은 일반적으로 1840년 아편전쟁과 그 결과 맺은 1842년의 난징조약을 시발점으로 보는데, 중국의 개항은 동아시아 최초의 개항이라는 점에서 한국과 일본 등 이웃나라에 미친 영향도 적지 않았다. 이 장에서는 개항 이전 중국사회가 겪고 있던 사회경제적 위기의 실체를 살펴보고, 그 위기의 모순들이 어떻게 아편전쟁의 진행과정에 영향을 미쳤는지 살펴보겠다. 나아가 아편전쟁과 그 패전의 의미에 대한 중국과 조선, 일본의 수용방식을 비교하여, 상층부의 위기의식과 대응방식의 차이가 향후 각국의 근대 수용에 미친 영향을 검토해보고자 한다.

19세기 초 중국의 경제위기와 은 유출

중국의 개항은 아편전쟁(1840~42, 제1차 아편전쟁)의 패배로 체결한 난징조약부터로 꼽는다.[1] 또 이 개항은 동아시아의 첫 개항이기도 했다. 그렇다고 그 이전에는 동아시아에 서구인의 족적이 전혀 없었던 것은 아니다. 오히려 그 반대이다. 16세기에 뽀르뚜갈과 스페인, 17세기에 네덜란드·영국 상인들이 처음 중국땅을 밟은 이래로 교역은 줄곧 이뤄지고 있었다. 명청(明淸) 교체기 잠시 외국인의 출입이 금지되기는 했지만, 17세기 말이면 명대의 전성기를 뛰어넘는 교역량을 자랑하게 된다. 따라서 1842년의 개항은 중국과 서구의 교류가 처음 시작되었다는 의미가 아니라, 양자의 관계가 종전의 교류와는 질적으로 다른 성격으로 전환되었다는 것을 뜻한다.

개항 이전에도 서구와 중국의 무역관계는 이미 양측의 국내경제를 좌우할 정도로 긴밀하게 이루어지고 있었다. 1684년에 대외무역이 합법화된 이후, 1720년대 초와 1760년대 사이에 무역량은 5배가 증가했고 18세기 말까지는 8배가 증가한다. 특히 영국은 1635년 처음 동인

---

1) 아편전쟁은 제1차 중영전쟁이라고도 한다. 1856년 애로우호 사건으로 촉발된 영불연합군과 중국과의 전쟁(1856~60)은 애로우호 사건 내지 제2차 중영전쟁으로 부른다. 이 책에서는 전쟁의 성격과 규모로 볼 때 애로우호 사건이라는 용어보다는 제2차 중영전쟁이 적절하다고 판단하여 제2차 중영전쟁으로 사용하고 있다. 따라서 아편전쟁 역시 제1차 중영전쟁이라 불러야 마땅하다. 다만 애로우호 사건과 달리 아편전쟁이 학계 외에도 널리 보급되었을 뿐 아니라 상징성이 있기 때문에 아편전쟁이란 용어를 그대로 쓰고, 미리 제1차 중영전쟁에 해당하는 사건임을 밝히는 데 그친다.

도회사 선박을 중국으로 파견한 이후 1786년이 되면 다른 나라 선적이 17척인 데 비해 영국의 선적은 62척에 달할 정도로 중국의 최대 무역상대국이 되었다. 중국의 비단, 차, 도자기는 유럽인의 생활문화를 바꾸기에 이르렀고, 한때 중국차에 대한 관세수입이 영국 국가재정의 10%를 차지할 정도였다.[2]

유럽은 이러한 중국상품 수입에 상응할 유력 수출품이 없었다. 모직물은 중국에서 시장을 찾기 어려웠고, 나름대로 선전한 인도 면포의 수출 역시 중국차 수입에는 미치지 못했다. 중국으로부터의 수입대금은 식민지인 신대륙에서 채굴한 방대한 양의 은으로 지불해야 했다. 중국의 대외결제 및 고액결제 화폐는 은이었는데, 유럽무역을 통해 유입된 은은 화폐공급을 늘리고 완만한 인플레이션을 가져왔다. 18세기는 대단한 호황기로 시장경제가 발달하고 상품작물의 재배가 확산되어, 양쯔강 삼각주와 같은 선진지역에서는 매뉴팩처와 원공업화(proto-industrialization)가 등장했다. 한 세기 동안 인구는 2배가 넘게 성장하여 3억을 돌파했고, 1830년대는 4억을 넘어섰다. 이 시기의 경제발전 수준은 중국과 유럽이 큰 차이가 없었다. 1800년 즈음에 1인당 GNP에서 중국이 영국과 프랑스에 앞섰다는 주장이 있으며, GNP 총량에서는 중국의 우위가 널리 받아들여지고 있다.[3] 인구폭발

---

[2] 1689년 샤먼(廈門)에서 영국이 차를 처음 직접 구입해간 후, 1718년부터 생사를 능가하여 최대 수입품목이 되었다.

[3] 세계사에서 1인당 GNP의 추계는 아직도 논쟁의 대상이다. 프랑크(Andre G. Frank)는 브로델을 인용해 "1800년 중국의 1인당 GNP는 1960년의 환율로 계산했을 때 228달러인데, 18세기 여러 시기에 산정한 영국과 프랑스의 GNP는 150~200달러 정도"였으며, "1850년 중국의 GNP는 1인당 170달러"로 하락했다고 주장했다

에도 불구하고 18세기 중국경제는 이를 포용하고도 남을 호황을 구가했던 것이다.

그렇지만 중국과 서구는 무역수지에서 한쪽에 치우쳐 있었을 뿐 아니라, 무역관계에서도 그러했다. 중국은 1757년(건륭 22년)부터 100여 년 동안 대외무역을 중국 최남단 꽝뚱성(廣東省)의 꽝져우(廣州) 한 항구에 제한하는 꽝뚱무역체제(廣東貿易體制)를 유지했다. 무역항을 한 곳으로 제한했을 뿐 아니라 공행(公行)제도를 실시하여 교역을 감독했다.

공행은 무역상의 길드조직으로, 청조는 이에 소속된 행상(行商)에게 서양과의 무역독점권을 주는 대신 관세징수를 대리하게 하고 서양 상인의 무역활동에 필요한 모든 것을 중개하도록 했다. 이같은 조치는 정부가 서양인을 직접 접촉할 수 없다는 중화적 우월의식의 소산이었다. 관세는 배의 크기에 따라 징수하는 선초(船鈔)와 상품세로

(안드레 군더 프랑크 2003, 289면). 브로델은 베어록(P. Bairoch)의 통계를 인용한 것이다. 이에 반해 메디슨(A. Maddison)은 1인당 경제력(1인당 실질GDP 기준)으로 14세기에 이미 서구가 중국을 넘어섰다는 통계적 주장을 펼친다. 프랑크는 그의 저작에서 1700~1750년 세계적 1인당 소득 편차에서 메디슨을 베어록과 함께 18세기 이전 유럽과 아시아(내지 비유럽) 사이의 격차를 낮게 평가하는 그룹으로 묶어 인용하여 논지를 강화하고 있으나(같은 책 289~90, 475면), 사실 메디슨의 입장은 프랑크가 인용한 맥락과 달리 프랑크의 주장에 비판적이다. 그는 베어록의 추계 수치를 비판하고, 이를 원용한 브로델·프랑크·포머란츠(K. Pomeranz)의 주장을 반박하여, 서유럽이 1000년부터 18세기까지 1천년 가까이 1인당 실질소득이 3배 정도 상승하여 비서구에 현저히 앞섰다는 랜디스(D. Landes)의 주장을 지지했다(Augus Maddison, *The Word Economy: A Millennial Perspective*, Development Centre of OECD 2001, 44, 47면).

구성되어 있었는데, 상품세의 경우 세율이 물건값의 2%로 유럽보다 낮았다. 하지만 관례적으로 부가세와 수수료가 자의적으로 부가되어 정세의 몇배나 되었다. 후에 행상은 보상(保商)이라고 하여 정부에 대해 외국상인의 보증인이 되었다. 외국상인은 수출입 업무에서 세금 절차, 상품판매, 물건조달, 통역 및 고용인 조달에 이르기까지 일일이 보상을 거쳐야만 했다.

이러한 무역항의 제한, 비정규적인 과세, 직접교역을 막는 보상제는 영국상인들의 불만을 샀다. 영국상인들은 이러한 무역제한이 자국 상품의 중국 진출을 가로막고 있다고 생각했고, 주권국가간의 대등한 관계를 인정하지 않는 중화의식에 대해서도 강한 반발감을 가지고 있었다.

1793년 매카트니(George Macartney, Earl) 사절단, 1816년 애머스트(Lord William Amherst) 사절단, 1834년 수석 무역감독관 네이피어(Lord Napier)의 대청 교섭은 모두 영국측이 중국정부에게 기존 무역체제의 수정을 요구한 사례들이다. 영국정부의 요구내용은 대체로 무역항의 추가 개항, 영국인 주거를 위한 영토의 할양, 상주 외교사절 교환, 일정 관세율의 공시 등으로 훗날 전쟁을 통해 체결된 난징조약의 내용과 크게 다르지 않다. 그러나 무역의 허용을 오랑캐에 대한 일종의 시혜로 여기던 청조는 무역확대를 허용하지 않았다. 교섭은 모두 실패로 돌아갔고, 대청 무역적자 역시 해소되지 않았다.

무역적자를 상쇄하기 위해 영국이 취한 다른 방법은 중국에 수출할 새로운 상품을 개발하는 것이었다. 바로 인도의 아편이다. 고액에 중독성이 강한 아편 수출이 호조를 보이면서, 반대로 중국은 호황의 중요한 요인이었던 은 유입이 은 유출로 바뀌기 시작했다. 영국이 인도에서 재배한 아편을 중국에 수출하고 그 대금으로 차를 수입하는 전략을 구사한 것은 18세기 말부터였으나, 중국황제는 이미 1729년 (옹정 9년) 아편의 재배와 수입을 금지시켰다. 따라서 1860년까지 수입된 아편은 모두 불법이었다.

1833년까지 200여년 동안 서구와 중국의 무역을 주도한 것은 영국의 동인도회사였다. 18세기 말 이 회사는 중국의 대유럽 수출 총량의 70%, 중국의 유럽 수입 총량의 90%를 취급했다. 인도에서 아편의 재배와 제조, 판매를 독점한 것 역시 동인도회사였다. 다만 중국에의 수출은 동인도회사와 계약을 맺은 지방무역상인(country trader)이 담당했다.

동인도회사는 아편이 금지된 상품인지 알면서도 지방무역상인의 아편무역을 조장했다. 19세기 초반 매년 200상자(1상자=63.5kg) 가량 수입되던 아편은 1820년에는 1만 9천 상자, 아편전쟁 직전인 1839년에는 4만 상자로 크게 늘어났다. 그 결과 아편 수입대금 결제를 위해 중국에서 은이 빠져나가면서, 1826년을 전환점으로 은 유출량이 은 유입량을 능가하기 시작했다. 300여년간 지속되던 중국의 유럽에 대한 무역우위가 뒤집힌 것이다.

은의 유출은 국내 은값의 폭등을 가져왔다. 중국은 소액거래에는 동전을, 원거리교역과 대규모 거래에는 은을 사용하는 이중본위제 국가였다. 대체로 농민들은 생산물을 시장에 내다팔면 동전을 얻었는데, 문제는 세금을 은으로 내야 한다는 것이었다. 시중에 은이 줄어들자 은값이 크게 뛰어 은과 동전의 교환가격, 즉 은전비가가 폭등했다. 농민들은 세금을 내기 위해 이전보다 더 많은 동전을 지불하고 시장에서 은과 교환해야 했다.[4] 은값의 폭등은 세금부담의 가중을 가져왔던 것이다.

1800년에는 은 1냥의 세를 내기 위해서 동전 1,000문(文)이 필요했지만, 1850년대에는 2,000문 이상을 지불해야 했다. 통화 공급의 축소로 물가는 1815~50년 사이 50%나 하락했다. 하지만 이 35년간 농민들의 토지세 부담은 2배로 뛰었다. 19세기 초부터 동전의 질이 떨어지면서 동전 가치가 하락하게 된 것도 동전을 소유한 농민들을 더욱 위기로 몰아넣었다.

중국에서 유럽과의 무역역조가 처음 발생한 1820년대, 유럽경제는 10%대의 고성장을 이어갔다. 지속적인 10%대의 경제성장은 신석기시대 농업혁명 이후 인류가 처음 경험한 것이었다. 근대적 경제성장이 유럽에서 시작된 것과, 서구와 중국의 역전은 동시에 일어났다. 1850년 중국의 1인당 GNP는 170달러로 하락했다. 이러한 서구의 부상과 중국의 쇠퇴는 그로부터 20여년 뒤 아편전쟁이라는 정치적 형태로 뚜렷하게 드러나게 되었다.[5]

---

4) 실제로는 동전을 관아에 직접 납부하는 경우가 일반적이지만, 어차피 세금은 은량 기준이었기 때문에 시장시세에 따라 계산해서 동전을 납부한다.
5) 인구문제로 유럽에서 근대의 발생을 설명하는 학설은 유럽이 아시아에 비해 인구가 덜 증가했기 때문에 잉여가치를 인구 부양에 소모하지 않고 자본으로 축적하여 경제발전에 쓸 수 있었다고 본다. 1600~1750년 사이 인구증가를 보면, 중국과 일본은 90%, 인도가 89% 증가한 데 비해 유럽은 57% 증가에 그쳤다.

아편문제와 린쩌쉬

처음에 아편은 사회문제로서 주목받았다. 만주족 정규군인 팔기군(八旗軍) 병사와 관리들 사이에 아편흡입 풍습이 퍼지면서 사회통제 기제가 이완되었고, 각종 반란에 대한 효과적인 진압능력이 현저히 떨어졌던 것이다.[6] 이러한 사태는 중국의 지배계층에게 심각한 위기감을 불러일으켰다. 가경제(嘉慶帝) 시기에 아편금지가 강화되었지만 1830년대 이전에는 아편과 은 유출을 별개의 일로 생각했다. 1829년 푸젠도어사(福建道御史) 쟝위안(章沅)의 상주 이후, 아편밀수가 은 유출을 일으킨다는 인식이 일반화되기 시작했고, 총체적인 사회경제의 붕괴 주범으로서 아편문제가 재인식되었다.

도광(道光) 16년(1836)에 쉬나이지(許乃濟)는 차라리 아편무역을 합법화하고 정부가 통제하자는 이금론(弛禁論)을 주장한다. 그러나 도광 18년(1838) 황줴쯔(黃爵滋)는 아편판매자만 아니라 아편흡연자 역시 사형시키자는 엄금론(嚴禁論)을 펴며 이금론을 비판했다. 아편과 은 유출 대책을 둘러싸고 조정에서 논쟁이 일어나자, 1838년에 도광제(道光帝)는 아편 대책과 관련하여 각급 고위관료들에게 의견을 물었다.

그때 황제의 주목을 받은 인물이 린쩌쉬(林則徐, 1785~1850)였다.

---

6) 팔기군의 전투력 약화는 만주인의 특권적 지위에 따른 기생계급화 등 다른 사회적 요인으로 아편전쟁 이전부터 진행되었고, 백련교의 난 진압시에도 무력함을 드러냈다. 하지만 아편흡입으로 인한 전투력 약화는 19세기 초반에 와서 특히 중요하게 토론되었다.

황줴쯔의 아편흡연자 사형론을 지지했던 린쩌쉬는, 1년간의 선도기간을 두고 4단계로 처벌을 가중시키는 현실적인 방법을 관할지역에서 실시해 어느정도 성과를 올렸다. 도광제는 이듬해(1839) 린쩌쉬를 흠차대신(欽差大臣), 즉 황제의 전권대신으로 임명하여 중국 유일의 대외무역항이자 아편무역의 온상지 꽝져우로 파견한다.

린쩌쉬는 푸젠성(福建省) 푸져우부(福州府) 허우관현(侯官縣) 사람이다. 청의 직할 18성 중 동남해에 면한 푸젠성은 산지가 90%를 차지하고 긴 해안선을 가지고 있어 예부터 타이완이나 동남아시아로 이주하는 인구가 많았다. 린쩌쉬의 부친은 과거에 실패한 생원(生員)으로, 사숙의 교사를 하면서 생계를 잇는 가난한 지식인이었다. 4세부터 사숙에서 공부한 린쩌쉬는 13살에 생원시험에 합격해 집안의 기대를 한 몸에 받았다. 6년 뒤 향시에도 합격해 거인(擧人)이 된 그는 회시(會試)에 낙방하여 처음으로 실패를 맛보았다. 회시 낙방(1805) 후에는 최고 지방장관인 푸젠성 순무(巡撫)의 개인비서[幕友]로 취직해 관리로서의 사무를 배웠다. 마침내 1811년 린쩌쉬는 회시에 합격하여 진사(進士)가 되었는데, 237명 중 7등이라는 우수한 성적이었다. 20대에 우수한 성적으로 과거급제한 린쩌쉬는 이후 전형적인 엘리뜨관료 코스를 밟게 되었다. 한림원을 거쳐 지방외직으로 전임한 뒤로는 37세부터 51세까지 15년간 중국경제의 핵심인 강남(江南)지역의 쟝쑤성(江蘇省)에서 지방관을 역임했다.

쉬나이지가 이금론을 제기했을 때 린쩌쉬는 쟝쑤순무(江蘇巡撫)였다. 이금론에 반대했던 그는 1837년(도광 17년)에 후꽝총독(湖廣總督)으로 승진했고, 이듬해 황줴쯔가 아편흡연자 사형론을 펼칠 때 황을 지지했다. 도광제는 린쩌쉬를 흠차대신으로 발탁하여 꽝져우로 파견하고, 그의 아편단속에 힘을 실어주기 위해 다시 량꽝총독(兩廣總督)에 임명했다(1839년 12월). 린쩌쉬는 도광제의 신임을 한몸에 받으며 지방 요직을 두루 섭렵했으며, 청렴하고 강직하기로도 유명한 관리였다. 따라서 도광제는 그라면 암암리에 이권에 얽혀 있어 아편단속에 열의를 보이지 않는 꽝져우 지역의 관리를 철저히 다스리고 아편단속을 성공시킬 수 있을 것으로 기대했던 것이다. 황제의 신임이 남달랐던 만큼 린쩌쉬는 이를 실천할 의지도 힘도 있었다.

동아시아 최초의 개항: 아편전쟁

린쩌쉬는 1839년 3월 꽝져우에 도착한 후 아편매매를 엄금시키고 영국을 비롯한 각국 상관에 통보하여 보관하고 있는 아편을 관청에 자진신고하도록 했다. 하지만 영국, 미국 상인들은 순순히 아편을 내놓으려 하지 않았다. 린쩌쉬는 이들을 압박하기 위해 식량공급을 중단시켰다. 결국 두 달 만에 그는 아편 2만여 상자를 몰수하는 데 성공해 전량을 공개적으로 폐기했다.

이처럼 린쩌쉬는 아편 몰수에 대해서는 단호한 태도를 취하면서도, 이 문제가 외국과의 전쟁으로 비화되지 않도록 신중한 태도를 취했다. 중국에서 불법행위를 하는 영국상인과 영국정부를 구분해서 파악했던 것이다. 하지만 무역감독관 엘리어트는 본국에 군대 파견을 요청하고, 영국상인들은 사유재산 몰수와 무역자유 침해를 이유로 의회에 압박을 가했다. 린쩌쉬는 외국인도 내국인과 같이 중국의 법을 따라야 한다는 입장이었고, 따라서 아편몰수와 처벌은 당연한 것이었다. 린쩌쉬의 이같은 시각은 그가 빅토리아 여왕에게 보낸 서신에서도 잘 드러난다. 그는 서신에서, 아편문제는 일부 몰지각한 영국신민의 짓임을 강조하며 영국국왕의 협조와 이해를 구했다. 이 서신은 빅토리아 여왕에게 전달되지도 않았지만, 전달되었어도 결과는 마찬가지였을 것이다.

린쩌쉬의 의도와 반대로 영국정부는 10월에 개전을 결정했고, 11월에는 중국해군과 영국함대 사이에 충돌이 일어났다. 이듬해(1840) 4월 영국의회는 이 전쟁을 승인했고, 원정군이 6월 마카오 해역에 도착하면서 전쟁은 본격적으로 시작되었다. 1842년 8월 난징조약의 체결까지 약 2년의 기간 동안 전투는 주로 꽝뚱성에서 샹하이(上海), 닝뽀(寧波)에 이르는 중국 중남부 해안과 양쯔강 중하류 일대에서 벌어졌다. 일부 치열한 격전도 있었으나 결과적으로 25만여 청군이 2만의 영국군에게 패퇴하고 말았다. 7월에 양쯔강과 대운하의 교차점인 전장(鎭江)을 영국군에게 내주는 결정적 패전으로, 1842년 8월 29일 난징 함락 직전에 청조는 콘윌리스(Corn Wallis)호 선상에서 영국의 요구를 그대로 받아들인 패전조약이자 최초의 불평등조약인 난징조약에 조인하게 된다.

전쟁과정에서 청조의 태도는 갈팡질팡했다. 원정군이 도착해 전쟁으로 사태가 진전되자, 청황제 도광제는 몇달 만에 그렇게 신임했던 린쩌쉬를 면직시키고 화평파인 치샨(琦善)을 등용해 영국군과 교섭하게 했다. 하지만 그 결과 맺은 가조약(川鼻假條約)에서 홍콩 할양을 비롯해 영국에 대폭 양보한 것을 불만스러워한 도광제는 다시 치샨을 파면·압송하여 사형선고를 내리고(후에 유배로 감형), 전쟁에 돌입했다. 결국 최후에 맺어진 난징조약은 치샨의 가조약보다 훨씬 가혹한 것이었다. 도광제의 우유부단한 태도는 첫 불평등조약을 더욱 불리하게 만들었다고 할 수 있다.

린쩌쉬는 비록 강경파였지만, 서구에 대해 무지한 주전파나 쇄국주의자는 아니었다. 그는 꽝뚱에 부임하자 외국인들이 발행하던 잡지인 『중국 보고』(Chinese report)를 번역하게 하고, 세계의 지리지를 번역해 『사주지(四洲志)』란 책으로 편찬하도록 했다. 또 바텔(Emmerlich de Vattel, 1714~67)의 『국제법』(The Law of Nations)을 입수해 꽝져우에서 의사로 개업하고 있던 미국인 선교사 파커에게 번역시켰다. 국제법에는 외국인도 현지 법률에 따라야 한다는 원칙이 있는데, 린쩌쉬는 이 관례에 따라 외국인에게도 아편금지라는 청국의 법률을 따르도록 촉구했던 것이다. 또 그는 완전쇄국을 반대하여, 영국인은 아편을 취급하는 등 말썽이 많지만 미국인은 그렇지 않다고 하고, 이미 통상을 하고 있으니 완전한 쇄국은 좋지 않다고까지 말하고 있다.

그러나 린쩌쉬의 성실한 정보수집과 열린 태도는 청과 영국 간의 첫 공식적 외교접촉에 아무런 도움이 되지 못했다. 후에 린쩌쉬가 꽝져우에서 수집한 자료는 유뱃길에 만난 자신의 막료 웨이위안(魏源)에게 전해져 『해국도지(海國圖志)』로 완성된다.

난징조약과 이후 체결된 몇 개의 보완 조약은 동아시아 '불평등조약'의 원형이 되었다. 협정관세율(관세자주권의 상실), 영사재판권, 편무적 최혜국대우 등 세 개 조항이 불평등조항의 핵심이다. 그로 인해 중국의 수입관세는 가격의 5%로 고정되었고, 관세율의 수정은 조약 체결국과의 협정을 통해서만 가능하게 되었다. 또한 중국정부는 자신의 영토에서 일어난 영국인의 범죄를 사법적으로 다스릴 수 없게 되었으며, 재판권은 영사에게 돌아갔다. 게다가 다른 나라에 새로운 특혜를 부여하게 되면, 영국은 자동적으로 그 혜택을 누릴 수 있었다.

여기서 주의해야 할 점은 오늘날의 눈으로 보면 명백한 불평등성을 드러낸 이 조항들을 청조가 어떻게 생각했는가라는 점이다. 당시 중국은 주권이나 국제법의 개념이 없었다. 조약이 가져올 후과(後果)를 되짚어볼 지식이 없었던 것이다. 또 영국과의 전쟁이 중국의 전통 왕조가 누차 경험했던 북방 이민족과의 전쟁과 무엇이 다른지 인식할 수 없었다. 청조는 수입관세 5%가 그 당시 관세율 2~4%보다 높았기 때문에 기꺼이 받아들였는데, 이 규정이 보호관세를 불가능하게 하는 것임을 알지 못했다. 영사재판권은 언어와 습속이 다르고 '교화'가 안 된 외국인은 중화의 법이 아니라 오랑캐의 법으로 다스리는 것이 온당하다고 생각하여 수용했다. 최혜국 조항에 대해서도, 군자(君子)는 "만인을 공평히 대하듯이[一視同仁]" 천자는 외국인에게 차별 없이 똑같은 은혜를 베풀어야 한다고 생각했으므로 받아들였다.

아편전쟁을 치른 도광제는 전쟁 중 일관하여 청이 영국보다 우세한 처지에 있다고 믿었다. 화친의 결정 역시 영국의 무력에 패배한 것이 아니라 무역확대를 원하는 양이(洋夷)를 안무(安撫)하는 것이라고 생각했다. 이같은 인식의 배경에는 조공질서의 주재자라는 의식, 전공을 과장하고 패배를 축소했던 현지 관리의 허위보고 등 여러 이유가 있으나, 전쟁의 패배를 심각한 위기로 인식한 것은 이후에도 오랫동안 극소수의 지식인뿐이었다. 황제와 청 조정은 아편전쟁을 약간의 양보로 해결된 양이의 소요사태로밖에 보지 않았다.

청조의 불평등조약 수용 태도를 이해하기 위해서는 난징조약보다 7년 앞서 체결된 코칸트왕국과의 합의를 살펴볼 필요가 있다. 코칸드왕국은 청조의 조공국 중 하나로 신쟝(新疆)을 국경으로 마주하고 있는 무슬림 왕국이다. 1820년대 신쟝지역 무슬람반란을 후원한 것에 대한 징계로 청조가 조공과 호시를 금지하자, 코칸드왕국은 변경을 수차례 침입해 약탈을 일삼았다. 청조는 변경의 소란을 진정시키기 위해 1835년에 코칸드왕국에 몇가지 양보를 해주었다.

이 합의는 조지프 플레처(Joseph Fletcher)나 피터 퍼듀(Peter C. Perdue) 등 중앙아시아 연구자들이 종종 중국 최초의 '불평등조약'이라 부르기도 한다. 합의조항 안에는 코칸드왕국이 신쟝 카슈가르에 정치적 대표를 상주시킬 권리, 이들 대표가 외국상인에 대해 사법 및 치안권을 행사할 권리, 외국인이 반입한 상품에 대해 관세를 징수할 권리 등을 공인하는 내용이 포함되어 있다. 청조는 자신의 조공국에 대해서도 변경의 치안을 위해서라면 영토 내에 치외법권과 관세징수권을 인정하는 정도는 받아들일 수 있다고 생각하고 있었으며, 청조의 통치권을 위협하는 심각한 양보라고 생각하지 않았던 것이다. 서북 변경의 오랑캐에게도 허락했던 일을 남동부 연해에 출몰한 더 골치 아픈 오랑캐에게 굳이 허락하지 않을 이유가 없었다.

청조가 어떻게 받아들였더라도 현실은 많이 변화하게 되었다. 중국은 홍콩을 영국에 할양하고, 4개의 무역항을 추가로 개항하여 기존 꽝저우를 포함해 5개 항이 문을 열었다. 개항장에는 외국군함이 출입

할 수 있게 되었다. 또 5개 항구에 외국인의 영주를 허가하여 조계(租界)제도의 기반이 만들어졌다. 공행제가 폐지되면서 개항장에서 교역에 대한 감독이 철폐되고, 공행이 중개하던 외교상의 역할도 사라져 양국 사이에 대등한 문서격식으로 직접 교섭을 하게 되었다. 동아시아에서 보편적으로 받아들여졌던 중화주의적 조공체제가 아닌 낯선 조약체제가 처음 등장하게 된 것이다.

아편전쟁의 대내외적 영향

앞서 살펴보았던 것처럼 아편전쟁은 중국정부와 정책집행자들에게 커다란 위기의식을 불러일으키지 못함으로써 새로운 근대라는 시대에 늑장대응을 하게 만들었다. 하지만 장기적인 시각에서 아편전쟁은 청조의 붕괴를 가져올 징후를 보여주었다. 무수한 중국 민중의 눈에 무력하게 무너진 청조의 권위는 더이상 유지되기 어려웠다. 청말 만주족 인구는 500여만으로 약 80배나 되는 4억 한족을 다스리고 있었다. 청조는 압도적인 수적 열세에도 200여년간 중화제국의 황제로서 강력한 리더십을 행사해왔지만, 아편전쟁에서 나타난 청조의 무력함은 잠재해 있던 반청(反淸)-반만주족(反滿洲族)의 한족(漢族) 민족주의의 부활 가능성을 높이는 요인이 되었다.

그 가능성은 이미 전쟁 당시에 나타났다. 청조에서 논란을 일으켰던 '한간(漢奸)' 문제가 그것이다. 한간은 영국에 협조하여 식량과 정보를 제공하고 적의 앞잡이 노릇을 한 사람들을 지칭하는데, 주로 연해지역 주민으로 아편무역 관련자에서부터 말단 수병, 일반 주민에 이르기까지 다양했다. 아편전쟁 시기 한간 현상을 이해하기 위해서는 연해지역의 특수성을 알아야 한다.

19세기 초 푸젠, 저장 해상에서 10여년간 해적활동과 반청활동을 해온 차이첸(蔡牽) 집단의 경우 실업자, 무업자, 억울한 자, 빈곤에 허덕이는 자, 억압받는 어민, 뱃사람 등이 주로 참여했다. 연안지역에서는 "아비는 해도(海盜)가 되고 자식은 수사(水師)가 되었다"는 말처럼 연해를 방비하는 수사들도 해적과 내통하여 무기를 판매하고, 군사기밀을 알려주었다고 한다. 연해지역은 농업에만 의존해 생존할 수 없고 어업이나 연안에서의 상업활동이 필수적이었기 때문에, 항상 빈곤에 시달렸으며 쉽게 청조에 이반하는 성향을 띠고 있었다. 따라서 이익이 된다면 상대가 영국인이라 할지라도 식량과 무기를 팔거나 정보를 제공하는 것이 다반사였다. 린쩌쉬 역시 꽝저우에서 외국인들에게 식량을 팔지 말라는 금령을 어기고 정보를 제공하는 한간의 색출에 고심한 바 있다.

문제는 그 진압이 잠재되어 있던 만(滿)-한(漢) 민족갈등을 재연시켰다는 점이다. 1842년 전쟝(鎭江)전투에서 발생한 한인학살은 그 전형적인 예이다. 전쟝전투는 약 2년간 이어진 아편전쟁 중 최후의 전투이자 청군이 가장 격렬하게 저항했던 전투로, 만주족 기병대의 사투는 영국군에게도 적지 않은 피해를 입혔다. 전투를 지휘했던 부도통(副都統) 만주인 하이링(海齡)은 한간을 빌미로 삼아 전쟝성(鎭江城) 주민에 대한 무자비한 학살을 자행했다. 실제 영국군은 공격대상 지역에 미리 한간을 침투시켜 군사사정을 염탐하게 했으며, 공격군에도 한간이 포함되었다. '한간'이란 이름으로 일부 한인들은 청조에 충성하지 않고 외부의 침입자를 도왔으며, 그 '한간'에 대한 탄압은 다시 청조 신민의 범주에 속해 있던 한인까지 '한간화'했다. 영국이란 외부의 침입을 계기로 만-한 민족간 모순은 결국 신해혁명으로 귀결되는 긴 정권교체 과정에 이데올로기를 제공하게 되었던 것이다.

아편전쟁은 대외적으로도 커다란 파장을 몰고 왔다. 궁극적으로 동아시아를 지배하던 중화주의적 천하질서의 종주국으로서 청조의 위신이 크게 떨어진 것은 물론이거니와, 직접적으로 낯선 유럽국가와 대청제국의 전쟁은 이웃나라 일본과 조선에도 안보상의 경종을 울리는 것이었다. 그러나 그 대응은 달랐다.

조선정부는 중국에 보내는 조공사절인 연행사(燕行使)를 통해 전쟁 전부터 아편의 만연과 청조 내의 대책논의에 대해 알고 있었고, 1840년 말에는 영국과 청 사이에 전쟁이 일어난 것도 알았다. 1842년 말에는 강화조약을 맺고 전쟁이 종결되었다는 것도 알았다. 조선정부는 지속적으로 전쟁에 관심을 갖고 정보를 수집했지만, 영국의 압도적인 우위와 청의 패전 사실은 정확하게 전달되지 못했다. 오히려 영토의 상실 없이 항구를 추가 개항하였고, 그 결과 중국은 안녕하다는 결론을 내리고 있었다. 일부 보고가 개항장에서 조약이 발동되면서 나타난 주권침해적 요소와 서구의 횡포에 대한 청조의 무력한 대응을 상신했지만, "평안하다"는 정사(正使)의 주장에 묻혀 크게 취급되지 못했다. 1842년 간행된 웨이위안의 『해국도지』가 1845년에는 조선에도 전래되어 초략본이 제작되었고, 이를 바탕으로 세계지리서도 나타났다. 그럼에도 불구하고 조선정부 차원의 구체적인 해방(海防) 대책으로 연결되지는 못했다. 즉 조선정부는 아편전쟁에 지속적으로 관심을 기울였으나 정보의 자의적 해석과 낙관론으로 위기의식을 완화하였고, 아편에 대해서만 경각심을 높였던 것이다.

반면 일본은 나가사끼에 출입하는 네덜란드로부터 받는 보고서와 중국상인들로부터 얻은 보고서를 통해 전쟁의 경과와 전황에 대해 보다 정확한 정보를 얻고 있었으며, 일찌감치 영국의 압도적인 화력으로 인해 청이 패배했다는 결론을 내리고 있었다. 청의 군사력이 영국에 압도되었다는 점과 영토 일부가 점령되고 결국 할양되었다는 사실은 일본 막부 지도부에 커다란 충격을 주었다. 이러한 위기의식 아래 일본정부는 한편으로는 모든 서양선박에 대해 무조건 포격하라는 기존의 정책을 거두고 땔감과 물을 공급해 위무해 돌려보내는 유화책으로 전환하였으며, 다른 한편으로는 서양식 총의 도입과 총포대의 신설, 증기선 수입 등 해방체제의 개혁에 돌입하였다.[7]

이러한 대조적 대응에 대해 여러가지 해석이 있다. 그중 하나는 정보를 입수한 통로가 달랐다는 것이다. 조선은 전쟁 정보를 주로 연행사를 통해 얻었고, 연행사의 보고는 청의 패배를 중화의식에 맞추어 왜곡해서 전달하는 중국 관보에 주로 의존했다. 반면 일본은 영국식민지 싱가포르의 영자신문을 인용한 네덜란드 풍설서(風說書), 전투 현장에 가까운 동남지역의 중국상인들의 보고서를 종합해서 사태를 파악할 수 있었기 때문에, 전투의 실체와 청 패전의 내용을 보다 정확

---

[7] 일본은 바다 건너 중국의 아편전쟁을 보고 일찌감치 1840년대부터 해방(海防) 강화를 추진했지만, 중국은 태평천국운동과 염군(捻軍) 진압이 모두 끝난 1874년에야 양무파에 의해 해방강화론이 대두되어 해군 창설로 이어졌다.

히 알았다. 또다른 해석은 정보를 받아들이는 마음자세의 차이를 지적한다. 아편전쟁 시기 조선은 외형상 큰 반란 없이 안정적인 시대였기 때문에 위기를 적극적으로 인식하고 대응하기보다는 희망적 관측으로 해석하여 축소시키려 했다.[8]

이와 달리 일본정부는 1830년대부터 각종 농민, 도시민 소요가 빈발하고 재정위기로 막번체제(幕藩體制)가 흔들리면서 이미 내부적 위기를 절감하고 있던 터였다. 원래 쇄국은 전국시대에 각 지역 다이묘오(大名)들이 서구와의 교역을 통해 부를 축적하고 군비경쟁을 했던 것을 거울삼아, 통일 후 중앙집권을 강화하고 번의 다이묘오들과 외국세력이 결탁하는 것을 막기 위해 고안된 것이었다. 이후 대외교역은 나가사끼에서 네덜란드와 중국에만 한정하고 교역에서 나오는 이익은 막부가 독점했다.[9] 그런데 아편전쟁 당시 막부는 재정위기에서 벗어나지 못하고 있었지만, 서남웅번(西南雄藩)들은 번정개혁(藩

---

[8] 한국의 대표적인 중국근대사가 고(故) 민두기 선생은 조선은 "세계의 어느 나라보다도 빨리 상세하게 중국의 내정을 알고 있었을 것이다"라고 평가하면서, 조선의 대응은 "정보의 부족이 아니라 조선왕조 스스로의 정보평가 능력이나 조선왕조가 처해 있는 상황"에서 볼 것을 주장하였다. 이러한 관점에서 조선왕조의 "내정을 먼저 다스린다는 주장(內修論)"이 일본 막부에서도 내정개혁으로 나타나고 있는 것을 들어 양자간의 공통성을 지적하였다(민두기 2001, 121, 140~41면). 이 글에서는 문제의 시각에서는 동일한 입장을 취하였으나, 실질적인 해군력 강화 여부와 위기의식의 강도에 있어서는 양자에 차이가 있다고 본다. 양자의 차이를 강조한 연구로는 하정식(2001)이 있다.
[9] 외국선박의 입항을 허가한 대외교역항은 나가사끼가 유일했으나, 동아시아 내 교역으로서 쯔시마번을 통한 조선과의 교역, 마쯔마에번을 통한 에조지(蝦夷地, 현재의 홋까이도오) 및 카라후또(樺太, 현재의 사할린) 등지와의 교역, 중국과 사쯔마번에 양속하고 있던 류우큐우의 중개무역도 존재했다.

政改革)에 성공해서 건실한 재정을 확보하여 중앙권력을 위협하고 있었다. 이런 상황에서, 바다로부터 우세한 화력을 가진 서구의 도래는 전국시대를 재연시킬 수도 있었다.

결과적으로 일본 막부도 무너지고 말았으나, 적어도 개항과정에서 일본은 큰 전쟁 없이 서구에 굴복하고 불평등조약을 맺었으므로 개항의 조건은 중국만큼 나쁘지 않았다. 영토의 할양과 배상금은 없었고, 아편은 금지되었다. 조계도 설치되지 않았다. 막부를 대체한 새로운 정부는 이후 수십년 지나 국력을 키운 뒤 조약을 철폐시켰다(1911).[10] 아편전쟁 후 13년 뒤, 1853년 페리가 개항을 요구하며 내항했을 때 일본은 아편전쟁 당시부터 수집해온 정보를 통해 서구의 강성을 이미 잘 알고 있었다.

일본의 비교적 무난한 개항에는 대외적 상황이 중국과 달랐다는 점도 작용했다. 열강은 중국과 그 시장에 관심이 집중돼 있었기 때문에 상대적으로 일본에 대한 관심이 희박했다. 미국이 일본을 개방시킨 이유는 태평양에서 포경업을 안정적으로 수행할 수 있는 기지의 확보, 뒤늦게 참여하고자 하는 대중국 무역의 중개지점 확보였다. 영토적 야심이나 시장진출 욕구는 상대적으로 작았던 셈이다. 영국이나

---

10) 조약개정(條約改正)은 일본에게도 최대의 숙원사업으로, 일본 메이지정부는 출범 직후부터 다방면의 노력을 기울였으나 그 완전한 철폐에는 최초의 교섭(1871)부터 장장 40년이나 걸렸다. 조약개정은 단계적으로 이루어졌는데, 1894년 영국과 교섭하여 치외법권의 철폐에 성공하고, 1911년 미국과의 교섭에서 관세자주권을 회복함으로써 완전한 조약개정이 달성되었다. 2차례의 교섭 성공이 청일전쟁, 러일전쟁 및 한국의 식민화 직후에 이루어진 것은, 일본의 조약개정이 외교적 노력보다는 힘의 논리에 의해 달성된 것임을 보여준다.

미국이나 일차적으로 중국에 관심이 있었기 때문에, 일본이 처한 대외적 상황은 중국에 비해 비교적 유리했다고 볼 수 있다.

일본학자 타나까 마사미(田中正美) 교수는 "중국은 하나의 문화체계를 가지고 있어서 덩치가 크기 때문에 그것을 전환시키는 것은 시간이 걸리지만, 일본은 스스로 문화가 없고 모두 밖에서 들어오는 물건이기 때문에 대체가 간단하고 전환이 빠르다"고 말한 바 있다. 타나까 교수의 지적은 문화적인 체제의 '거대함'을 지적한 것인데, 영토의 '거대함'도 자주 지적되는 특징이다. 중국은 초대국(超大國)으로 국가규모가 너무 크기 때문에 정보가 균등하게 파급되고 공유되기 힘들고, 위기의식의 공유에 바탕한 체계적인 대응이 사실상 어려웠다는 설명이다.

이에 비해 일본은 국가의 규모가 정보 파급 및 전체적인 대응에 용이한 싸이즈라는 것이다. 나아가 일본은 무인정권이기 때문에 정보에도 민감하고, 실용적인 사고방식을 가지고 있었고, 막번체제라는 내부 경쟁 씨스템이 존재했으므로, 정보 획득과 군사적·경제적 근대문물 수입에 경쟁적으로 몰두했다는 점도 유력한 설명이다.

그러나 그것뿐이라면 일본보다도 규모가 작은 조선의 경우 중국과 마찬가지로 위기에 둔감했던 원인을 설명할 수 없을 것이다. 경제사가 데이비드 랜디스(David Landes)는 유럽 근대문명의 성공요인에 대해 열심히 배우고 학습하는 능력을 들었다. 아랍이나 중국은 선도적으로 기술을 창조했어도 다른 문화로부터 배우고 학습하지 못하게 하는 사회구조적 장애가 있었지만 유럽은 남의 것도 내 것으로 소화해서 발전시킬 수 있는 사회적 자극이 형성되어 있었다는 것이다. 재일 중국인 역사학자 천슌천(陳舜臣)은 중국이나 조선에 없는 호기심, 경계심이 일본에는 있었기 때문이라고 주장했다.

　일본은 개항 이전부터 네덜란드와의 통교로 서구에 대한 지식이 상당히 있었고, 서구를 연구하는 난학(蘭學)의 발전도 높은 수준이었다는 점도 차이가 있다. 하지만 중국 역시 꽝져우를 통해 세계적인 물량의 교역을 영국뿐 아니라 주요 서구 국가와 수백년간 지속하고 있었고, 짧은 기간에 린쩌쉬가 수집한 정보는 웨이위안의 『해국도지』라는 형태로 간행되어, 거꾸로 조선과 일본에 수입되어 커다란 영향을 미쳤다. 개항 이전에 비록 해외이주가 불법이었지만 유럽 식민지인 동남아시아에 진출해 있는 중국인들도 100만 명에 이르렀다. 꽝져우에는 매판으로 외국어가 가능한 인력이 충분히 많았다. 이렇게 본다면 중국은 정보가 없어서라기보다는, 정보를 수집하고 분석하려는 태도가 사회지배층에게 없었다고 보아야 한다.

표 1 중국과 일본의 불평등조약 비교: '패전조약'과 '교섭조약'

사항	중국 톈진조약(1858), 베이징조약(1860)	일본 미일수호통상조약(1858)
기독교 포교	청조 관헌의 보호(외국인 및 중국인 기독교인까지 보호해야 함)	조약상대국 국민만 보호
내지 여행권	전국 각지	없음(무역은 거류지 내, 여행은 걸어다닐 수 있는 범위 내)
외국군의 내정간섭	영국함대의 자유입항	없음(1862~75년까지 영불군의 요꼬하마 주둔)
외국인에 의한 관세행정	총세무사(외국인)	없음
배상금 지불	있음(베이징조약)	없음
영토할양	주룽(九龍, 베이징조약)	없음
아편조항	톈진조약에서 사실상 합법화	금수(禁輸)를 명시함
거류지 건설의 주체	외국인 거류민	막부
외국인 자치권	샹하이의 조계공부국(租界工部局) 등	실질적으로 형성되지 않음
거류지의 토지임대 형태	지주는 개인	지주는 막부
개항장의 범위	조계와 40km의 황푸강(黃浦江) 연안	육지의 거류지만

출전 森正夫 編 『中國』 下, 朝日新聞社 1992, 175면.

* 미일수호통상조약은 일본 최초의 불평등조약이지만, 중국 최초의 불평등조약은 난징조약이며 톈진조약과 베이징조약은 애로우호 사건으로 시작되는 이른바 제2차 중영전쟁의 패배로 맺어진 조약이다. 인용한 森正夫는 두 조약의 선택에 대해 명확한 설명을 하고 있지 않다. 중국의 경우 난징조약으로 개항하지만 톈진·베이징조약으로 확실한 불평등조약체제가 갖춰지고, 일본의 경우 미일통상조약이 불평등조약의 전형이 된 후에는 커다란 변화가 없기 때문에 양자의 비교는 적절하다고 보인다—인용자.

| 참고자료 |

흠차대신 린쩌쉬가 영국 빅토리아 여왕에게 보낸 편지 (1839년 8월)

(전략) 이러한 이유로, 천조(天朝, 즉 청조)는 멀리에서 온 이들에 대해서는 두 배나 정중하고 친절한 대우로 대하였다. [그리하여] 그들(영국상인들)은 이백년 동안 계속해서 무역의 이익을 누려왔다. 이것이 귀국이 부유함으로 유명하게 된 원천이다.

교역이 오래 지속되는 사이에 이적(夷狄)의 무리 사이에는 정직한 사람뿐 아니라 파렴치한 사람도 나타나게 되었다. 그 결과 아편을 밀수하여 중국 백성을 꼬드기고 이리하여 중국 전역에 독을 퍼트린 자가 나오게 되었다. 이러한 자들은 오로지 자신의 이익만 상관하고 다른 이에게 미칠 해악은 상관하지 않는 자들로, 하늘의 법이 이들을 용납하지 않으며, 인류가 일치하여 증오한다. 천조의 황제께서는 이러한 치명적인 독에 대해 듣고는 격노하셨다. 그는 특별히 나를 흠차대신(欽差大臣)으로 꽝뚱성에 파견해 량꽝총독 및 순무와 상의하여 함께 조사하고 이 문제를 해결하게 하였다.

(중략)

우리는 귀하의 나라가 중국에서 6~7만 리나 떨어져 있다는 것을 알았다. 그럼에도 이적의 배가 무역을 하러 이곳에 오려고 애쓰는 것은 큰 이익을 얻기 위함이다. 중국의 부는 이적들에게 이익을 제공해왔다. 말하자면 야만인들이 얻은 큰 이익은 모두 중국의 정당한 몫에서 가져간 것이다. 그런데도 그들은 무슨 권리로 이번에는 중국인을 해치는 데 이 해독한 약을 사용하는 것인가?

이적이 일부러 우리에게 해를 입히려고 한 것은 아닐지 몰라도, 이익을 극도로 탐한 나머지, 그들은 타인을 해친다고 해도 상관하지 않는다. 물어보자. 당신의 양심은 어디에 있는가?

나는 귀국에서 아편흡연이 엄격히 금지되어 있다고 들었다. 그것은 아편이 야기하는 해악을 명확히 알고 있기 때문이다. 자신의 나라에 해를 입히지 못하게 한다면, 당신은 그 해악을 다른 나라에 전가시켜서는 안되는 것이다. 더구나 중국에게는!

출전: Wm. Theodore de Bary and Richard Lufrano, eds. *Source of Chinese Tradition* Vol. 2, Columbia University Press 202~203면.

제2장
내란
태평천국운동

　대외적 위기는 내부위기를 심화시켰다. 내란이 발생하고, 그 처리 과정에서 기존의 권력구조가 흔들렸다. 중국은 외란으로 촉발된 국내 정치혼란을 어떻게 처리했을까?

　다수의 내란 중에서도 개항 후 8년 뒤 발생해 14년간이나 중국을 초토화시킨 태평천국운동은 그에 대한 해답을 제공한다. 여기에서는 태평천국운동의 발생배경과 확대 및 소멸 과정을 통해 근대 중국의 정치에 구조적 변동이 발생하고 새로운 주체가 형성되는 과정을 탐구할 것이다.

태평천국운동

난징조약과 이듬해 맺어진 후먼조약(虎門條約) 등 부속조약에 의해 중국은 관세자주권의 상실(협정관세), 영사재판권, 최혜국대우를 주된 내용으로 하는 불평등조약체제에 편입되게 되었다. 또 대내외적으로 청조의 권위는 심각하게 실추되었다. 국내적으로는 18세기 말 이래 현저해진 사회질서의 붕괴와 재편이 가속되었다. 청조 권위의 실추, 개항으로 인한 기독교 사상의 유입, 개항장의 발달로 인한 해운(海運)의 흥성과 내륙운하망의 붕괴가 맞물리면서 14년간이나 지속되어 중국을 초토화시킨 내란 태평천국운동(太平天國運動, 1851~64)이 발생했다.

태평천국운동의 주모자는 꽝뚱성 화현(花縣)의 객가 출신 홍슈취안(洪秀全, 1814~64)이었다. 홍슈취안은 14세에 현시(縣試)에 합격하여 집안의 기대를 받았다. 그러나 30대 중반까지 원시(院試)에 계속 낙방하여 생원 학위 취득에 실패한다. 그는 과거라는 입신루트에서 배제되면서 깊은 좌절을 겪은, 숱하게 많았던 청대 지식인 중 한 명이었다.

1836년 24세의 홍슈취안은 두번째 시험에 실패한 직후 꽝져우 거리에서 서양인 선교사와 통역사를 우연히 만나, 량아파(梁阿發, 혹은 梁亞發, 梁發)가 쓴 『권세양언(勸世良言)』이라는 전도책자를 얻었다. 이듬해 또다시 시험에 낙방한 그는 깊은 병을 앓던 중에 꿈을 꾸게 되었다. 꿈에 나타난 천상의 노인은 그에게 검을 주면서 옆에 서 있던 중년 남성의 도움을 받아 천상의 요마를 구축하고 세계를 구하라고 당부했다. 1843년 네번째 원시에도 실패한 홍슈취안은 과거를 포기하고 『권세양언』을 다시 읽게 되었다. 『권세양언』을 읽고서 그는 6년 전의 꿈을 재해석하여, 여호아가 그의 부친이고 예수가 그의 형이라는 결론을 얻어 자신이 기독교로 중국을 구원해야 한다고 확신하기에 이른다.

고향에서 우상숭배를 거부한다며 사당을 파괴하는 등 물의를 일으킨 홍슈취안은 자신의 추종자인 펑윈샨(馮雲山)과 더불어 1844년 꽝시성(廣西省)으로 포교여행을 떠나 그곳에서 큰 성공을 거둔다. 1846년에 배상제회(拜上帝會, '상제God를 모시는 회'라는 의미)를 조직할 때까지 2년여 만에 신도가 3천여 명에 이르렀다.

이단적 사상으로 지방 신사층(紳士層)과 관군의 탄압을 받게 되자 홍슈취안은 1850년 7월 모든 신도를 진톈촌(金田村)으로 소집하여 공동체를 만들고 무장투쟁을 준비한다. 여기에 모여든 배상제회 회원은 2만여 명으로, 객가(客家) 농민, 운수노동자, 광산노동자, 숯구이꾼, 소수민족, 천지회(天地會) 회원 등 다양한 계층을 아우르고 있었다. 홍슈취안은 38세 생일인 1851년 1월 11일에 태평천국(太平天國)의 개국을 선언하고 3월에는 천왕(天王)에 즉위하였다.

진톈에서 봉기한 태평천국군은 후난성(湖南省)으로 진출해서 챵사(長沙)를 점령하려다 실패한 후 후뻬이성(湖北省)으로 가서 우챵(武昌)을 점령했다. 이 과정에서 병력이 50만으로 늘었고, 우챵 점령의 기세를 몰아 양쯔강을 따라 쥬강(九江)을 점령하고, 1853년 3월에는 난징(南京)까지 점령했다. 이즈음 태평천국군은 양쯔강 이남의 거의 전역을 석권하는데, 이후에는 일진일퇴를 거듭하여 대치하는 국면을 맞게 되었다. 태평천국군은 난징을 천경(天京)으로 선포한 뒤 천왕 중심의 왕조체제를 정비하기 시작하고, 북벌(北伐)과 서정(西征)을 시도하면서 판도 확대에 나서지만 실패했다.

그 와중인 1856년 9월에 지도부 내 권력투쟁 때문에 치명적인 내분이 발생했다. 태평천국 다섯 왕 중에 최대 군사지도자였던 동왕(東王) 양슈칭(楊秀淸)이 북왕(北王) 웨이챵후이(韋昌輝)에 의해 살해되고, 나머지 왕들도 뿔뿔이 흩어져버렸다. 사실상 이 사건으로 태평천국은 와해된 것이나 다름없었다. 그럼에도 새로운 군사지도자로 충왕(忠王) 리슈청(李秀成)과 천위청(陳玉成)이 등장하여 군사적 균형이 가까스로 유지된 덕분에 태평천국은 그후로도 8년이나 더 버틸 수 있었다.

그러나 1861년 9월 안칭(安慶)이 함락되면서 군사적 균형은 무너졌다. 태평천국군과 청조 사이에서 중립적 입장을 보이던 서구 열강이 제2차 중영전쟁(애로우호 사건과 뻬이징사변)으로 청조로부터 경제적 양보를 얻어낸 뒤 청조 지지로 선회하면서 태평천국군의 직접적인 적으로 등장했던 것이다. 양측에서 가장 중요한 전투였던 샹하이 방어전투에서 죽창에 변변한 무기 없이 청군을 위협했던 태평천국군의 예봉을 막아낸 것은 서구 열강의 용병부대인 상승군(常勝軍)이었다.

1864년 6월 훙슈취안이 병사하고 7월에 천경이 함락되면서 공식적으로 태평천국운동은 막을 내렸다. 그 과정에서 태평천국군과 난징주민 10만여 명이 피살되었다. 잔여부대는 1868년까지 존속했지만, 그 이후 청조에 대한 대규모 반란은 더이상 나타나지 않았다.

개항 전후 화남사회

개항 전인 19세기 초에 중국은 이미 사회경제적 위기에 봉착하고 있었다. 그 중요한 원인은 인구폭증이었다. 1741년(건륭 6년) 1억 4천만이던 인구는 1799년(가경 4년)이 되면 3억으로 늘어나 50년 사이 2배가 되고, 1850년(도광 30년)에는 4억 3천만 가량으로 100여년 사이에 3배가 증가했다. 반면 순치(順治) 말에서 건륭(乾隆) 말까지 140여년간 경지면적은 5억 무에서 9억 무로 증가하여, 인구증가에 미치지 못했다. 부유층에 의한 토지겸병까지 심화되어 아편전쟁이 일어난 도광연간에는 전인구의 1/3이 기아 혹은 반(半)기아 상태에 있었다. 18세기의 호황은 폭발적으로 증가한 인구를 먹여살렸지만, 18세기 말이 되면 과잉인구가 산지로 이주하면서 사회불안을 야기하고 토지부족으로 산지까지 과개발되어 토양의 유실로 인한 재해가 빈발했다. 18세기 말부터는 각지에서 반란이 속출했다. 아편전쟁은 이러한 상황을 더욱 악화시켰다.

아편전쟁의 패전으로 청조의 권위는 실추되었다. 전쟁비용과 배상금은 세입의 2.5배에 이르는 9천만 냥이나 되었는데, 대부분은 동남해안 각 성으로부터의 수탈로 조달되었다. 패전으로 아편 수입이 사실상 자유화되면서 아편 수입은 더욱 늘어났고 은(銀) 유출에 따른 물가등귀 현상도 한층 심해졌다. 게다가 개항장에서 서구의 선교활동이 활발해지면서 연안 각 성에는 기독교의 영향이 커졌는데 그 권위는 청조도 대항할 수 없는 것으로 받아들여졌다. 홍슈취안은 과거시험을 치르러 꽝져우에 왔다가 길거리에서 나눠주는 선교 팜플렛 『권세양언』을 얻어 처음 기독교 교리에 접했다. 훙슈취안이 꽝져우 거리에서 선교사를 만난 것은 선교가 합법화되기 이전에 대외무역창구인 광저우에서 선교활동이 이미 활발했음을 말해주는데, 아편전쟁의 결과 각국과 맺은 조약 중 프랑스와 맺은 황푸조약(黃埔條約)으로 개항장에서의 자유로운 선교가 약속되면서 기독교의 영향력은 더욱 커졌다.

기독교를 수용해서 만든 배상제회가 교세를 확대한 곳은 꽝뚱성에 인접한 꽝시성이었다. 반란이 처음 일어난 꽝시성은 변변한 산업이 없는 빈곤한 지역으로 주민구성도 복잡해서 산악지역 소수민족과 한족, 토착주민과 이주민[客家] 사이에 집단적인 무력충돌[械鬪]이 빈발했다. 더욱이 아편전쟁의 영향으로 꽝뚱성 대외무역상의 독점적 지위가 무너지고 무역중심지가 샹하이로 이동하면서 꽝뚱지역 운반노동자들이 대거 일자리를 잃게 되는데, 이들 수부(水夫)들의 다수가 후난(湖南)과 꽝시(廣西) 지방으로 유입되면서 무정부적 상태를 가져왔다. 또 개항의 영향으로 인한 교통로의 변화도 동남지역에 큰 변화를 몰고 왔다. 강희연간의 부분적인 해금 이후 해운(海運)이 활성화되기 시작하여, 도광연간에는 두 차례(1829년과 1848년)에 걸쳐 정부 납세미인 조량(漕糧)의 해운이 시도되기도 했다. 민간 물류와 정부 물류 모두에서 하운(河運)의 쇠퇴와 해운의 흥기는 개항 이후 더욱 뚜렷해지기 시작했다.

개항장의 발전과 더불어 연안해로가 발전하면서 대운하를 대신해 해상교통이 크게 발전하고, 일자리를 잃은 내륙수운 노동자들의 수는 더욱 늘어만 갔다. 이들 부두의 노동자들은 보통 천지회(天地會)라고 불리는 비밀결사집단에 소속되어 있었는데, 평소에 천지회는 아편과 소금 밀수를 주로 담당했다. 농민들과 달리 천지회와 노동자들은 지역을 뛰어넘는 광역네트워크를 가지고 있었으며, 반청복명을 외치는 반정부적 성격을 띠고 있었다. 태평천국운동이 단시간 내에 각 성으로 빠르게 확산될 수 있었던 것은 단순한 농민반란이 아니라 이와같은 네트워크를 가진 사회불만 계층이 반란에 가세했기 때문이다.

1844년 훙슈취안과 펑윈샨이 꽝시성에서 선교를 시작할 때 선교대상은 객가, 광부들이었다. 이들은 수년 만에 수천의 신도를 모을 수 있었는데 그 비결은 무엇이었을까. 이주민 집단인 객가집단은 토착민들의 조직인 단련(團練)에 대항할 만한 조직과 통합원리가 없었고 토지와 물을 둘러싼 계투(械鬪, 마을 및 종족간의 무장투쟁)에서 언제나 밀리던 신세였다. 그런데 배상제회는 객가집단을 결집시키고 조직해 토착집단에 대항할 수 있게 해주었다. 배상제회는 우상파괴와 평등을 주장하면서 객가집단을 흡수하는 한편 기존 향촌사회의 기득권세력인 단련세력과 대항하는 과정에서 무장조직화되었고, 특히 1849~50년의 기근 속에서 계투 이상의 무장투쟁으로 발전하게 되었다. 단련을 지도하는 지방 유력 신사층은 배상제회와의 대립에서 지방관병을 동원하여 이들을 진압하였다. 이 과정에서 청조가 탄압의 주체로 인식되면서 반청 색채가 분명해졌다.

위에서 열거한 요인들이 1851년 1월에 2만의 군사로 진톈기의(金田起義)를 일으킬 수 있는 배경이 되었다면, 그로부터 2년 뒤 1853년 초의 후난성, 후뻬이성 진입까지 태평군(太平軍)이 50만까지 급증하고 난징까지 점령할 수 있었던 것은 아편전쟁 이후 더욱 악화된 은 유출과 농업경제의 파탄으로 다수의 농민이 난에 호응했기 때문이다.

태평천국운동은 군비의 압도적 열세에도 불구하고 14년이나 항쟁을 해냈으며, 한때는 청조의 정규 토벌군을 궤멸시키고 군사적 우위에 서기도 했다. 그것을 가능하게 한 것은 청조 통치에 절망한 광범위한 농민대중의 혁명에너지였다. 정권타도를 가능하게 할 정도의 에너지가 있었음에도 반란이 실패한 원인은 그 에너지를 운용한 태평천국운동의 지도부에서 찾아야 할 것이다.

내란인가 혁명인가

거시적으로 보았을 때 태평천국운동의 이념적 지향은 잡다하고 통합되지 못했으며, 청조를 대체해서 어떤 사회를 건설할 것인가에 대한 명확한 청사진 없이 시작되었다. 태평천국운동은 기독교 교리를 표면에 내세우면서 사유재산을 부정하는 공동재산, 보편적 형제애에 기초한 평균주의를 표방하며 출발했으나 그 체제이념은 명확하게 정립된 것이 아니었다.

난징에 정도(定都)하면서 1853년 가을에 간행한 『천조전무제도(天朝田畝制度)』는 그나마 태평천국운동이 지향하는 정치, 경제, 사회적 모습을 보여준다. 그중에서 남녀 구별 없이 토지를 균등하게 나눠주고 잉여는 국유화한다는 대목은 전통적 농민반란이 보여주는 평균주의적 이상을 보여주고 있다. 농민들의 반란 참여를 이끈 배경에는 현실에 대한 절망 외에 토지균분의 구호가 가지는 매력이 있었다. 이러한 점에서 평균주의적 사회혁명의 모습을 엿볼 수도 있지만, 사실 이

제도는 실시된 흔적이 없다. 게다가 천왕 홍슈취안을 중심으로 전제 왕조체제를 표방하고 차별적 신분질서를 유지하고 있어 구체제와 유사한 부분 역시 적지 않다.

평균주의적 사회사상은 철저하지도 못했음에도 농민을 흡입한 만큼이나 전통적 지배계층인 신사층의 이해를 침해하여 적대세력으로 만들었다. 새로운 사회에서 신분등급의 기준이 되는 것은 유교가 아니라 기독교이므로, 신사층의 입장에서는 차라리 유교적 소양에 입각한 과거를 계속 주재해줄 이민족 왕조가 바람직했던 것이다.

평균주의적 농민혁명으로서 태평천국운동의 평가가 이처럼 애매한 한편, 이 운동에는 전혀 다른 성격의 지향도 함께 있었다. 태평천국운동의 지도부는 청조를 타도해야 할 '요마(妖魔)'로 여겼으나, 같은 기독교를 신봉하는 서구 열강은 '양형제(洋兄弟)'로서 협력의 대상으로 보았다. 또한 아편에 대해서는 철저금지의 태도를 취하면서도, 서구 자본주의 열강과는 대등한 외교관계를 수립한 위에 서구문물을 도입하고 외국인의 자유로운 출입과 통상을 허용하며, 선교사의 활동도 인정하려 했다. 서구와 서구문명에 대한 긍정적 시선은 전형적인 왕조 말 농민반란과는 구별되는 태평천국운동의 특색인데, 서구적 근대화의 가능성을 엿보게 한다.

이같은 측면을 가장 잘 드러내주는 것이 간왕(干王) 홍런깐(洪仁玕, 1822~64)이 저술한 『자정신편(資政新編)』이다. 홍런깐은 홍슈취안의 조카로 최초의 배상제교 개종자 중 한 사람이다. 홍슈취안이 꽝시로 포교여행을 떠날 때, 그는 홍콩으로 피신하여 개신교 선교사들의 도움을 받으며 활동했다. 이러한 경험으로 홍런깐은 서구문물에 대해 체계적인 지식을 갖추고 있었다. 1859년 육로로 난징에 도착한 그는 홍슈취안의 환대를 받고 간왕에 봉해지는데, 자신의 지식을 기초로 『자정신편』을 저술, 간행하였다.

이 책에서 나타난 정책은 개량적인 근대화로, 은행·우편·철도·기선·도로·광산·신문 등 자본주의사회의 제도와 인프라를 도입하고 새로운 기계기술의 발명에 대해서 전매특허를 주어 기술발전을 장려하며, 노비제도의 폐지와 고용노동의 도입을 제안했다. 서구의 기술과 문물을 도입하고 서구 열강과 우호외교를 통해 교역을 증진하여 부국화로 나간다는 전략이었다. 이를 위해 천왕에게 통치권을 집중시키고, 세계 사정에 밝은 양무론자(洋務論者)가 지배층이 되어 중앙집권을 통해 부국화를 이룬다는 구상이다. 적극적인 서구문물의 도입과 교역을 중시하는 발상은 농민혁명으로만 보이는 태평천국운동의 전혀 다른 측면을 보여준다. 구상만으로는 당시의 청조보다 훨씬 서구적 근대화와 부국 자립에 가까이 자리하고 있었다.

하지만 홍런깐의 정책은 실행되지 못했으며, 서구 역시 1862년 이후 '중립'에서 청조에 협력하여 반란진압을 돕는 방향으로 굳어졌다. 태평천국운동 지도부는 서구에 대한 낙관론에 치우쳐 현실을 제대로 보지 못했고, 홍런깐의 구상 역시 태평천국운동 전체를 대표하는 것이라고 보기 힘들다.

그렇지만 모든 반란이나 혁명이 준비된 상태에서 성공하지는 않는다. 그리고 사상적 준비가 갖춰졌다고 반드시 성공하는 것도 아니다. 위에서 살펴본 것처럼 태평천국운동의 지향점이 평균주의적 사회혁명인지, 단순한 왕조교체인지, 부르주아적 근대화인지 명확하지 않더라도, 우선 정권교체에 성공했다면 서구의 불평등조약체제에 편입된 지 얼마 안된 시점에서 새로운 대응주체와 동력을 만들어갔을지도 모른다. 태평천국운동이 초기에 놀라운 군사적 성공을 거두었음에도 정권 창출에 실패한 원인은 무엇이었을까.

가장 중요한 원인은 신사층을 적으로 돌린 데 있다. 태평천국운동은 청조를 타도하자는 한족 민족주의를 내세웠지만, 그 이유는 청조가 기독교국가 건설을 막는 요마라는 것 때문이었다. 그런데 기독교 교리는 중국에 뿌리를 박은 토착종교인 불교와 도교를 부정할 뿐 아니라, 제사를 부정하고 유교사당을 폐지했다. 남성과 여성을 분리하여 군대식 조직으로 재편하고, 성고(聖庫)로 재산을 공유화했던 태평천국운동의 발상은 유교의 근간인 가족제도 및 사유제와 상충되었다. 태평천국의 교리는 신사층에게는 이단적 혹세무민이었다. 평균주의는 빈민들에게는 호응을 얻었지만, 신사층의 계급적 기득권을 저해하는 것이었다. 그 결과 함께 청조를 타도하고 국가적 위기를 극복할 새로운 부국을 건설하는 운동으로 수렴될 수 없었다. 태평천국군을 패퇴시킨 것은 청의 만주족 병사가 아니라 같은 한족인 신사층이 지연과 혈연에 입각해 조직한 의용군이었다.

두번째로는 서양에 대한 인식 부족이다. 태평천국군은 기독교도로서 서양 열강을 '양형제'로 인정하고 개방적 태도를 보였다. 그러나 서구는 아편무역을 금지하고 서구 자본주의 열강과 '평등'한 관계를 지향하는 태평천국의 정책이 불편했다.[11] 아시아에서 기독교국가의 탄

---

11) 태평천국의 열강 인식은 처음에는 중화주의적 우월감과 기독교세계의 영도자로

생을 기대하며 1853~54년 사이에 영국, 프랑스, 미국 공사가 차례로 천경(난징)을 방문하기도 했지만, 그들의 눈에 태평천국은 이단이었다. 문제는 이단이냐 아니냐보다, 서양 열강이 중국에게 바라는 것이 무엇인가에 대해 태평천국 지도자들이 제대로 인식하지 못했다는 점이다.

서양 열강에게는 기독교도라는 것보다 중국에서의 경제적 기회와 특권을 얼마나 어떻게 보장·확대하느냐 하는 것이 훨씬 중요했다. 1861년 신유정변(辛酉政變)을 통해 새로이 정권을 장악한 서태후(西太后, 1835~1908)와 공친왕(恭親王, 1832~98)이 대외협조적인 정책을 취하고, 뻬이징조약을 통해 이권을 획득하게 되자, 열강은 청조에게 근대적 무기와 훈련을 제공했다. 연발총과 대포 등 근대적 병기로 무장한 외국인 용병부대[常勝軍]는 특히 중요했던 1862년 샹하이 방어와 난징 함락의 승부수였던 쑤져우성(蘇州城) 탈환에 결정적인 도움을 주었다.

태평천국운동은 18세기 말 이래 연이은 내란의 연장선상에서 파악 가능하다. 그 시발탄이 된 백련교란(白蓮敎亂, 1796~1804)은 5개 성에 걸쳐 9년 반 동안 지속되었다. 신쟝(新疆)과 쓰촨(四川)의 반란도 이어졌다. 1830~40년대에는 자연재해까지 겹쳐 식량부족으로 인한 폭동, 세금납부에 저항하는 폭동이 중국 전역으로 확대되었다. 그 배경에는 경기악화와 다민족국가인 청조 내의 민족갈등이라는 두 가지 요

서의 우월감이 착종된 것이었으나, 후에 반청전선이라는 측면에서 제2차 중영전쟁을 벌이던 영국과 프랑스를 동맹으로 환영하다가, 후에는 초보적인 주권국가 의식도 싹터서 주권침해자로서 열강을 새롭게 인식하는 등 변화에 넘친 것이었다(최진규 1999).

인이 있었으나, 개항은 이 둘을 더욱 가속화한 면이 있다. 개항으로 인한 경제난의 악화와 기독교라는 새로운 사상이 결합하여 강화된 반만 민족주의가 18세기 이래 최대의 반란을 만들어낸 것이다.

국토 절반을 초토화한 태평천국운동으로 1850년대 중국경제는 심각한 타격을 입었다. 이 내란으로 중국의 가장 부유한 중부 양쯔강 유역이 철저히 파괴되었고 2천만 명[12]이 넘게 죽었다. 전장(戰場)이 중국경제의 심장부인 양쯔강 하류 일대였기 때문에 그 피해는 더욱 컸다. 물론 이 내란이 새로운 정권을 창출하면서 다가오는 근대의 위협에 효율적으로 대처해나갔다면 이러한 희생도 거름이 될 수 있었을 것이다. 하지만 기독교라는 이단적 종교를 내세웠기 때문에 신사층을 이반시켜 청조를 타도할 한족 민족주의를 새로운 사회통합의 동력으로 제시할 가능성을 막아버렸다. 또한 홍슈취안 개인숭배의 이단적 기독교 이해와 서양에 대한 냉철한 인식 부족으로 서구를 끌어들여 정권교체에 성공할 수도 없었다.

결국 태평천국운동은 새로운 국가 건설에 실패한 결과 파괴적 영향만이 두드러지게 되었다. 전체적으로 이 반란은 개항으로 달라진 국제환경과 국내문제 해결에 신속하게 대응할 수 있는 중국의 역량을 심각하게 훼손시켰다고 할 수 있다. 청조는 이 내란에 발목이 잡혀서 제2차 중영전쟁에 제대로 대응하지 못하고, 1860년에 난징조약보다 훨씬 큰 폭으로 서양 열강에게 이권을 양보할 수밖에 없었다. 또한 반

---

12) 사망자수는 5천만 명이라는 설도 있고 아직 정설은 없다. 이 책에서는 보수적인 수치인 2천만 명을 채택했다.

란진압 과정에서 한족 대관들과 지방의 의용군들이 성장하여 군사와 재정을 장악한 결과, 중앙정부는 더 약화되었다. 정권교체도 이루지 못하면서, 기존 정권이 근대라는 새로운 시대에 연착륙하기 위한 자립역량도 소진시켜버린 것이다.

그렇지만 태평천국운동은 반만 민족주의의 재생이라는 중요한 씨앗을 남겨두었다. 신사층까지 포괄하지 못했지만, 청조가 충성의 대상이 아니라 타도해야 할 이민족이라는 사상은 향후 정권타도를 위한 중요한 무기가 되어간다. 후에 중국의 반만혁명을 지도하는 쑨원(孫文)은 어릴 적 마을 노인들이 전하는 태평천국운동의 무용담을 들으며 상상력을 키워갔던 것이다.

태평천국운동과 동아시아

중국을 뒤흔든 내란의 소식은 이웃나라인 조선과 일본에도 일찌감치 알려졌다. 조선은 연행사절을 통해 태평천국운동의 전개과정과 그 와중에 발생한 영불연합군의 뻬이징 점령까지도 비교적 정확한 정보를 입수할 수 있었다. 이 내란에 대해 조선정부와 관료들은 '천하대란'으로 심각성을 인지하고 있었고, 조선에서도 이러한 내란이 일어날 수 있고 중국처럼 외세가 그 틈을 이용해 침략해올 수 있다는 위기감을 가졌다. 그러나 위기감에 비해서 현실적인 개혁노력은 충분하지 못했다. 환곡 폐단의 개혁과 같은 내정 쇄신이 시도되었으나 큰 효과를 거두지 못했고, 국제관계에 대한 재검토도 이뤄지지 않았다. 오로

지 천주교 탄압이 강화되었을 뿐이다.

일본에도 늦어도 1852년까지는 태평천국운동에 관한 정보가 알려졌다. 일본이 정보를 입수한 루트는 다양했다. 나가사끼의 청국 상인, 푸져우(福州)에 갔던 류우뀨우국(琉球國) 사절이 사쯔마번(薩摩藩)을 통해 알려온 보고, 쯔시마번(對馬藩)이 조선에서 수집한 정보 등을 통해 1853년까지 태평천국군의 난징 점령과 반청복명의 성격에 대해서 파악했다. 그해 6월에 미국의 페리함대가 우라가항에 나타나 개항을 요구했다. 이듬해 1854년에는 『만청기사(滿淸紀事)』『월비대략(粵匪大略)』등 청인이 저술한 태평천국 관련 서적이 일본에 전래되었다. 1860년에는 견미사절단(遣米使節團)이 미국에 가는 길에 홍콩에 들렀다가 태평천국운동과 그사이 발생한 영불연합군의 뻬이징 함락(北京事變)에 대해 듣게 된다.

일본 막부는 1862년에 찌또세이마루(千歲丸)를 샹하이에 직접 파견하는데, 그곳에는 막부 관원의 종자(從者) 자격으로 각 번의 무사들도 승선하고 있었다. 그중에는 후에 쪼오슈우번에서 기병대를 일으켜 막부타도를 지휘하게 되는 타까스기 신사꾸(高杉晋作)도 있었다. 1862년은 충왕 리슈청의 지휘로 태평천국군의 샹하이 공세가 한창이던 때로, 샹하이의 수비는 리훙쟝(李鴻章)의 회군과 상승군이 맡고 있었다. 타까스기는 그곳에서 샹하이라는 국제항구의 대단한 규모에 놀라고, 내란으로 인한 파괴와 거리를 휘젓고 다니는 외국용병을 보았다.

태평천국운동이 인도의 세포이 반란과 함께 서구 열강으로 하여금 아시아 민중운동의 파괴력을 깨닫게 하여 직접지배를 꺼리게 함으로서, 막말 유신기 일본의 국제환경을 유리하게 했다는 연구도 있다. 그러나 더 중요한 것은 태평천국운동을 통해 일본정부와 지식인들이 내란이 외란에 못지않게 두려운 것이라는 사실을 새삼 깨닫게 된 것이다. 일본의 메이지유신 과정에서 대규모 내란이 발생하지 않았던 것은 일본에 공론(公論) 문화가 형성되어 있었고, 대외위기를 앞에 두고 천황을 매개로 '일본'이란 일체감이 형성되어 있었기 때문이라고 한다. 그렇지만 그 한편에는 중국이 준 교훈 역시 있었을지도 모른다.

제3장
위로부터의 근대화
양무운동

　태평천국운동의 실패는 아래로부터 혁명의 좌절이었지만, 역설적으로 위로부터 근대화를 이끈 새로운 정치그룹을 탄생시켰다. '개량적 방식을 통한 근대이행' 기회였던 위로부터의 근대화는 성공했는가?
　이 장에서는 중국정부 차원의 최초의 근대화 노력이었던 양무운동을 살펴보고, 근대 초기 중국의 근대화를 주도했던 개혁주체의 역량과 한계에 관해 탐구해보자.

개량노선의 시작

　아편전쟁은 중화제국에게 위기의식을 고취시키지 못한 채, 양이에 의한 소란 정도로 받아들여졌다. 그러나 외부의 충격은 이민족 지배체제의 민족모순, 청말의 경제적·사회적 모순을 자극했다. 청조의 위상 저하는 전면적으로 '반만(反滿)' 한족 민족주의의 색채를 드러낸 태평천국운동으로 이어졌다. 그러나 아래로부터 일어난 혁명의 에너지는, 그 안에 근대적 국가로의 비전도 일부 있었지만 왕조 말 농민반란의 무질서함을 넘어서지 못했다.

더구나 기독교라는 전통문화에 반한 이단적 이데올로기는 '반만' 한족 민족주의로 통합되어 청조를 타도할 수 있는 길을 차단해버렸고, 한족의 상층계급 신사층은 혁명세력에 동조해 만주족 왕조를 타도하기보다는 오히려 전통문화를 수호하기 위해 이단적 혁명세력의 진압에 결정적인 힘을 발휘했다. 한족은 분열되었고 '반만' 한족 민족주의는 반쪽 중에서도 일부에 불과했다.

내란 와중에 제2차 중영전쟁이 발발하여 베이징이 영불연합군에게 점령당하고 동치(同治) 시기 주화파 노선이 대두하면서, 서구문명의 세력이 대단한 것이며 생존을 위해 서구문명을 수용하는 적극적인 정책이 필요하다는 것이 명백해졌다. 아편전쟁 후 10여년이 지난 뒤에야 근대문명의 실체를 조금씩 인정하게 된 것이다.

태평천국운동의 청조 타도가 실패한 후, 중국의 근대화 노력은 이민족 왕조인 청조를 끼고 개명적인 한인관료가 주도하는 개량운동 위주가 되었다. 아편전쟁에서 1912년 청조의 멸망과 중화민국의 성립까지 약 70여년의 시간 동안, 중국의 근대화운동에는 세 번의 개량과 한 번의 혁명이 있었다.

첫번째 개량은 양무운동(洋務運動, 1860~94), 두번째는 무술변법

(戊戌變法, 1898), 세번째는 광서신정(光緖新政, 1901)이다. 첫번째와 두번째 개량은 모두 개명적인 한인관료가 각각 서태후(西太后), 광서제(光緖帝, 1871~1908)라는 청조 통치자를 등에 업고 추진한 근대화운동이다.[13] 마지막 광서신정은 만주족 왕조가 주체가 된 개혁이지만 이 시기에는 반만 민족주의가 계층적 결합을 이뤄가는 상황이었으므로, 만주족 왕조는 근대화운동의 주도권을 잡지 못했다. 오히려 신정을 배경으로 등장한 한족 신사층의 입헌운동이 종국에는 혁명파와 결합하여 신해혁명을 성공시키게 된다.

한 번의 혁명은 신해혁명으로 귀결되지만, 혁명파는 국외파와 국내파로 나눌 수 있다. 국외파는 두번째 개량인 무술변법과 마찬가지로 청일전쟁을 계기로 앞서 형성되었으며, 국내파는 1903년의 거아운동(拒俄運動)과 1904년 러일전쟁을 계기로 본격적으로 형성되었다. 국내외 혁명파의 결합은 1905년 동맹회라는 공동의 혁명단체 탄생으로 이루어졌는데, 통합의 배경에는 거아운동과 러일전쟁이 준 각성이 있었다.

결과적으로 본다면, 세 번의 개량이 실패하면서 한족 신사층과 지식계층이 청조에 결별을 고하게 되었고, 반만 민족주의 기치하에 (한

---

13) 이 글에서는 개량과 개혁, 개량파와 개혁파를 혼용해서 쓰고 있다. 그리고 개량에 양무운동, 무술변법, 광서신성을 함께 묶고 있다. 청조 체제를 인정한 위의 개량적 진보를 지향한다는 면에서 세 운동의 성격은 유사하며, 쑨원 등의 혁명운동과는 뚜렷이 구분된다. 보통 1900년대 개혁운동과 혁명운동을 논할 때 개혁파로 표현되는 무술변법의 주도자들은 혁명운동보다 양무운동과의 거리가 더 가깝다고 보기 때문에, 청말 개혁파 역시 개량파라고 표현한 곳이 적지 않음을 미리 밝혀둔다.

족 기층민중과 한인 신사층 사이의) 계층간 통합이 비로소 이루어져 혁명이 성공했다고 볼 수 있다. 그 결별의 과정은 일본에 비해 길었고 같은 기간에 중국은 대외적으로 실패만 반복했기 때문에, 상대적으로 개량의 시기는 시간낭비로 비쳐질 수 있다. 지금부터는 청말 위로부터의 자구적 근대화 노력 중 첫번째, 양무운동으로부터 중국의 근대화 노력을 평가해보도록 하겠다.

양무파 관료의 형성과정

일반적으로 일본의 메이지유신을 위로부터 근대화의 성공으로 들면서, 그 대조적인 실패사례로 중국의 양무운동을 든다. 양무운동과 일본의 메이지유신이 곧잘 비교되는 것은 거의 같은 시기에 추진되었기 때문이다. 일본은 체제전복과 서구화 노선을 걸어간 반면, 중국은 체제강화와 개량 노선으로 선택이 달랐으며, 1894년 청일전쟁으로 그 성과가 검증되어, 이후 양국 장래의 명암이 엇갈렸다는 점에서 비교 결과도 선명하다.

그러나 강요된 개항 이후 위기타파의 모색과정을 본다면, 일본은 메이지유신 이전 토꾸가와 막부와 각 번의 근대화 노력을 살펴보아야 한다. 중국의 양무운동과 일본 막부의 근대화 노력은 공히 개항 후 집권세력에 의한 최초의 근대화 시도이다. 그렇게 본다면 두 운동 모두 자립적 근대화에 이르지 못하고 정권을 상실했다는 면에서 마찬가지로 실패했다고 볼 수 있다. 따라서 메이지유신과 비교되는 바람에 부정적인 평가 일색으로 도배되었던 양무운동에 대해서도 객관적으로 재고할 여지는 풍부하다.

일반적으로 양무운동은 1861년 동치제(同治帝) 즉위로부터 1894년 청일전쟁까지 약 30여년간 상대적인 정치안정 속에서 한인관료들을 중심으로 추진된 서구 근대문물의 수용과 친서구적 외교정책을 지칭한다. 이 한인관료들을 양무파라고 부른다. 1858년 제2차 중영전쟁의 패전으로 톈진조약(天津條約)이 체결되었다. 그러나 보수적인 성향의 함풍제(咸豊帝, 도광제의 아들)는 외교사절의 베이징(北京) 입성을 꺼려하여 조약비준서를 베이징에서 교환하려 한 영불의 요구를 거부하였다. 그 과정에서 무력으로 상륙을 시도하던 영불군과 청군 사이에 전투가 발생하여, 영불연합군은 톈진을 점령하고 베이징으로 진격하였다(北京事變).

이듬해 몽진처인 러허(熱河)에서 함풍제는 사망하고 동치제가 즉위하였다. 보수적인 함풍제의 유언으로 보수파가 조정을 장악하고 있는 상황에서, 영불과 화친을 추진해서 베이징조약을 조인한 공친왕(恭親王, 도광제의 여섯째아들이자 함풍제의 동생, 이름은 奕訢)은 곤경에 처하게 되었다. 동치제의 생모인 야심만만한 서태후는 공친왕과 손을 잡고 보수파를 숙청하는 꾸데따를 일으키고, 태평천국운동의 진압과정에서 군공을 세운 한인관료를 중용하였다(1861년 辛酉政變). 이때부터 서태후의 강력한 정치적 리더십 아래 이 한인관료들이 중앙정계로 진출하여 국내 반란을 진압하고 대내외적 안정을 회복하는데, 이것을 동치중흥(同治中興)이라고 한다.

양무파 한인관료들은 태평천국운동 진압과정에서 서구 군기(軍器)

의 우수성을 깨닫고, 열강과 화친하는 입장을 지지하면서 근대문물의 수입에 적극적이었다. 이른바 '중체서용'의 구호가 그것이다.[14] 양무파 한인관료들은 연이어 태평천국운동, 염군(捻軍) 등 청조를 괴롭혀왔던 굵직굵직한 내란을 진압하여 서태후를 비롯한 만주황실의 신임을 얻었다. 정치적 안정을 바탕으로 대외방비에도 힘써 해군을 창설하였고, 군수산업·기선회사·방직공장 등 최초의 근대적 기업군을 중국에 설립했다. 그러나 1894년 청일전쟁의 발발과 패배로 인해 그간의 정책이 실패로 드러나면서 정치적 영향력이 퇴조하였다. 이 기간은 양무운동의 핵심인물인 리훙장(李鴻章, 1823~1901)이 청조 관계(官界)와 외교계에서 막강한 영향력을 행사하던 시기와도 겹친다.

양무파는 아래로부터 새로운 정권 창출을 꿈꾼 태평천국운동의 진압과 더불어 시작되었다. 한족 민족주의를 진압하면서 한인 관료층이 권력을 장악한 것은 역사의 아이러니이다. 한인 관료층은 한족 민족주의를 내세운 이단세력과 손잡기보다는 전통적 가치를 대변한 이민족 정부를 보위했다. 또 만주족 왕조를 지켜낼 수 있는 실질적인 역량을 보임으로써, 청 말기 이전과 달리 실질적인 파워를 가진 권력집단으로 등장하게 된다. 청 왕조는 각종 반란의 진압에 무력함을 보이면

---

14) 중체서용(中體西用)이란 구호는 일반적으로 양무운동의 개혁논리로 알려져 있으나, 기본 논리는 양무운동 시기 널리 쓰였어도 "중학을 본체로 서학을 용도로 삼는다(中學爲體 西學爲用)"라는 용어의 형식은 청일전쟁 이후 특히 장즈둥(張之洞)의 『권학편(勸學篇)』에 의해 널리 퍼졌다(조병한 1997, 145면). 중체서용론은 서구기술 수입을 가능하게 한 보완적 성격과 더불어, 무술변법의 급진성을 비판하는 보수적 측면이 모두 존재하는데, 중체서용론과 무술변법의 관련성에 관해서는 다양한 해석이 존재한다(조병한 1997; 민두기 1978).

서, 한인 관료층에 의지하지 않을 수 없게 되었다.

그 시초는 개항 이전 백련교난(白蓮敎亂)에서 드러났다. 청조의 정규군인 팔기군(八旗軍)과 한인의 녹영(綠營)은 전투력을 상실했고, 반란은 결국 지방 지주나 신사들의 무장조직인 향용(鄕勇)과 단련(團練)을 임시고용하여 진압되었다. 모든 만주인은 병사나 관료 외에 농공상이 될 수 없었기 때문에, 만주인들은 정부의 생활보조금[餉銀]으로 살아가는 기생생활에 젖고 사치풍조에 물들어 있었다. 경제적으로 곤궁하고 도덕적으로 타락한 만주 정규군대는 반란진압에 무능했다.

태평천국운동에 와서는 이 점이 자명해졌다. 태평천국운동을 진압할 수 없었던 청조는 쩡꿔판(曾國藩, 1811~72)에게 신사층이 주도하는 향촌자위집단인 단련(團練)을 조직화하라고 명했다. 쩡꿔판은 향촌 단위의 단련을 성 단위 군대로 확대, 재편하였다. 고향인 후난성의 단련을 기초로 조직한 이 군대를 상군(湘軍)이라 한다. 반란진압의 보조적 역할로 시작한 상군은 1860년경 강남대영(江南大營)이 대파되어 팔기병과 녹영 등 정규군대가 전투력을 상실하자, 그후 태평군 진압의 주력부대가 되었다.

상군의 지휘관은 지연·혈연을 이용해 자신의 병사를 사적으로 선발했는데, 부대는 지휘관에 대한 개인적 충성을 토대로 하고 있었다. 또 일용노동자의 10배, 녹영의 2배나 되는 높은 급료를 지급하고, 유민(流民)이 아닌 유교적 가치관에 충실한 농민만을 모집해 병사로 삼았다. 군대유지에 필요한 막대한 재정은 이금(釐金) 수입에 주로 의존했는데, 상군은 1853년부터 직접 이금 징수기관을 설치하여 운영했다. 이금은 교통의 요지에 관소를 두고 통과 화물에 대해 일정 세금을 부과하는 일종의 통과세 혹은 유통세를 말한다.

1854년 초에 태평군과 첫 전투를 벌인 상군은 태평군의 서정(西征)을 저지하는 데 성공했고, 이후 태평군의 가장 강력한 적수가 되었다. 상군은 비록 청조의 명령으로 조직된 군대였지만, 쩡꿔판을 피라미드의 정점으로 하여 지연과 혈연으로 이어진 사병적(私兵的) 성격이 강했다. 이금징수권을 장악함으로써, 재정 역시 중앙에서 자립하였다. 만주족 정권은 한인관료, 신사층과의 연대로 소생했으나, 그 대가로 지방 행정과 군사권을 그들에게 넘겨주어야 했다.

쩡꿔판의 막료였던 리훙쟝은 쩡꿔판의 명을 따라 상군을 모델로 삼아 1861년 고향 안후이성(安徽省) 의용군인 회군(淮軍)을 창설했다. 회군은 이듬해(1862) 샹하이에 배치되어 방어작전을 수행했는데, 재원으로 관세와 쟝쑤성(江蘇省)의 막대한 이금을 할당받았다. 같은 해 청조는 리훙쟝을 일약 쟝쑤순무(江蘇巡撫)로 발탁했다(처음 6개월간은 서쟝쑤순무署江蘇巡撫로 임명). 쩡꿔판의 또다른 막료 쭤쭝탕(左宗棠, 1812~85)은 져쟝순무(浙江巡撫)가 되었다(1862).

이들 한인관료들은 군사와 재정을 장악한 지방을 자신의 세력기반으로 삼아, 중앙정계에도 강력한 영향력을 행사하게 되었다. 그 계기가 신유정변이었다. 한족 민족주의를 내세운 태평천국운동을 진압함으로써, 한인 관신층은 처음으로 청조에서 군권과 재정권을 장악하여 정치적 실력을 행사할 수 있었다.

양무운동 시기의 근대화정책 1: 철도와 해군

30여년이 넘는 양무운동 기간은 결코 짧지 않은 기간이다. 개항 후 70여년 만에 청조가 무너졌으므로 거의 절반에 가까운 시간이다. 상대적으로 정치안정을 이룩한 양무운동 기간은 청조의 수명을 연장시켰지만, 중국의 자립적 근대화란 면에서는 시간을 낭비적으로 소모했다고도 할 수 있다. 비록 양무운동의 근대화 성과가 후대에 계승된 것이 적지 않다고 해도, 정확히 중국의 양무운동에 해당하는 시기에 일본이 압축적 근대화에 성공해 질적 비약을 이룩함으로써, 청일전쟁 이후 양국의 운명이 선명하게 엇갈렸다.

무너진 청조 위에 새로 출발한 중화민국이 자립적 근대화를 다시 추진해갈 때, 가장 큰 장애가 된 것은 근대화 단계에서 앞서나간 이웃 일본이었다. 30년은 생존을 위한 서구 따라잡기의 경쟁이기도 했지만, 좀더 생존에 유리한 위치를 점하고자 하는 동아시아 내의 경쟁이기도 했다. 30년의 '시간과의 경쟁'은 일본의 대륙침략과 중화민국의 몰락, 붉은 중국의 탄생까지 거의 한 세기를 결정지었다.

앞서 언급한 것처럼 양무운동과 메이지유신을 동일선상에서 비교하는 것은 타당하지 못하다. 중국에게 있어서, 비슷한 처지의 이웃나라가 초반에 강력한 중앙집권적 신정권을 창출해 집중적 근대화에 성공하고 시장과 헤게모니에서 중국에 도전해왔다는 것은 불행이다. 운이 없었다. 세계사적으로 일본과 같은 사례는 흔치 않기 때문이다. 따라서 양무운동 때문에 중국이 근대화에 실패했다는 논리는 곤란하다. 그 안에서 무엇이 문제였고, 무엇이 의미있는 성과를 남겼는가를 냉

정하게 살펴볼 필요가 있다.

양무파 관료들은 우선 군사방면에서 서구의 선진기술을 받아들였고, 그 과정에서 철도·기선 등 인프라 건설에 착수하는 한편 군수산업과 민간산업으로 투자영역을 차츰 확대해나갔다. 중국에 철도가 처음 부설된 것은 1876년으로, 영국회사인 쟈딘 메디슨 상회가 샹하이에서 우쑹(吳淞)까지 19km의 철도(吳淞鐵路)를 부설한 것이 시초이다. 그러나 풍수에 좋지 않다는 민간의 반대가 컸고, 철도부설로 생계의 위협을 받는 인력거꾼들의 반발이 거세게 일자, 그렇지 않아도 철도부설로 열강의 중국 침투가 용이해질 것을 두려워하던 청조는 정부 돈으로 구매한 뒤 곧 철거해버렸다.

중국이 스스로 철도를 부설한 것은 1873년 윤선초상국 설립 후, 기선의 연료인 석탄을 항구까지 나르기 위해서였다. 1878년 개평탄광을 개발한 뒤, 1881년 탄광이 있는 탕샨(唐山)에서 톈진(天津) 부근의 부두인 쉬꺼쫭(胥各莊)까지 11.2 km의 철도가 부설되었다. 그런데 이 철도는 레일은 부설되었으나, 인근에 왕릉이 있어 동력기 소음과 진동이 영혼의 안식을 방해한다는 이유로 인력과 우마로 차량을 끌도록 했다. 청일전쟁 전까지 중국이 부설한 철도는 313.8 km에 불과했다.

일본에 철도가 처음 부설된 것은 1872년으로 토오꾜오-요꼬하마 노선이었다. 일본 철도는 1907년 정부의 국유화조치 전까지 민영이었는데, 1870~80년대 산업혁명기 최대투자처로 철도가 부상하면서 빠르게 전국이 철도로 연결되었다. 중국과 일본에 처음 철도가 부설된 시기는 1872년과 1876년으로 비슷하지만, 한쪽은 다국적기업이 다른 한쪽은 자국 자본이 주체가 되었으며, 그나마 중국의 경우 철거당하는 비운을 맞은 반면 일본은 짧은 기간 내에 간선이 완성되었다. 일본 또한 중국이 부딪혔던 것과 같은 미신적 반감이 있었으나, 정부와 자본은 이에 구애받지 않았던 것이다.

개항의 충격 중 가장 눈에 와닿았던 것은 중국이나 일본 모두 철판으로 만든 배가 물에 뜨고 멀리 바다로 자국까지 운항해왔다는 점이었다. 전쟁에서도 해군력이 결정적이었다. 개항 초기 중국은 철갑군함의 보유에 무엇보다 관심을 기울였다. 그런데 군함을 보유해도 근대적 선박을 조종할 수 있는 훈련받은 인재가 없으면 소용이 없다. 청조는 처음부터 군함과 조종인력을 해외에서 조달하려고 했다. 1863년에 청조는 영국해군 장교 오스본(Osborn)이 지휘하는 함대(군함 7척, 보급선 1척)를 쎄트로 구입하려고 시도했다. 하지만 어이없게도 오스본은 독자적 지휘권을 주장하며 중국황제의 명령에도 거부권을 행사할 수 있어야 한다고 주장했다. 결국 청조는 이 함대를 되팔아야 했는데, 그 과정에서 160만 냥이나 되는 거액을 낭비하고 말았다.

이후 군함의 국내 건조 방침이 대두하였다. 양무운동기에 조성된 조선소 중 대표적인 것이 강남제조총국(江南製造總局, 1865년 설립)과 푸져우선정국(福州船政局, 1866년 설립)이다. 하지만 두 조선소가 건조한 배는 대부분 목선에 소형 선박이었으며, 부품과 엔진은 수입해서 조립한 것이었다. 게다가 투자한 만큼 생산된 배의 질이 좋지 않아 외국에서 구매하는 것보다 비효율적이었다. 1860년대 초부터 1894년까지 총 24개의 군수공장이 곳곳에 설립되었으나 최초의 철협병선(鐵脇兵船)이 건조된 것은 1877년에 가서였고, 주력 군함은 영국과 독일에서 구입해서 충당해야 했다. 조종인력의 양성도 부진했다. 해군장교의 육성을 위해 1876년 푸져우선정학당(福州船政學堂), 1880년 톈진수사학당(天津水師學堂)이 설립되었으므로 1880년대에 가서야 비로소 본격적으로 인력이 양성된 셈이다.

일본은 막부와 각 번이 다투어 조선소를 설립했는데, 요꼬스까조선소(橫須賀造船所), 카고시마조선소(鹿兒島造船所), 나가사끼조선소(長崎造船所)가 대표적이다. 또한 조종인력을 국내에서 조달할 수 있도록 페리함대가 내항한 3년 뒤 1855년에 나가사끼해군전습소(長崎海軍傳習所)를 설립하여 조종기술을 가르쳤다. 1855년에서 1859년까지 5년 동안 해군전습소에서는 네덜란드 해군교관단에 의해 서구 군사체계가 전수되었는데, 이곳의 교육을 통해 근대적인 해군교육이 다른 번에도 전파되어 유사기관이 설립되었다. 근대적 해군운용에 대한 기술과 지식을 확보한 위에 1860년대에는 각 번에서 경쟁적으로 조선소를 설립하였다. 여기에서 양성된 인력을 주축으로 일본은 1857년 네덜란드로부터 구입해 쓰던 연습함 칸린마루(咸臨丸)를 조정하여 1860년에는 태평양을 횡단해 미국까지 항해하는 데 성공했다.[15]

일본의 자구노력의 신속함은 군사예산의 확보 노력에서도 알 수 있다. 막부를 타도한 메이지정부는 당시 정부예산이 6천만 엔이던 시대에 18년간 1,509만 엔을 투자한다는 해군확장계획을 발표할 만큼 해군 건설에 의욕적이었다. 1874년 중국과 충돌한 타이완사건 후에는 영국에서 3,777톤의 철갑함 후소오호(扶桑號) 등 3척의 함정을 구입

---

15) 실제 항해에는 동승한 미국 측량선의 선장 존 브룩(John M. Brooke) 대위와 선원들의 조력을 받았다. 칸린마루의 태평양 자력 횡단은 일종의 신화라는 비판도 많지만 여전히 일본의 서구기술과 지식자급화 노력을 상징하는 사례로 꼽는다.

했는데, 이 후소오호는 일본이 처음 보유한 철갑함으로 자그마치 311만 엔이나 했다. 해군력 확보를 위해 1886년에는 1,700만 엔의 해군공채까지 발행한다.

그러나 전체적인 해군의 역량에서 1880년대까지 중국은 오히려 일본을 앞서고 있었다. 중국 북양함대가 1885년 독일에서 구입한 띵위안(定遠), 견위안(鎭遠) 두 척의 철갑선은 톤수로는 동아시아 최대였으며, 장갑이 두껍고 최강의 화력을 자랑하는 철갑함이었다. 청일전쟁 당시 일본에서 청조와의 전쟁에 적극적이지 않은 여론이 만만치 않았던 것도 해군 톤수에서 열세하다는 것 때문이었다.

그런데 유의할 점은 해군운영에 있어서 태도의 문제이다. 수사제독(水師提督) 띵루창(丁汝昌, ?~1895)이 이끄는 북양함대는 1886년과 1891년 두 번에 걸쳐 일본을 방문한 바 있었다. 첫번째 나가사끼 입항에서는 상륙한 청국 수병들과 일본인 순사 사이에 무력충돌이 발생하여 양측에 사상자가 나오는 불미스러운 사건으로 비화되었다. 두번째 방문은 친선방문으로 분위기가 전혀 달라 나가사끼, 코오베, 요꼬하마, 토오꾜오 등 방문지마다 정부의 환영연이 대대적으로 열렸다. 하지만 두번째 방문은 1889년에 편성을 완료한 북양함대의 진용을 일본에 그대로 노출시키는 결과를 낳고 말았다. 6척의 군함을 일반에 공개하고, 요꼬하마항에서는 환영연에 대한 답례연을 기함인 띵위안호에서 개최할 정도였다. 이후 3년 뒤 황해에서 마주친 일본해군은 북양함대의 포대 배치와 구조에 대해 정확하게 알고 있었다고 한다. 한편 당시 동북아 제일이었던 북양함대의 입항은 일본에 중국위협론을 광범위하게 퍼뜨려, 이후 군비증강을 위한 여론을 조성하는 데도 큰 역할을 했다. 위기의식과 경계심의 유무는 이후 청일전쟁의 승패를 가른 가장 중요한 요인 중의 하나였다.

양무운동 시기의 근대화정책 2: 제도

이처럼 중국을 일본과 비교해서 보자면 양자 사이에는 기술과 재원 같은 물질적인 기반보다도 근대화에 대한 적극성과 태도에서 커다란 차이가 드러남을 알 수 있다. 이러한 태도의 차이는 군비와 같은 이기(利器)의 도입이 아닌 교육, 문화, 제도의 영역에서 더욱 두드러지게 나타났다.

서양문명을 제대로 학습할 유학생의 파견은 비서구 국가가 근대화를 추진할 때 매우 중요한 정책이다. 중국의 일부 관료들 사이에는 유학생 파견을 주장하는 의견이 심심치 않게 있었다. 1863년 간선지현(揀選知縣)의 꾸이원찬(桂文燦, 1823~84)은 "듣기로 일본은 근래 아동을 러시아와 미국 두 나라에 나누어 파견해 선포, 화약 및 모든 군기(軍器)의 제조법을 학습시켜 십년 후에 귀국하기를 기약한다고 합니다. 이 사실이 확실하다면 일본은 반드시 강해져 명조와 같은 왜구의 근심이 있을 것이니, 미리 걱정해야 합니다. 선포(船炮) 제조법 등을 학습하는 것은 우리나라도 역시 해야 합니다"라는 주장을 총리아문에 올린 바 있다. 말직이었던 꾸이의 주장은 채택되지 않았으나 권력 상층부에서도 유학의 필요성을 느끼고 있었다.

1865년에 의정왕대신(議政王大臣)으로서 총리아문(總理衙門) 사무까지 관장하던 공친왕이 팔기군 기병(旗兵)을 외국에 파견해 군기 제조법을 학습시키는 일에 관해 리홍쟝과 은밀히 상의했었는데, 리홍쟝 역시 "이치와 형세로 보건대 장래에는 반드시 있어야 할 조치로 생각합니다. 홍장도 일찍이 이같은 생각을 몰래 가지고 있었습니다만, 감히 소리 높여 말하지 못했을 뿐입니다(以理與勢觀之, 亦爲將來必有之擧, 鴻章蓋嘗默存此見, 而未敢倡爲是論)"라고 하였다. 그렇지만 보수파의 반대와 마땅한 인재가 없다는 이유로 결국 실천에 옮기지 못했다.

실제로 최초의 관비유학생 파견은 한참 뒤인 1872년에야 이루어졌다. 일반적으로 이 관비유학생 파견에는 룽훙(容閎, 혹은 容宏)의 역할을 크게 평가한다. 그는 선교사들의 도움으로 도미하여 예일대를 졸업한 중국인 최초의 미국유학생이었다. 그렇지만 룽훙의 열정이 지지부진하던 유학생 논의를 실행에 옮긴 큰 동력이었다고 하더라도, 룽훙의 의견을 주청한 리홍쟝, 쩡꿔판 등 양무파 관료들 역시 일찍이 유학생 파견에 관한 생각은 가지고 있었다고 볼 수 있다.

그런데 이 관비유학생사업은 이후 4년 동안 120명의 소년을 미국에 파견한 것을 끝으로, 결국 중단되어버렸다. 리홍쟝은 유학생 사업을 적극적으로 지원했으나 1881년 룽훙의 독단적인 유학생 관리와 유학교육의 경시가 문제를 일으켰을 때 파견 유학생을 모두 송환하는 조치를 지지했다.

한편 일본은 원래 국법으로 해외도항이 금지되었음에도 불구하고 개항 초기부터 각 번의 번사들이 지피지기(知彼知己)를 위해 다투어 모험을 강행했다. 양이와 근왕을 주장하며 막부를 비판한 요시다 쇼

오인(吉田松陰)은 양이론자였음에도 일본을 개항한 미국에 대해서 직접 알아보고자 페리함대에 밀항을 기도하기도 했다. 1862년 막부가 네덜란드로 최초의 관비유학생을 파견하자, 1863년부터는 막부에 적대적이었던 사쯔마번(薩摩藩)과 쪼오슈우번(長州藩)도 몰래 영국으로 소속 번사들을 유학 보내는 판국이었다.

유학을 통해 양국을 비교하면, 엘리뜨계층에서 아이디어를 내고 그 중요성에 대한 공감이 이루어지는 것은 별 차이가 없었으나, 신속하게 실천에 옮기고 위기를 극복해나가는 적극성에 있어서 결정적으로 달랐음을 알 수 있다.

이러한 적극성의 차이는 체제개혁으로의 이행을 보아도 드러난다. 중국에서 서구 정치제도의 도입을 본격적으로 주장한 무술변법(戊戌變法)은 양무운동(洋務運動)의 실패가 명확해진 뒤에야 나타났다. 뚜렷한 정치적 이념(공화제)을 가지고 청조 타도를 목표로 한 조직적 혁명운동은 1895년 홍중회(興中會)가 처음이었다. 둘 다 개항 이후 약 60년 후에야 시작된 것이다.

일본은 개항 후 14년 만에 반정부세력이 기존 정부를 타도하는 데 성공했다. 중국에서 반정부 혁명단체가 형성된 것은 늦었지만 청정부가 무너진 것은 그로부터 10년이 지난 뒤였으니, 혁명세력이 늦거나마 형성이 되고 나면 기존 정부를 타도하는 데는 그다지 많은 시일이 걸리지 않은 셈이다. 중국은 태평천국운동이라는 아래로부터의 혁명이 좌절된 후, 사회 엘리뜨의 다수가 개량으로 흡수된 결과 기존 정부의 타도를 지향하는 혁명세력의 등장은 늦어지고 말았다.

다음의 표에서 나타나는 중국과 일본의 근대화 지표의 개시를 비교해보아도 전반적으로 중국보다 늦게 개항한 일본이 앞서서 서구문물을 받아들이고 있음을 알 수 있다. 그중에서도 중국은 문화, 제도적인 영역이 물질적인 문물 수입보다 훨씬 뒤처진다.

표 2 중·일 근대화 개시 비교일람표

사항	일본		중국		격차
해군 창설		1853		1861	8년
외국어학교	양학소(洋學所)	1855	동문관(同文館)	1862	7년
기선 구입	칸린마루(咸臨丸)	1857	화륜선(火輪船) 제1호	1862	5년
대외사절 파견	미국[遣美]	1860	유럽[遣歐]	1866	6년
유학	네덜란드 유학	1862	미국 유학	1872	10년
공장	요꼬스까조선소 (橫須賀造船所)	1864	서양포창(西洋礮廠)	1864	0년
근대화의 공포	5개조의 서문	1868	과거폐지의 조(詔)	1905	37년
전신	토오꾜오-요꼬하마	1869	샹하이-홍콩	1871	2년
재외공관 설치	미국, 프랑스	1870	영국, 미국	1875	5년
두발	두발자유화령 [散髮勝手たるべし]	1871	단발 자유 [自由剪髮]	1911	40년
기차	토오꾜오-요꼬하마	1872	샹하이-우쑹(吳淞)	1876	4년
달력	태양력	1873	태양력	1912	39년
국립대학	토오꾜오대학	1877	경사대학당 (京師大學堂)	1902*	25년
헌법 발포	대일본제국헌법 (大日本帝國憲法)	1889	중화민국헌법 (中華民國憲法)	1947	58년

출전 森正夫 編 『中國』 下, 朝日新聞社 1992, 185면.
* 경사대학당은 무술변법 중인 1898년에 설립되었으나, 이후 무술변법의 실패와 1900년 의화단운동으로 중단되었다가 1902년에 복교 후 그해 말 정식으로 개학식[開學典禮]을 거행했다. 따라서 인용문헌에서는 1902년을 연도 비교에서 사용하고 있는데, 일반적으로는 1898년을 경사대학당의 시작으로 본다—인용자.

개혁주체의 한계

여기에서는 중국과 일본에서 근대화운동의 진로가 달랐던 점을 개혁주체의 성격을 통해 살펴봄으로써, 지배엘리뜨의 성격차를 검토해보겠다.

일본사회는 사농공상의 계급구분이 엄격한 신분제사회로 지배층은 무사였다. 일본의 무사는 전 인구의 약 6~10%로, 오로지 주군(主君)의 봉록(俸祿)에 의존해서 살아가는 존재이다. 봉록으로 토지를 지급받은 일부 최상층을 제외하고는 대다수가 토지 기반이 없이 쌀과 화폐로 봉록을 받는 행정관료적 성격을 띠고 있었다.

무사란 신분은 선천적인 것으로, 무사가 싫다고 농민이 될 수도 없었고 더 노력한다고 그 이상이 될 수도 없었다. 쇼오군(將軍)과 번주(藩主)는 소속 무사들의 생계를 책임져야 할 의무가 있었으나, 막말이 되면 인구의 자연증가로 무사의 수도 늘어났다. 하지만 막부와 번의 행정에 필요한 인원과 재정은 제한되어 있었으므로 직책에 비해 무사의 수는 과잉되었다. 공급과잉의 무사는 구조조정 대상이었다.

이처럼 일본의 무사는 다른 토지재산의 기반이 없었기 때문에, 구조조정 대상이 되거나 인플레이션으로 봉급에 타격이 오면 무산자적 혁명성을 발휘할 수 있었다. 즉 체제전복으로의 사고전환이 용이한 계급적 특성을 가지고 있었던 것이다. 더욱이 이들은 모두 교육받은 지식계층이었다. 또한 오랜 평화로 형해화되었다고 하더라도 무사는 엄연히 무기소유계층이며 군인이었다. 군사적 능력을 지닌 교육받은 혁명적 지식계층이 평민과 결합하면 그 파괴력은 매우 크다.[16]

무사의 혁명성을 설명하는 데 일본의 상속제도도 유용한 해석을 제공해준다. 일본 무사계급의 상속은 기본적으로 정처 소생의 장남이 가독(家督)과 재산을 모두 상속하는 형태였다. 따라서 차남 이하는 무사가족의 일원으로 교육은 제대로 받지만 다른 집의 양자로 가지 않는 이상 재산과 직업상의 아무런 특권이 없었다. 심지어는 평생 독신으로 살아가야 하는 경우도 적지 않았다.

막부를 타도하고 메이지유신을 성공시킨 토막파(討幕派)는 주로 서남지역의 번사(藩士)들이었는데, 상당수가 장남이 아닌 차남 이하였다. 서남지역은 나가사끼를 중심으로 신지식의 수용이 용이했고, 문화적으로는 에도에서 떨어진 주변으로 중심부의 문화에 구애받지 않는 개방적인 지역이면서도, 막말 새로운 정치중심으로 떠오른 쿄오또와는 가까웠다.

일본의 저명한 인구경제사학자 하야미 아끼라(速水融)에 따르면, 서남지역은 인구학적·가족적 패턴이 중부나 동북과 달라 여성의 지위가 높고 재혼이 보편적이며 성적으로도 개방적이었다. 일반적으로 서남웅번(西南雄藩)의 막부 타도를 토꾸가와시대 내내 정치에서 소외되었으면서도 군사재정적 능력은 컸던 도자마번(外樣藩)의 반격으로 해석하는데, 실제로 막부를 타도한 젊은 토막파 무사들의 성장은 다른 문화적·사회적 맥락에서도 설명할 수 있을 것 같다. 개방적인

---

16) 막말 유신세력의 등장 이전에, 막말에 양명학자(陽明學者)이자 오오사까 봉행소 요리끼(大坂町奉行所與力, 오오사까 경찰서장에 해당) 출신인 오오시오가 '구민(救民)'을 기치로 도시빈민·농촌빈민·천민들을 이끌고 오오사까에서 무력반란을 일으켰는데(大鹽平八郞의 亂, 1837), 이 사건은 막부 지배층에 큰 충격을 주었다.

문화적 풍토에서 자라나 무사로 교육을 받았지만, 장남이 아니기 때문에 재산상 신분상 보장이 없던 젊은이들은 열정과 반역의 동기를 가질 수 있었다. 가진 것이 없기 때문에 자유롭게 이동하면서 근처의 신학문을 수용하고 새로운 정권의 창출을 쿄오또에서 꾀하며 번을 뛰어넘는 인적 교류를 통해 새로운 세력을 형성할 수 있었던 것이다.[17]

한편 양무운동을 이끈 중국의 지배엘리뜨는 신사층(紳士層)이었다. 중국의 신사는 과거제도의 산물로, 유교적 교양을 쌓아 과거시험에 합격하여 학위를 취득한 계층이다. 최종시험인 회시(會試)까지 합격한 진사(進士)를 제외하고 동시(童試)에 합격한 생원(生員), 향시(鄕試)에 합격한 거인(擧人)도 모두 포함한다. 실제 관직에 나가는 것은 진사와 거인 중 일부에 불과했기 때문에 대다수의 신사층, 학위소지자들은 지방에 있었다. 이들은 면세특권과 체형 면제 등의 형사상 특권을 향유했는데,[18] 일반백성 위에 문화적 권위를 행사하고 관계(官

---

[17] 그러나 메이지유신에 참여하지 않은 사무라이, 혹은 메이지유신에 참여했어도 새 정부의 정책에서 사무라이의 특권이 보장되지 못하자 신정부에 반항한 사무라이도 적지 않다. 계급으로서 사무라이는 오히려 메이지정부 성립 이후의 '개혁대상'이었던 것이다. 그러나 개혁주체가 사무라이계급에서 나왔다는 점은 명백하며, 메이지정부의 엘리뜨를 구성한 것도 사무라이 계층이었다. 한 통계에 따르면 메이지 직후 요직관원 중 무사계급 출신이 399명으로 80.1%를 차지했으며, 일반관리도 총수의 77.5%를 차지했다(이덕훈 「근대 일본기업과 무사정신의 변용: 일본무사의 기업가로의 전환과정」, 『한일경산논집』 1998, 178~79면). 그뿐만 아니라 1860년대 인구의 5%인 사족(士族)에서 기업경영자의 48%를 배출했다(같은 글 180면). 한편, 메이지 초기 1863~71년간 게이오기주꾸(慶應義塾, 현재의 게이오대학) 입학자 1,329명 중 평민 출신은 겨우 40여 명에 불과한 반면 무사계급 출신이 93%를 차지해, 메이지 초기 교육을 통해 양성된 인재 역시 무사계급 출신이 압도적이었음을 알 수 있다(같은 글 175면).

界)와 교류하며 지역사회의 특권층을 형성했다.

청말 신사층은 하급신사까지 더해도 전체 인구의 0.3%에 불과한 소수의 특권계층이었다.[19] 이들은 유학적 소양을 가장 중시하는 문인계층이었으므로, 기본적으로 무기장악과 군사적 능력은 떨어졌다. 또 현실적으로 학위취득은 어릴 때부터 생산활동에서 자유롭게 벗어나 과거공부를 할 수 있는 계층에 한정되었기 때문에, 신사층은 계급적으로는 거의 지주계층으로, 지역사회에서 농민들을 토지와 학위가 주는 문화적 권력을 통해 지배하고 있었다.

토지에 기반한 기득권 계층은 체제전복이라는 혁명적인 사고전환을 하기 어렵다. 또 과거(科擧)를 통한 신분상승의 유혹이 있는 이상,

---

18) 신사층은 사법·행정상 평민과 구분되는 다양한 특권과 우대를 누렸으며, 특히 각종 세금면제 혜택을 받았다. 토지에 대한 정세 면제는 후대로 갈수록 불가능해졌으나, 사실상 현금납부로 되어 세금이 된 요역을 면제받았을 뿐 아니라 토지에 대한 부가세도 내지 않았다. 게다가 실제로는 정세도 양을 줄이거나 탈세하는 경우가 적지 않았다. 이에 대한 자세한 내용은 장중예(1993), 56~66면 참조.
19) 신사계층의 통계는 여러 학설이 있다. 모리 마사오(森正夫)는 청대 과거합격자 약 20만, 그 아래의 하급신사를 포함한 광범위한 독서인층을 130만 가량으로 추산하여 인구대비 0.3%로 추산했다(森正夫 編 1992, 150면). 이에 반해 쟝중리(張仲禮)는 태평천국 전후를 구분하여 과거를 통해 학위를 취득한 '정도' 신사와 연납(捐納, 기부) 등 비정규적인 방식으로 학위를 취득한 '비정도' 신사를 합산하여 태평천국 전은 약 109만, 태평천국 후는 144만 가량으로 추산했다. 쟝중리에 따르면 태평천국 전후 인구가 4억 가량에서 3억 7천만 가량으로 크게 차이가 나서, 각각 인구비중은 0.27%에서 0.38%로 크게 달라진다(장중예 1993, 224면). 청말 인구 역시 논란의 대상이나 1840년에 약 4억, 1873년 3억 5천만, 1913년 4억 3천만 등의 추계가 있어 태평천국운동으로 대폭 인구가 줄었다가 회복하는 것은 틀림없다. 1911년을 4억 내지 4억 3천만으로 추정할 경우(하자마 나오키 등 1999, 22~23면) 대체로 0.3% 수준이었다고 볼 수 있다.

과거를 주재하는 청조의 권위에 대해서도 부정하기 어려웠다. 실제 1905년 청조가 과거제를 폐지하고 난 뒤에야 신사층이 급격히 정치세력화, 조직화, 혁명화되는 것에 주목할 필요가 있다. 과거를 통한 신분상승만이 유일했던 중국에서는 외부의 정보와 지식을 수용하려는 적극성이 현저히 떨어졌다. 과거에 유용하지 않은 정보는 그다지 중요하지 않았던 것이다.

양국 지배엘리뜨의 위기의식에도 차이가 있었다. 중국은 개항 이후에도 대외 위기의식보다는 대내 위기의식이 더 컸다. 외세에 의한 중국의 멸망보다는 내란 및 국내 지배질서의 동요에 1차적인 관심이 있었던 것이다. 양무파가 태평천국의 체제부정적 혁명성에 반발한 재지(在地) 유력자층의 자기보호에서 발전해나온 것이라는 점, 서구문물의 유용성에 대한 인식도 반란진압에서 서양 화기의 우수성에 착목한 것이라는 점 등은 이를 잘 설명해준다. 중국의 지배층이 대외적인 위기의식을 크게 느끼기 시작한 것은 청일전쟁을 겪고 1890년대 말부터 서양 열강의 이권침탈이 가속화되면서였다.

반면 일본은 개항 직후부터 일본이란 정체성을 강하게 의식하고 있었다. "막부는 망해도 일본은 살아야 한다"라는 생각이 강했는데, 그 일본을 구체적으로 형상화해줄 수 있는 매개가 천황이었다. 달리 말하면 천황이 있음으로써 일본이 곧 막부라고 생각하지 않을 수 있었던 것이다. 따라서 일반적인 외세에 대항하기 위해 내부체제를 강화하자는 논리가 적용되지 않고, 외세에 더 잘 대항하기 위해 다른 내부체제로 바꾸자는 논리로 발전할 수 있었다.

이에 반해 중국은 19세기 말에 외세의 이권침탈로 대외 위기의식이 고조되기 시작했을 때조차도 일차적으로 중국영토가 서양 열강에 의해 수박 쪼개지듯이 분할될 수 있다는 과분(瓜分)의 위기론을 들어 청조를 중심으로 한 단결론이 나온다. 이민족 정권인 청조가 국론을 통일하기에 선천적인 결함이 있음에도 대체할 권위가 부재했고, 청조가 과거제도를 운영하여 사회적 신분을 보장해주고 지주적 권력을 안돈시켜주었기 때문에 쉽사리 '내부체제 강화론'으로 빠졌던 것이다.

대표적으로 양무파 관료들은 태평천국운동의 진압에 단련을 조직할 수 있을 정도로 지역사회에 토지와 문화적 기반이 탄탄한 명문가문 출신이었고, 진사(進士) 출신이 많았다. 계급적으로 기득권층이었으며 정치적으로 체제 내적 인물들이었던 양무파 관료들은 근본적으로 체제유지적이었다. 그들의 개혁은 만주족 황실, 그중에서도 서태후라는 1인 권위에 의지해야 하는 개혁이었다. 중국 양무운동이 정책의 지속성과 확고함이 결여되었던 가장 중요한 이유 중 하나는 정책을 추진하는 양무파가 만주족 황실의 권위에 의존하고 있었다는 점일 것이다. 중국 해군건설 경비가 서태후의 여름별장인 이화원 건설자금으로 유용된 것은 너무나 잘 알려진 사례이다.

하지만 양무파 자체의 문제점 역시 적지 않았다. 이 점은 마지막으로 비교할 엘리뜨의 통합성에서 잘 나타난다. 일본에도 토막파 내 사쯔마번과 쪼오슈우번 출신 사이의 파벌과 반목이 강했으나, 결국 막부타도의 목표 아래 대타협을 이루어냈다. 더구나 막부군과 유신군 사이의 전쟁은, 막부군이 수도 에도성(江戶城)을 교섭을 통해 유신군에게 무혈 개방함으로써 내란의 피해를 크게 줄일 수 있었다. 이를 막부 말기에 '공론(公論)'이 형성되어 합의에 의한 정치문화가 뿌리를 내리고 있었기 때문이라고도 해석하기도 하고, 힘의 판도가 자명해진 이상 승복하는 무사계급의 성격으로 설명하기도 한다. 하지만 가장 중요한 것은 막부나 각 번의 이해를 뛰어넘어 일본이란 이름으로 엘리뜨가 통합되어 있었다는 점이 아닌가 생각한다.

중국의 경우 양무파 내부에서조차 심각한 분열이 나타났다. 회군계(淮軍系)와 상군계(湘軍系), 육방(陸防)과 해방(海防)을 둘러싸고 대립이 이어졌는데, 외세에 맞서는 대외전쟁에서도 계파적 고려가 가장 중요하게 작용했다. 이는 청불전쟁에서 푸젠함대(福建艦隊)가 프랑스 해군과 격돌해 고전하면서 북양함대에 도움을 요청했지만, 리훙쟝이 자파 세력인 북양함대를 보호하기 위해 출전시키지 않아 푸젠함대가 그대로 몰살되고 만 것에서도 잘 나타난다. 양무운동의 가시적 성과 중 하나인 각종 근대식 공장과 설비는 지역 장관인 양무파 관료의 사유물화(私有物化)되어, 다른 곳으로 전근을 가면 공장설비도 다 떼어가는 형국이었다.

그렇기 때문에 양무운동 기간의 성과는 중국 전체의 성과로 통합되지 못하고, 각 지역 기반을 옹유한 양무파 관료의 산업기반, 재원이 되었다. 엘리뜨의 분열성은 자신들이 지향하던 강한 정부가 아니라 지방분권화로 이어진 것이다. 이들의 행태는 이후로도 반복 재생산되어, 지역주의와 군벌의 등장으로 이어졌다. 1920년대까지 중국 각지에는 군벌이 할거하여 국가통합을 저해하는 최대의 장애가 되었다.

태평천국운동이라는 아래로부터 혁명의 좌절이 위로부터 근대화를 이끈 새로운 정치그룹을 탄생시켰다는 점은 역설적이다. 양무운동은 중국에게 '개량적 방식을 통한 근대이행' 기회이기도 했다. 일본 메이지유신은 일본사회를 '혁명적으로' 바꾸었지만, 일반민중과 결합된 체제전복이라기보다는 지배자인 무사계급 내부의 권력교체라는 면에서 개량적 측면도 크다. 하지만 중국은 개혁주체의 한계로 인해 메이지유신과 같은 위로부터의 근대화, 개량적 방식을 통한 근대이행에는 실패하고 말았다.

오늘날에 와서 보면, 청조의 멸망은 너무나 당연해 보이고 양무운동은 문제점만 부각된다. 하지만 양무운동기 중국은 다시금 강국이 될 수 있을 것만 같이 보였다. 20여년의 내란이 소탕되어 체제가 안정되었고, 파괴를 줄이는 데는 성공했으나 결국 새로 태어나는 데는 실패했다. 그럼에도 이 시기에 구축된 경제적·제도적 인프라는 중국의 변혁을 위한 밑거름이 되었다. 양무파가 건설한 중국 최초의 근대적 공장은 중화민국 시기에도 가장 핵심적인 산업체였다. 또한 양무파가 파견한 최초의 관비유학생들 중 다수가 과학기술자로부터 금융가, 정치가에 이르기까지 근대 중국의 주역이 되었다.

|참고자료|
일본 언론과 메이지 원로 오오꾸마 시게노부가 본 북양함대

철갑의 두께 12인치, 속도 14노트, 용량은 7천여 톤이 이번에 내항한 띵위안호(定遠號)이다. 나머지 다섯 척의 군함도 속력 톤수가 이에 백중지세이다. 지나(支那, 중국) 해군의 규모가 대단하지 않는가라는 게 근래 왕왕 세상사람들이 평하는 바이지만, 오오꾸마 백작은 말한다. "나는 원래 일본인이 화급히 강하게 나오다가 화급히 약해지는 것을 보고 항상 탄식하곤 했는데, 이번에 지나 해군이 와서 일본인은 화급히 약해진 것 같다. 평소에 얼마간 분별이 있던 사람조차도 지나 군함이 오자 화급히 약한 소리를 하고 있으니 얼마나 식견이 좁은 이야기인가. 지나의 군함은 오늘에만 온 것이 아니라 오륙년 전에도 왔었기 때문에, 여섯 척의 군함이 왔던 것은 아니라도 조금이라도 해군에 관심이 있는 자라면 이미 알고 있는 사실이다. 오늘날에 와서 화급히 약해질 만한 것도 아니며, 또 놀랄 만한 일도 아니다. 지나 현재의 군함은 우리와 비교하면 강대한 것이 틀림없다. 그러나 강대하다고 해도 하나도 놀랄 게 없다. 돈만 있다면 2년 정도 걸리면 지나에 필적하는 군함을 제조하는 것은 어렵지 않다. 지금은 군함제조비도 많이 싸져서, 제1회 국회에서 남고 현재 정부가 여유로 가지고 있는 650만 엔을 투자한다면, 띵위안에 필적할 군함 2척은 제조할 수 있다. 일본인은 입만 열면 일본은 가난한 나라라고 말하곤 하지만, 내가 보기에 일본은 빈국이 아니다. (중략) 내가 염려하는 바는 군함보다도 인물이다. 인물은 2년, 3년에 만들어낼 수 있는 것이 결코 아니다. 군함이 생겨도 그것을 사용하는 사람이 그만한 능력이 안된다고 한다면, 이것이야말로 방탕한 아들에게 많은 재산을 남겨주는 것과 다르지 않다. 일본은 제대로 인물을 제조해야 한다. 지나의 군함은 무서워할 만하지 못하다."

출전 : 『코오베 우신일보(神戶又新日報)』 1891년 7월 25일.

제4장

다민족국가와 중화제국의 딜레마
번부(藩部)와 조공(朝貢)

　중국은 유럽 전체 면적과 맞먹는 면적으로 내부 식민지를 거느리고 동아시아를 문명적 우위와 조공질서를 통해 지배하는 제국이었다. 근대의 충격은 이러한 제국질서를 어떻게 재편해나갔을까? 제국 중국은 근대적 국민국가로 탈바꿈할 수 있을까?
　이 장에서는 청제국의 다민족성과 청이 규율하는 동아시아 지역질서의 구조를 살펴보고, 청제국의 특수성이 근대로의 적응이라는 중국의 과제에 어떻게 작용했는지 탐구해보자.

팍스 씨니카(Pax Sinica) 시대의 번부와 조공

아편전쟁 결과 취약해진 정치적 입장에 놓인 중국은 영국(1842~43), 미국과 프랑스(1844), 러시아(1858)와 연이어 무역과 영토 문제에서 불평등한 조약을 강제당했다. 이후에도 전쟁에 패하거나 열강의 압력에 굴복하여 중국은 계속해서 불평등한 조약을 맺게 된다. 청조는 1840년 이래 신해혁명에 이르는 70여년 동안 외국과 다섯 번의 대규모 전쟁을 치렀다. 제1차 중영전쟁(아편전쟁), 제2차 중영전쟁, 청불전쟁, 청일전쟁, 의화단운동이 그것이다. 중국이 애초에 심각하게 받아들이지 않았던 조약체제는 이제 무력하고 기울어가는 청조의 상징이 되었다. 그리고 낯선 조약체제는 점차 내부 변경 문제와 동아시아에서 국제적 지위 모두를 뒤흔들기 시작했다.

우선 개항 이전 청조의 영토적 지배가 어떻게 완성되었는가를 살펴보자. 청조는 명을 정복하면서 중화제국이 되었는데, 그 영역은 크게 명조가 통치하던 내지(China proper)와 청조의 정복으로 새롭게 추가된 지역으로 나눌 수 있다. 청은 직접 통치하는 내지를 18개 성(省)으로 나누었다. 중앙에서 지방관을 파견하는 최말단 행정단위는 현(縣)이었다. 하나의 현에는 약 20만~50만 명의 인구가 있었는데, 중앙정부는 지방장관으로 지현(知縣)을 파견했다. 전국에는 약 1,300여 개의 현이 있었다. 몇개의 현을 묶은 상위 행정단위는 부(府)로 160여 개가 있었다. 그 상위에 2개 이상의 부를 관할하는 행정단위인 도(道)가 설치되기도 했다. 중앙정부에는 6부가 설치되었다. 지방통치를 위해 18개 성에 순무를 파견했으며, 순무는 2개 성 이상에 설치되는 총독과 함께 관할지역을 통치했다. 청말 한인관료의 힘이 강력해지기 전에는 주로 순무는 한족이고 총독은 만주족이었다.

내지와 달리 청조에 와서 새롭게 편입된 내륙아시아 지역에 대해서는 별도의 통치형태가 취해졌다. 만주를 제외한 내륙아시아 지역, 구체적으로 몽고·티베트·신쟝 지역은 번부(藩部)라고 하여 관할 특수기관인 이번원(理藩院)이 중앙정부에 설치되었다. 번부는 번지(藩地)라고도 불렸다. 이번원은 번부와 유목지대의 조공국(朝貢國)까지를 감독하였다.

이번원은 원래 몽고족 통치를 위해 설치된 기관이었으나 건륭제 후반에 신쟝 지배가 완성되면서 번부 전체를 통괄하는 기관으로서 완비되었다. 번부(혹은 번지) 현지에는 장군(將軍), 도통(都統), 대신(大臣) 등의 관료들이 파견되었는데 중앙 이번원과 대등한 관계에 있었다. 이 점은 중국 내지통치에서 지방장관인 순무, 총독이 황제 직속으로 중앙 6부와 대등한 관계에 있었던 것과 유사하다.

이번원의 확대과정에서 알 수 있듯이, 청조의 내륙아시아 지배는 입관(入關) 초부터 완성된 것이 아니라 강희연간과 건륭연간에 이르는 장기적인 과정 속에서 완성되었다. 내륙아시아는 만주족의 발상지인 만주 외에 몽고·신쟝·티베트 3개 지역으로 구성되어 있는데, 만주와 이웃하며 유목사회의 패자 자리를 두고 경쟁해왔던 몽고 경략은 언제나 청조의 최대관심사였다.

몽고에는 막남(漠南), 막북(漠北), 막서(漠西)의 3대 부족이 있었다. 막남 즉 내몽고의 부족들은 청조 입관 이전에 복속했고, 강희제에 이르러 막서의 오이라트부(部) 후예 준가르부 추장 갈단을 굴복시킴으로써(1690년과 1696년 2차례 원정) 알타이산맥 이동, 천산남북로와 외몽고가 청조 영역으로 편입되었다. 몽고 준가르부는 그후에도 신장지역의 위구르족을 계속해서 지배했으나, 1750년대에 건륭제는 신장 정복을 추진하여 준가르부로부터 신장지역을 '해방'시키고 청조의 지배권으로 흡수했다.

1800년경 몽고 인구는 대략 350만 명(몽고 기인[旗人] 제외)이었다. 청은 장군(將軍)과 주둔군을 두어 군사적으로 지배하는 한편, 행정적으로는 간접지배 형식을 취했다. 전통적인 몽고부족을 더 작은 단위인 기(旗)로 세분화하여 부(部)를 없애고 몇개의 기를 맹(盟)으로 편성하여, 기맹(旗盟)의 왕공(王公)들을 이용해 몽고인을 통치했다. 청조는 몽고의 단합을 막기 위해 몽고의 전통적인 샤머니즘 신앙 대신 라마불교를 권장했다. 그 결과 몽골 남성인구 전체의 40% 이상이 출가하여 승려가 되는 바람에 몽고 인구는 늘지 않았다. 대신 도시화와 교역의 진전으로 한인 인구의 유입이 늘어났다. 한인은 도시에 거주하면서 상품경제를 확산시켰다. 교역과 고리대를 이용한 한인의 몽고인 수탈은 종족간 갈등을 빚었고, 한인의 농경은 목초지를 농지로 바꾸어 유목의 기반을 파괴했다.

신장은 1762년부터 청 장군(將軍)이 일리(伊犁)지역에 주둔하였다. 주둔군 수는 1만~2만 명에 달했으며 청말에는 더 늘어났다. 천산남로의 인구는 30만 가량이었다고 추정된다. 신장의 주민들은 오아시스별로 군락을 이루고 사는 투르크계 무슬림으로 이들을 우즈벡이라고 통칭한다. 청조의 지배는 간접적이었다. 청조는 그 지역 부족장들을 벡(Beg, 伯克)에 임명하여 이슬람 주민들을 통제했다. 세금은 거두지만 법률은 이슬람 율법에 따랐다.

    티베트의 경우는 좀 특별하다. 티베트는 17세기까지 만주족 왕조와 대등한 관계에 있었다. 만주족 왕실은 라마불교를 신봉했으므로 티베트의 달라이라마는 종교적으로는 오히려 상위에 있었다. 그러나 이러한 관계는 18세기에 와서 미묘하게 달라졌다. 만주족과 몽고족 모두 라마불교를 신앙하면서 범불교권의 통치권을 두고 경쟁하기 시작한 것이다. 갈단 역시 티베트에서 몽고에 이르는 라마교 제국의 건설을 지향했다. 마치 중세 유럽 각국 왕들이 신성로마황제로 임명받기 위해 교황에게 접근했던 것처럼, 경쟁의 장소가 라마불교의 종교적 지도자인 달라이라마가 있는 티베트 조정이 되었다.

    18세기에 들어와 준가르부가 티베트 내정에 간섭을 강화하자, 강희제는 1708년에 라싸에 관리를 파견하고, 1720년 군사를 파견하여 티베트에서 준가르부를 축출하고 새로 달라이라마 7세를 옹립했다. 이후 옹정·건륭 연간을 거치면서 청조의 티베트 통치는 강화되었다. 청조는 1727년의 티베트내전에 군사적으로 개입하고, 1750년대 티베트 내 반청세력을 숙청하면서 종교적 권한만 있던 달라이라마를 정치적 지도자로 추대하는 정치개혁을 단행했다. 그 결과 달라이라마는 종교와 정치 모두의 지도자로 군림하면서, 그 아래에 정부를 구성(1751)하게 되었는데, 이 체제가 200여년간 지속되었다.

    이처럼 신쟝이 비교적 강한 간접지배 형태였던 데 비해 티베트는 토착정부가 통치권을 행사했다. 청조에 직접 세금을 납부하는 몇몇 지역을 제외하고는 달라이라마의 통치권을 인정해준 것이다. 1800년경 티베트 인구 600만 중에 달라이라마의 직접통치를 받는 인구는 약

400만이었다고 한다. 티베트에도 주둔군이 파견되었으나, 이 주장대신(駐藏大臣)의 권력은 시기에 따라 부침이 있었다. 청말에는 재정적으로 주둔군 유지도 어려워져, 청조와의 연락과 정치적 감시 정도의 역할에 그쳤다.

만주는 청조의 명 정복으로 중국영토로 편입된 땅이지만, 만주족 자신의 발상지이자 근거지였으므로 번부를 설치하지 않고 특수지구화하였다. 행정적으로는 청말에 펑톈성(奉天省), 지린성(吉林省), 헤이룽쟝성(黑龍江省)의 세 개 성이 설치되었으나, 청조는 입관 후 만주를 봉금(封禁)하여 한족의 이주를 금지시켰다. 만에 하나 내지에서 철수해야 할 경우 재기를 위해 보호해둔 것이다.

그러나 이렇게 만주를 비워둔 결과 강력한 경쟁자가 이 지역에 나타났다. 러시아제국이었다. 1580년대에 러시아는 시베리아를 영유하면서 동진을 계속했고, 청조 강역인 만주 변경에서 두 세력은 만났다. 17세기 중반에 러시아는 헤이룽강(黑龍江) 연안까지 진출해 아르바진을 점령하고 성채를 구축했다. 이에 강희제는 1685년부터 대군을 파견해 아르바진 성채를 공격했다. 한 차례 전투를 치른 양측의 국경 분쟁은 1689년 네르친스크조약과 1727년 카흐타조약으로 결착을 보았다.

이 두 조약으로 두 나라의 국경이 확정되어 헤이룽강, 오소리강, 사할린에 이르는 지역이 법률상 중국영토가 되었다. 동시에 청조는 러시아인의 진출과 조선인의 범월이 잦아지면서 만주를 인구가 희박한 상태로 두는 것도 문제가 있다고 생각하게 되었다. 18세기에 들어와 청조는 한족 이주에 대해 금지와 방임의 이중적인 정책을 폈고, 그 결과 만주 인구는 18세기 말에 100만을 넘어서 19세기 중반에는 300만에 이르렀다.

이렇게 강희제로부터 건륭제에 이르는 기간 동안 청조가 넓힌 판도는 역대 중화제국의 영역을 훨씬 뛰어넘는 것이었다. 청조의 헤게모니에 내륙아시아가 흡수되며 장기평화를 구가한 팍스 씨니카(Pax Sinica)의 시대가 열렸다. 만주족의 지배를 260여년간 받기는 했지만 현재의 중국은 그 대신 광대한 내륙아시아에 대한 영토를 주장할 수 있는 역사적 근거를 확보하게 되었던 것이다.

청조의 번부는 현재 외몽고가 독립한 것을 제외하면 중화인민공화국의 영토로 편입되었으므로 일반적으로 조공국보다 더 종속적이고 원래부터 중국의 영토였던 것처럼 여기지만, 사실상 번부의 창출과정과 그 성격을 보면 약간 다른 이해가 가능하다. 동아시아의 역대 중화제국은 중국을 세계의 중심이자 문명의 중심으로 보고, 그 문명의 체현자인 황제의 교화를 입은 정도에 따라 몇 년에 한 번 조공의 규정을 두었다. 당연히 교화가 더 이루어진, 바꿔 말하면 중화문명에 더 가까운 국가일수록 조공횟수는 많이 허락되었으며 대접도 더 받았다. 조공국가마다 차이는 있으나 조공을 할 때마다 청 황제의 회사(回賜), 즉 답례품이 조공품 가치의 10배나 되었다는 주장도 있다.[20] 조공사

---

20) 근년 조공질서를 정치적 종속보다는 경제적 유인으로 설명하는 경우 이 10배 회사설을 자주 인용하는데, 동남아시아, 북방의 유목 부족국가, 조선 등 지역에 따른 차이 및 시기에 따른 차이가 컸음은 지적해야 할 것이다. 특히 조선의 경우, 조공관계는 경제적인 성격보다 정치적인 성격이 강했고(강진아 「16~19세기 동아시아무역권의 세계사적 변용」, 백영서 외 『동아시아의 지역질서』, 창비 2005), 조공관계에서

절을 따라온 상인들은 베이징과 조공 루트의 중요 도시에서 교역할 수 있도록 허락받았다.

따라서 중국 주위의 국가들은 다투어 교화된 중화제국에 더 가까운 조공국이 되려 했으며, 때로는 탄원으로 때로는 무력을 통한 협박으로 중국에게 조공횟수를 늘려달라고 요구해왔다. 무역이익을 통해 주위 국가를 화이(華夷)로 구분하는 중화제국적 세계질서에 편입시키는 방식은 한족 지배자의 발명품이었다. 만주족으로서 중화제국의 지배자가 된 청조는 조공국에 대해서는 한족 지배자의 방식으로 통치했던 것이다.

그러나 조공국이 아닌 몽골, 티베트, 신장 번부와 만주에 대해서는 다른 통치자의 얼굴을 가졌다. 중국 내지의 북쪽에서 서쪽까지 아우르는 이 광대한 지역은 기본적으로 유목지대였고, 만주족을 포함한 이 지역의 다양한 피지배자들은 '중화적' 정통성과는 다른 지배논리가

발생하는 직접적 경제부담은 회사보다 컸다는 것이 통설이다(全海宗 「淸代 韓中朝 貢關係考」, 『韓中關係史研究』, 一潮閣 1970). 하지만 고려와 조선에게 조공질서로의 편입이 중국의 선진기술과 문화에 접근할 수 있는 이점을 제공한 것은 인정해야 하며, 포괄적 의미에서 선진기술 수입에 의한 경제적 수익은 단순히 조공-회사로만 설명할 수 없다. 아울러 시기에 따라 이러한 이점과 그 대가로 지불하는 경제적·정치적 비용의 저울도 기울기가 달라졌다고 보아야 할 것이다(강진아, 앞의 글 참조). 아울러 조공질서체제에서 명대의 조선과 청대의 조선은 다르다고 보는 새로운 해석도 있다. 청에게서 조선은 류우큐우나 베트남과 맺은 관계처럼 명의 유산을 '상속'한 것이 아니라 무력을 동원하여 직접 '획득'한 것으로, 청은 조선의 군사적 중요성을 중시하고 정치적으로 강하게 견제했으며, 조선은 주의깊은 관리대상이었다는 점을 강조한다(구범진 2008). 이 경우 조선의 조공관계에서 정치적 성격은 경제적 성격보다 더욱 부각된다.

필요했다.

청조는 몽고와 티베트에 대해서는 공통 종교인 티베트불교의 보호자로서 자처하면서 통치의 정당성을 얻었다. 청조는 티베트의 달라이라마를 보호하고 불교를 보호 발전시키는 세속군주인 전륜성왕(轉輪聖王)을 자임했다. 몽고에서는 칭기즈칸 이래의 패권자로서 칸의 지위를 인정받았다. 신쟝 지역의 투르크계 무슬림이 청조의 통치를 받아들였던 것은 무슬림 나름의 논리가 있었다. 원래 무슬림 지역에서는 비무슬림에게 지배받는 것을 "전쟁의 집[家]"으로 들어간다고 보아 받아들이지 않는다. 그런데 투르크어권 무슬림에서는 무슬림이 아니라도 정의를 체현하는 지배자에게는 복종할 수 있다는, "소금과 빵을 주는 자에 대한 의무"라는 발상이 있었다. 신쟝 주민들은 무슬림에 대해 억압적이었던 준가르부를 물리친 청제국의 통치를 이 발상에 기초해 수용했다.

청조는 건륭제까지 중외일체의 번부 통합을 추진했다. 이는 영토통합이란 측면도 있었으나 번부, 토사(土司), 조공국을 불문하고 모든 주변이 청제국의 헤게모니하에 있다는 애매한 인식도 있었다. 그러나 조약체제가 본격적으로 들어오면서 이러한 애매한 인식은 크게 도전받게 된다.

변경의 위기: 번부의 이탈

태평천국운동이 양쯔강 유역을 휩쓸고 있을 무렵, 중국의 서북과 서남 지역에는 이슬람을 신앙하며 한어(漢語)를 사용하는 회민(回民) 집단의 대규모 반란이 일어났다. 1854년에 윈난(雲南)과 꾸이져우(貴州)에서 일어난 회민반란에는 그 지역의 다른 소수민족도 참여하여 청조의 지배에 대항하였다. 1862년에는 서북지역의 샨시(陝西)와 깐쑤(甘肅)에서도 회민반란이 일어났다. 반란의 원인은 회민에 대한 차별대우와 청조의 과도한 수탈이었다. 태평천국운동이 청조의 내지 한족사회에 대한 지배력과 위신을 떨어뜨리고 한인관료층의 대두를 불러왔다면, 회민반란은 신쟝 번부 지역의 연쇄적인 반란사태로 이어져, 청조의 변경지역에 대한 영향력을 약화시키는 계기가 되었다.

1820년 신쟝지역에는 무슬림 원리주의를 내세워 청조 관료의 수탈과 지배를 거부한 쟈항기르 반란(1820~28)이 발생했으나 청조에 의해 진압되었다. 그런데 태평천국운동으로 청조의 내지 통치가 곤경에 처하고, 샨시와 깐쑤 지역의 회민반란이 일어나자 1864년 이래로 천산북로 지역의 회교도들이 대규모 반란을 일으켰다. 그 결과 1866년 일리에는 아불 오글란(Abul Oghlan) 정권이 수립되었는데, 청조 변경의 소란을 틈타 이 지역에 진출한 것은 다름 아닌 러시아였다. 1871년 러시아는 군대를 파견해 무슬림 정권을 굴복시키고 일리를 점령했다.

비슷한 시기에 천산남로 지역에 청말 최대의 무슬림 반란이 일어난다. 신쟝과 변경을 접하고 있으며 중국의 조공국이기도 했던 코칸드의 호족 출신 야꿉벡(Ya'qūb Beg, 1820?~77)이 1865년부터 신쟝에 침투하여 무슬림들을 규합하고 카슈가르를 거점으로 국가를 건설한 것이다. 1872년 우름치를 병합하면서 야꿉벡 정권의 판도가 크게 확대되자, 러시아는 같은 해 야꿉벡 정권과 통상조약을 체결하였고, 러시아의 진출을 경계하는 영국도 야꿉벡 정권에 접근하여 이듬해(1873) 연이어 통상조약을 체결했다. 신쟝의 반란정권은 외교적 인정까지 획득하여 바야흐로 신쟝은 중국에서 분리되려 하고 있었다.

이 서남과 서북 변경의 동요를 진정시킨 것은 만주족의 역량이 아니라, 내지 태평천국운동을 진압하며 등장한 한인 양무파 관료들이었다. 반란진압의 공으로 득세한 한인 양무파 관료들은 1860년대 말까지 태평천국 잔당과 화북(華北) 염군의 난을 소탕한 뒤, 1870~73년까지 서남과 서북의 회민반란들을 모두 진압하였다. 리훙쟝은 염군의 난을 소탕하는 데 큰 공을 세워 향후 화북을 세력기반으로 삼게 되었으며, 신쟝지역과 관련 깊은 서북 회민반란을 진압하여 리훙쟝과 공을 다툰 양무파 관료는 쭤쭝탕이었다.

1873년까지 내지의 크고 작은 반란이 다 평정되자, 이제 신쟝 수복이 청조의 최대과제가 되었다. 그런데 이듬해인 1874년에 일본이 타이완에 출병하는 사건이 발생했다. 청조 내부에서는 군사에서 육방(陸防) 즉 신쟝 수복을 우선할 것인가, 아니면 해방(海防) 해군력 강화를 우선할 것인가를 놓고 논쟁이 벌어졌다. 톈진(天津)지역에 세력기반을 두고 있던 리훙쟝은 바다를 통해 들어오는 구미열강과 일본을 우선 방비해야 한다며 해군력의 강화를 주장했다. 하지만 회민반란 진압의 주장(主將)이었던 쭤쭝탕은 역대 중국의 변경우환은 항상 서북 변경으로부터 시작되었으며 해양세력은 무역이익을 우선하지 영토적 점령이 목적이 아니지만 러시아의 일리 점령이나 신쟝 사태는 영토문제에 관련된다며 육방 강화가 우선되어야 한다고 역설했다.

논쟁의 결과 신쟝 수복에 막대한 전비가 우선적으로 지급되었다.

쭤쭝탕은 대규모 군사작전을 지휘하여 1875년에는 천산북로를 회복하고, 1876년에는 야꿉벡 정권을 붕괴시켰으며, 1877년에는 일리를 제외하고 신쟝 전역을 회복하였다. 마지막 남은 일리를 반환받는 문제를 둘러싸고 청조와 러시아 사이에 교섭이 진행되었는데, 결국 1881년 쩡지쩌(曾紀澤)와 러시아 외상 사이에 뻬쩨르부르끄조약이 체결되어 러시아군은 일리에서 철수하고 중앙아시아 주요 국경 부분이 확정되게 된다.

개항 이전 혹은 그 이후에도 청조의 인식 속에는 번부가 청조의 영토라는 인식이 존재하면서도, 번부=번병(藩屛)=조공국(朝貢國), 즉 번부나 조공국이나 비슷하다는 애매한 인식이 동시에 존재했다. 주권 개념에 입각한 조약체계가 중국의 조공국이 독립국인가 아닌가에 대해 청조에게도 조공국에게도 답변을 요구했다면, 번부 역시 청조의 영토인지 식민지인지 그것조차 아닌지(즉 주권국가인지) 답변을 해야 했다.

청조는 신쟝에 러시아, 영국 등 열강의 영향력이 확대되어 청조 통치의 근간을 뒤흔들어놓은 것을 보면서 번부 지배의 위험성을 깨달았다. 신쟝지역에 대해 군사적 승리를 거둔 청조는 1884년 신쟝성(新疆省)을 설치하여 신쟝지역을 번부가 아닌 내지로 편입시키게 된다. 초대 순무로는 서북반란 진압의 유공자였던 류진탕(劉錦堂, 1844~94)이 임명되어 우루무찌에 부임하였다.

개항 이후 청조 권력의 약화를 틈타 청조의 통치를 벗어나려고 했던 신쟝 번부의 운동은 좌절되었다. 신해혁명 이후 신쟝지역에는 다시 한번 권력의 공백이 일어나면서 중화민국 시대에는 다시 중국의 중앙권력이 제대로 미치지 않게 되지만, 청말 신쟝의 직할행정체제로의 편입은 중화인민공화국——강력한 중앙집권적 권력의 재등장을 의미하는——성립 후에 중국이 이 지역을 영토적으로 확실히 지배할 수 있는 정당성을 부여하였다.

내지로 편입을 완성한 신쟝과 달리 나머지 2개의 번부, 티베트와 몽골은 중국에서 점점 이탈하는 길을 걸었다. 티베트는 종교적으로는 청조 만주족 황실에 대해 우월감을 가지고 있었으며, 단속적으로 청군의 주둔이 있었으나 통치권은 달라이라마가 직접 행사했다. 티베트를 청조의 지배로부터 멀어지게 만든 것은 영국의 히말라야지역 진출과 그에 대한 청조의 대응이었다.

영국은 1816년에 네팔을 식민지화한 뒤, 1886년에는 버마를 인도에 합병시켜버렸다. 두 나라는 모두 중국의 조공국이기도 했지만, 불교국가로서 티베트의 종교적인 지도를 받고 있었다. 영국은 네팔의 식민지화로 히말라야 남쪽에 세력을 확보한 후, 1870년대에는 티베트를 경유하여 중국 내지에 차나 섬유제품을 수출할 계획이었다.

달라이라마 정권은 부탄과 시킴 등 티베트 불교를 믿는 히말라야의 여러 나라들이 영국에 잠식당하는 것을 "불교의 위기"로 인식하여 청조에 강경대응을 요청했다. 그러나 청조는 영국이 선진적인 기술을 학습시킬 수 있고 러시아와 달리 영토야욕은 없다고 생각했기 때문에 달라이라마의 입장에 동조하지 않았다. 영국 역시 원하는 것은 대청 무역의 확대이지 식민지 병합이 아님을 거듭 강조하며 티베트에 저항하지 말도록 청조에 중재를 요청했다.

그러나 달라이라마의 입장에서 청조는 "세속적 후원자"일 뿐으로,

그동안 청조의 정치적 개입을 인정한 것도 청조가 불교의 수호자였기 때문이었다. 그런데 이제 와서 청조가 불교의 위기를 무시하고 불적(佛敵)의 편을 든다면 티베트가 청조 통치를 수용할 수 있는 논리적 근거 자체가 무너지는 것이었다. 청과 영국은 베이징에서 담판을 벌여, 청의 종주권을 재확인하는 대신 영국사절이 청과 인도를 왕래할 때 티베트를 경유할 수 있는 권리를 인정했다.

그러나 티베트는 오히려 이 조약에 반발하여 1887년에 티베트와 시킴 국경에 검문소를 설치했다. 1888년 이후 시킴과 티베트 변경지역에서는 티베트와 영국인 사이의 소규모 무력충돌이 반복되었다. 영국은 청의 개입이 효과를 거두지 못하자 티베트가 청조의 영토라고 더이상 간주하지 않게 되었다. 게다가 러시아의 남하정책이 티베트에까지 미치자, 영국은 직접 개입을 선택해 1904년 3천여 명의 영허스번드 무장사절단을 파견해 라싸를 점령했다. 이 사건으로 달라이라마 13세는 몽골로 도망가야만 했다.

변경의 위기를 겪으면서 청조는 이미 직할화한 신쟝 이외에 티베트와 몽고에 대해서도 직접지배를 모색하게 된다. 이러한 변화에는 서양과의 접촉을 통해 청조의 관원과 지식인들 사이에 주권 개념과 국민국가원리에 대한 인식이 높아졌다는 점 역시 중요했다. 19세기 말 유럽에서 유입된 사회진화론, 우승열패의 논리는 청의 번부에 대한——조공국도 포함하여——시각을 근본적으로 제국주의에 가까운 것으로 바꾸고 있었다.

그러나 다문화를 포용하는 다민족통합의 원리하에서 청의 통치를 받아들였던 번부 지역에서는 이러한 변화에 민감하게 반응했다. 주권

논리와 우승열패의 논리에 기반한 급속한 획일화정책은 오히려 반발을 불러왔다. 청조는 1901년부터 근대적 국민국가의 창출을 지향하는 신정(新政)을 시작하면서, 티베트와 몽고에서도 신정을 시도했다. '근대화'를 위해 국민정신을 함양하는 내용으로는 유교교육과 한자문화가 강조되었다. 몽골과 티베트는 '불교'를 매개로 청조의 중외일체론(中外一體論)을 받아들였으나, 청조 자신이 그 사상적 근거인 '불교'를 버린 것이다. 몽골 특히 외몽고에서는 불교의 보호자를 자처하던 태도를 버리고 중국적, 즉 한족의 가치를 강요하는 청제국에 대한 불신감이 고조되었다.

직접통치를 위한 조치도 취해졌다. 1905년 천전변무대신(川滇邊務大臣, 쓰촨과 윈난 변경 사무책임자) 쟈오얼펑(趙爾豊)은 티베트 교계지역인 쓰촨성 서부지역의 티베트인에 대해 간접지배를 거두고 직접지배를 시도하였다(改土歸流). 이는 자치를 누리던 티베트인 제후들(土司)과의 사이에 치열한 유혈전을 불러왔다. 전쟁은 달라이라마군과의 접전으로 확산되었다. 쟈오얼펑은 1910년에 라싸를 점령하고, 티베트인 거주지역에 시짱성(西藏省)과 시캉성(西康省)을 설치해 중국영토로 합병하려 했다.[21] 이로 인해 달라이라마는 또다시 망명길에 올라야 했는데, 이번에는 '불적'이었던 영국에 의지해 인도로 망명했다.

그런데 1911년 신해혁명의 발발과 1912년 청조의 멸망은 번부의 민족들에게 새로운 기회를 제공했다. 우선, 티베트는 완전독립을 꾀하

---

21) 청말에는 실제 설치까지 이르지 못했다. 시짱성은 중화인민공화국 성립 이후에 설치되었고, 쓰촨 서부와 티벳 동부를 포괄하는 시캉성은 우여곡절을 거쳐 1939년에 정식으로 성립되었으나 1955년 다시 폐지되었다.

게 된다. 치열한 시가전 끝에 주장대신과 잔존 청군을 몰아낸 티베트는 독립선언을 발표했다. 몽골 또한 1911년 내몽고를 제외하고 외몽고의 왕공과 독립파가 활불(活佛) 보그드 칸을 옹립해 신정국가로서 독립을 선포하고, 공대(共戴)라는 독립 원호를 세웠다. 달라이라마 13세는 1913년 몽골의 수도 울란바토르에서 '티베트-몽골 상호승인조약'을 체결했다.

티베트와 몽고가 신해혁명을 계기로 독립을 표명하고 나선 것은 여러가지로 설명할 수 있다. 앞에서 지적한 것처럼, 20세기 초 청조의 다문화적 통합정책이 변질되면서, 청제국이 티베트와 몽고를 포섭했던 유목민족-불교라는 일체감을 더이상 주지 못했던 점이 있을 것이다. 하지만 또 하나 지적해야 할 것은, 보그드 칸이 독립을 선언하면서 몽고가 만주족의 지배는 받았지만 한족에게 지배받은 기억은 없다고 했으며, 티베트와 몽고가 상호승인조약을 맺어 두 나라가 손잡고 한인의 공화정권인 중화민국에 대항하기로 했던 것처럼, 만주족 청조가 아닌 한인의 국민국가인 중화민국의 통치는 받아들일 이유가 없다고 보았다는 점이다.

이는 중국이 근대적인 국민국가로 변신하는 데 있어서 청조, 즉 만주족이라는 이민족 지배체제였다는 점이 얼마나 장애가 되었는가를 말해준다. 내지의 한족, 번부의 몽고, 티베트, 투르크 무슬림 등 다민족 제국질서는 내재적으로 분열의 요소를 안고 있었다. 그것을 잘 다독거려 지배의 정당성을 인지시키고, 하나의 제국을 유지할 수 있었던 것은 청조의 다문화적 포용성과 통치형태의 유연함이었다.

그러나 잠재적 분열이라는 대내적 조건에다 개항 이후 외압이라는 이중압력이 가해지면서 다민족 제국질서는 동요하기 시작했다. 서세동점의 압박하에서 청조가 반란을 진압하고 개혁을 추진하기 위해서는 내지에서 압도적인 다수를 차지하고 있는 한족과의 결합이 불가결했다. 그러나 청조가 한족의 개명적 지식인과 서구로부터 배운 근대적 국민국가를 지향하면 할수록, 국민국가의 통합성을 담보할 '중국적인 것'은 '한족'의 그것이 될 수밖에 없었다. 그리고 청조와 번부를 묶었던 연대는 훼손되었으며, 변경은 불안정해졌다.

그렇다고 내지에서 만주족 정부가 종족적 내셔널리즘을 극복하고 끝까지 근대적 국민국가를 지도할 수 있었는가. 그 점은 후술하겠지만 대단히 지난한 과제였다. 여러 면에서 중국이 서양의 압력을 받을 당시 이민족 왕조인 청조 지배하에 있었다는 것은, 통합적 역량을 창출하기에 어려운 환경이었다는 점을 지적해둔다.

중화질서의 동요: 조공씨스템의 붕괴

조약체제로의 편입은 동아시아의 세계질서, 조공체제를 크게 흔들기 시작했다. 그것은 청조의 세력약화라는 현실적이고 객관적인 원인도 있었지만, 조공체제가 조약체제로 재편되어가는 과정에서 청조가 보여준 우유부단하고 소극적인 대응 역시 중요한 원인이었다. 오히려 중국의 조공국들이 조공체제에서 이탈해가는 과정을 보면 후자가 더 중요했다는 생각이 들 정도이다. 중국의 이러한 대응은 조공국에 대한 중국의 인식 자체에서 연유한 측면이 큰데, 서구의 압도적 무력이 압력으로 작용하기 이전부터 그 단초를 찾아볼 수 있다.

아편전쟁이 일어나기 20여년 전에 이미 전형적인 사례가 있었다. 네팔은 청에 5년 1공의 조공국으로, 라마불교를 숭앙한다는 면에서 티베트에 종교적으로 불교수호자인 중국에 복종하고 있었다. 영국세력이 네팔에 손을 뻗자, 1812년 네팔의 조공사절단은 영국과 전쟁이 일어나게 되면 지원을 해줄 것을 중국에 요청했다. 2년 뒤 1814년부터 1816년 동안 영국과 네팔 사이에 전쟁이 일어났는데, 네팔정부는 영국이 중국에 대한 조공을 단절하려 한다고 티베트 라싸의 주장대신에게 거듭 도움을 요청하는 청원서를 보냈다. 그러나 청조는 네팔정부에 대해, 5년마다 한 번씩 조공만 계속한다면 네팔인이 영국에 복속해도 좋다고 답변했다. 이후 영국이 네팔을 식민지화한 뒤에도 여전히 청조는 무관심한 태도를 보였던 것이다.

유사한 태도가 버마(현 미얀마)에 대해서도 나타났다. 1820년대부터 영국은 버마에 대한 군사적 압박을 가해오다 두 차례의 버마전쟁(제1차, 제2차)을 거치며 1864년에는 통상조약을 체결했다. 버마는 건륭제 때 청조에 복속한 이래 10년 1공의 조공국이었다. 중국과 영국의 교섭에서 중국은 형식적으로 버마의 중국 입공을 유지하는 대신 사실상 영국의 지배를 공인해주었다. 결국 1885년에 영국은 제3차 버마전쟁을 일으켜 이듬해인 1886년에는 버마를 인도에 합병시키고, 같은 해 7월에 청조대표와 영국대표가 뻬이징에서 버마조약을 체결했다. 이로써 청은 종주권을 포기하고 버마에 대한 영국의 주권을 공식적으로 인정하게 되었다.

불평등조약체제 이전부터 본격적인 조공국의 이탈이 시작된 그 이후까지 조공국을 식민지화하는 열강의 논리는 시종 같았다. 즉 청제국과 조공국의 관계가 '속국자주(屬國自主, 속국이지만 외교와 내정은 자주임)'라면 조공국은 독자적으로 외국과 조약을 맺을 수 있고, 따라서 조공국은 '진정한' 속국이 아니라는 것이었다. 이렇게 하여 조공국을 청조로부터 먼저 분리한 뒤에, 통상조약에서 영토의 식민지화를 강제해나갔다. 사실상 대부분의 아시아국가가 중국의 조공국이었기 때문에—정도의 차는 있지만 어느정도는 자발적인—아시아 각국의 식민지화는 중국과 서구 열강과의 교섭에 다름 아니었다.

후에 유럽을 모델로 제국주의의 길을 걷기로 결심하고 주변 국가들의 식민지화에 나선 일본 역시 최초의 난관이 중국과의 조공관계였다. 일본은 식민지화의 방식에서도 선배인 유럽을 그대로 학습해서 중국에게 도전한다. 흥미로운 것은 무력의 압박이 현저하지 않고 심지어 동양귀(東洋鬼)로 멸시했던 일본에 대해서조차, 중국은 조공문제에 관해 유사한 우유부단한 태도를 보이고 있다는 점이다. 여기에서는 중국이 조공체제의 해체, 즉 국제질서에서 자신의 헤게모니에 대한 도전을 어떻게 인식하고 대응해나갔는지, 그 한계와 원인을 류우큐우 사례를 통해 살펴보도록 하겠다.

영불연합군의 뻬이징 점령이라는 충격적인 사태를 겪고 청조는 1861년 1월 서구 열강과의 교섭업무를 전담할 새 외교기구로 총리아문(總理衙門)을 설립했다. 1866년에는 비공식 사절단 삔츈(斌椿) 일행을 유럽에 파견하고, 1868년에는 최초로 공식 외교사절이 유럽에 파견되었다(버링게임[Anson Burlingame, 蒲安臣] 사절단). 같은 해 메이지유신으로 신정권이 들어선 일본은 중국에게 통상조약 체결을 요구했다.

청조는 일본은 조공국이 아니므로 무조건 거부하면 안된다고 의견을 모으고, 1871년 9월 양국간 최초의 근대적 조약인 청일수호조규(淸日修好條規)와 통상장정(通商章程)을 체결하였다.

대등한 조약인 청일수호조교는 조공체제하에서라면 있을 수 없는 일이었지만, 서구의 압박과 조약체제의 강제라는 외부적 호재에 의해, 일본은 어떤 물리적 희생도 없이 아시아국가 중에서 유일하게 또 가장 먼저 청조와 대등한 조약을 체결할 수 있었다. 달리 표현하면 일본은 근대에 들어와 서구의 개입에 의해서가 아니라 자력으로 조공으로 대표되는 중화제국체제에서 완전히 이탈한 최초의 국가였다. 청조는 물리적 거리에서 멀리 떨어져 있는 서구와 달리 아시아 권역 내에서 청조와 대등한 국가가 출현했다는 것의 의미를 제대로 파악하지 못했지만, 결국 일본은 향후 아시아 국제질서에서 청조의 헤게모니를 결정적으로 붕괴시키게 된다.

그 최초의 성공사례가 류우큐우왕국(琉球王國)의 합병이었다. 류우큐우왕국은 명초 홍무(洪武) 5년(1372)에 중국과 종번(宗藩)관계를 맺은 후 청대까지 중국의 조공국이었으나, 1609년에 일본 사쯔마번(薩摩藩)의 침략을 받은 뒤로는 일본과 중국 양쪽에 조공을 하는 양속(兩屬)관계에 있었다. 그러나 섬나라인 류우큐우에서 중국, 동남아시아, 일본 등과의 중개무역은 매우 중요했고, 일본 역시 류우큐우를 통한 중국 물자 수입에 깊은 관심을 가지고 있었기 때문에, 중국에게는 일본 사쯔마번에 대한 조공 사실을 비밀로 하고 있었다.

19세기 중엽 중국이 개항하자, 류우큐우도 독립국으로서 서구 여러 국가와 개항조약을 체결하게 되었다. 1868년 메이지유신으로 일본에서 새 정권이 수립되자, 미국공사는 1872년과 76년에 두 차례에 걸쳐 신정부에게 미국과 류우큐우가 맺은 기존 조약을 어떻게 보느냐고 질의를 하는데, 신정부는 유신 이후에도 미국과 류우큐우 사이의 조약에는 변화가 없다고 답변하였다. 이는 국제법상 류우큐우가 독립국이라는 점을 일본정부가 스스로 확인해주었다는 점에서 중요하다.

그러나 메이지 유신 3년 뒤 1871년 말에 류우큐우의 표류민[宮古島人] 54명이 타이완의 토착민들에게 살해된 사건이 발생하자, 일본은 이 사건을 계기로 류우큐우를 일본영토로 편입하려는 계획을 세웠다. 그 첫단계가 청에게 류우큐우가 일본의 영토임을 인지시키는 것이었다. 1873년 외무대신 소에지마 타네오미(副島種臣)는 관계자 처벌을 청조에 요구하고, 이듬해 1874년에는 청조에 압박을 가할 목적으로 타이완 파병이 결행되어 5월 일본군이 타이완에 상륙하였다. 이에 일본을 공격해야 한다는 주장도 일부 있었으나, 결국 청조는 일본의 타이완 출병을 '보민(保民)의 의거(義擧)'로 인정하고, 50만 냥의 위로금 및 배상금을 지불하는 것으로 종결짓는다. 이것은 류우큐우인이 일본인임을 청조가 스스로 인정한 효과를 낳았다.

한편 타이완 파병이 소기의 목적을 달성하자, 일본은 류우큐우의 내지화를 적극적으로 추진하기 시작했다. 청조와의 교섭 직후 일본은 류우큐우왕국에 청국과의 조공관계를 폐지하라고 요구했으나, 류우큐우왕국의 결사적인 반대에 부딪힌다. 류우큐우는 청과의 조공관계 단절이 류우큐우왕국의 소멸로 이어진다고 판단했기 때문에 일본의 요구를 국운이 달린 중요한 문제로 보았다. 일본은 반대로 류우큐우를 일본영토로 편입하는 데 있어 청과의 조공관계 단절을 가장 중요하게 생각했다. 결국 일본과 류우큐우 사이에서 청 조공이 주요 쟁점화된다. 일본은 메이지 연호를 강요했으나, 류우큐우는 책봉을 지속하고 청 연호의 사용 역시 고집했다.

1876년 12월 류우큐우왕은 린세이꼬오(林世功) 등 세 명의 밀사를 청에 파견했다. 밀사는 1877년 류우큐우국왕의 서신을 푸져우(福州)의 총독과 순무에게 전달하고 조공이 저지된 사정을 설명하여, 류우큐우 문제가 청조에서 논의되게 된다. 1877년 3월 허루쟝(何如璋)이 일본주재 청국공사로 부임했는데, 그는 류우큐우 문제에 대한 강경론을 주장했다. 허루쟝은 리홍쟝에게 "류우큐우의 멸망은 곧 조선과 타이완에도 위험이 될 것"이라고 강조하며 일본에 대한 강경대처를 주장했다. 결과적으로 보면 허루쟝의 말대로 되지만, 당시 리홍쟝은 중국에게 류우큐우의 조공은 큰 이익이 없으므로 직접 개입할 여유가 없으니 외교적으로만 대응한다는 입장을 보였다. 토오꾜오의 류우큐우 독립파들은 허루쟝의 충고에 따라 열강의 각국 공사들에 밀서를 보내, 서구와 류우큐우 간의 조약은 청국 연호를 이용해 맺은 것이므로 청에게 조공하지 못하게 하는 것은 조약에 반하는 것이라 호소했다. 여기에서도 조공국의 독립 문제가 대청 조공과 연동되어 다뤄지고 있음을 알 수 있다.

1879년 1월에 일본은 류우큐우왕국에 최후통첩을 보내지만, 류우큐우는 청의 원조를 기대하고 거절했다. 결국 일본은 3월에 군대를 파견하여 류우큐우를 무력으로 병탄하게 된다. 일본의 무력합병은 청의 강경한 반발을 불러와, 한때 청일간에는 전쟁위기가 고조되었다. 조선 문제를 둘러싸고 청일전쟁이 발생하기 15년 전에 이미 류우큐우라는 조공국을 둘러싼 세력다툼으로 전쟁이 일어났을 수도 있었던 것이다. 그때라면 일본의 국력이 아직 미약했으므로 전쟁이 청의 승리로 끝나고 동아시아의 역사는 전혀 다른 방향으로 전개됐을지도 모른다. 그러나 실제의 역사는 전쟁이 아니라 협상으로 넘어갔다. 영국과 독일이 일본의 무리한 류우큐우 병탄에 거부감을 가지고 청의 입장을 지지했으므로 일본은 청조에 협상을 제의하게 되었다.

1879년 6~9월 미국 전 대통령 그랜트(Grant)의 중재로 그해 12월과 이듬해(1880) 3월과 4월에 청일간에 비밀교섭이 진행되었고, 공식협상은 1880년 8~10월 8차례에 걸쳐 진행되었다. 원래 일본은 류우큐우 남부 두 섬을 청에 할양해주고, 대신 청과의 조약을 개정하여 서구 열강과 똑같은 지위를 인정받으려 했다. 그러나 뜻밖에 청은 일본이 중국에게 양보할 영토에 류우큐우국을 '부활'시키겠다고 주장했다. 결국 류우큐우국의 부활은 명문화되지 않은 채, 류우큐우의 두 섬은 청국 영토로, 나머지는 일본 영토로 하며, 대신 청과 일본은 상호간에 내지통상 최혜국대우를 인정한다는 합의가 이뤄졌다. 이 협상결과에 대해서는 청국 내에서도 조인을 반대하는 여론이 거셌고, 류우큐우 부흥운동을 하던 린세이꼬오는 류우큐우 분할방안에 항의하여 자결하고 말았다. 결국 여론에 밀린 청은 협상을 다시 하자고 제의하지만, 일본은 이를 거부했다. 이후 비밀교섭이 한 차례 더 진행되었지만, 일본정부는 1883년 이후 무대응 방침을 채택해 류우큐우에 대한 지배를 '기정사실화'하는 전략을 구사했다.

1894년 조선 문제로 청일전쟁이 발발했을 때, 청조에서는 류우큐우 기습작전이 4회나 상주되었고, 청일전쟁에서 청이 승리하면 류우큐우의 독립도 되찾을 수 있다고 생각한 친청(親淸) 류우큐우인들의 시위도 활발하게 있었다. 이 과정을 보면 일본정부가 1879년에 류우큐우왕국을 멸망시키고 류우큐우를 오끼나와현(沖繩縣)으로 개편하여(琉球處分) 일본영토로 공식 합병했으나, 이후에도 청과 일본 사이에는 류우큐우 분할소유 협상이 진행되었으며, 류우큐우의 일본 내지화는 청일전쟁으로 확실하게 기정사실화되었다는 점을 알 수 있다.

개항 이전 네팔과 버마의 조공체제 이탈과정에서 청조는 적극적인 대응을 하지 않았었다. 이는 두 조공국의 중요도가 낮았기도 하지만 기본적으로 조공질서를 붕괴시키는 서구와 조약질서에 대해 청정부가 뚜렷한 인식을 하지 못했음을 보여준다. 그런데 류우큐우의 이탈은 청조의 영토인 타이완에 대해 무력개입이 가해지고, 청조의 조공질서에 대한 도전자가 같은 아시아국가인 일본이란 점에서 어느정도는 청조에도 위기감과 강경론이 고조되었다. 그렇지만 청조는 여전히 류우큐우의 이탈이 연쇄적인 조공국 이탈을 불러와 전통적인 중국 중심의 국제질서 자체를 붕괴시킬 것이라는 허루쟝의 견해를 받아들이지 않았다.

리홍쟝의 태도에서처럼 일부 대외정세에 밝은 양무론자들은 청조의 국력이 이미 대외적인 고려까지 할 처지가 못 될 정도로 약화되었다고 판단하기도 했지만, 황실과 대부분의 조정관료들은 전통적 조공질서의 도전에만 격분하여 강경론을 폈지, 조공질서를 파괴하고 있는 힘이 주권국가에 기반한 '조약질서' 혹은 그 이면의 '주권국가가 아니면 식민지'라는 새로운 폭력적 질서임을 알지 못했다. 그러므로 류우큐우협상 과정에서도 이미 서구를 철저히 학습한 일본은 최악의 조건하에서도 어떻게 영토를 청조와 나눠 가질까를 연구했으나, 청조는 획득할 류우큐우 영토에 여전히 류우큐우왕국을 재건해야 한다고 생각하고 있었다. 제국주의는 대양을 건너서도 자국의 식민지를 경영하려 하지만, 중화제국은 어디까지나 중국의 강역을 위협하지 않고 안전하게 지켜줄 울타리만 필요로 했다.

그러나 류우큐우 문제가 협상이란 수단으로 별다른 소득을 올리지 못한 채 일본의 류우큐우 합병으로 결착이 되자, 청조의 태도에도 점차 변화가 생겨났다. 일본의 타이완 출병과 같은 해인 1874년 베트남은 제2차 싸이공조약을 맺고 프랑스의 보호령이 되었다. 베트남은 프랑스의 군사적 침략이 가속화하자 중국에 보호를 요청했으나, 중국은 조공을 유지하는 선에서 타협했었다. 그런데 1880년 프랑스는 중국의 베트남에 대한 종주권을 인정하지 않는다고 천명하고, 1881년에는 중국에 대한 입공을 금지시켰다. 종주권이 공식적으로 부인된 이상, 청조로서도 결단이 필요하게 되었던 것이다. 이듬해인 1882년에는 조선에 임오군란(壬午軍亂)이 일어나 출병해야 했으므로 청조로서는 당장에 베트남 문제에 대응하기 곤란했지만, '속방(屬邦)'을 구원해야 한다는 주전론은 조정에서 사그라지지 않았다. 화의론을 주장한 리훙쟝과 달리, 주불공사였던 쩡지쩌는 지구전의 각오로 강경하게 저항해야 한다고 주장했다.

청조의 여론이 통일되지 못하고 주저주저하던 와중에 베트남군을 도와 프랑스군을 격파한 것은 태평천국군의 잔당으로 베트남과 중국 변계지역에 유입되어 무장 할거하던 류융푸(劉永福)의 흑기군(黑旗軍)이었다. 외교적 교섭의 실패와 흑기군의 활약과 제휴로 점차 청조도 대결의 자세를 강화하게 되었다. 1883년 말에는 중국과 베트남 변경지대에서 양측간의 대규모 충돌이 일어났다. 하지만 육전에서의 선전에도 불구하고 푸젠함대가 전멸하고 프랑스가 타이완을 봉쇄하면서, 1885년 청조는 다시 패전조약인 톈진조약(越南新約)에 조인할 수밖에 없었다. 중국의 종주권은 공식적으로 부정되었다.

청불전쟁을 계기로 청조 지배층 내에서 위기의식이 심화되었다. 리훙장과 같은 양무실무파들의 편의적 타결책을 비난하면서, 보다 포괄적인 개혁의 필요성을 주장하는 목소리도 나타났다. 또 패전은 해방(海防)의 강화 필요성을 인식시켜, 북양함대에 대한 지원이 확대되었고, 전략요충지인 타이완을 확실히 방어하기 위해 타이완을 성(省)으로 승격시켰다.

청불전쟁에서 중국은 처음으로 조공국의 방어를 위해 무력개입을 시작했다. 그러나 상대인 프랑스의 압도적인 화력을 꺾을 수는 없었고, 중국 내에서도 주전론과 주화론이 팽팽히 맞서 전쟁에 효과적으로 대응하지 못했다. 류우큐우와 베트남의 경우 모두 현지에 파견된 중국 외교관들은 강경대응을 주장했으나, 중앙정부의 여론은 통일되지 못했다. 청불전쟁의 패전은 중국 내부에 여러 변화의 움직임을 가져왔어도 현실로 가시화되지는 못했다. 최종적인 타격은 가장 중요한 조공국, 조선을 상실하는 청일전쟁에 의해 가해졌다. 청일전쟁은 동아시아 국제질서를 극적으로 바꾸어놓았을 뿐 아니라, 중국의 진로에 대한 근본적인 각성을 촉구함으로써 개혁운동과 혁명운동의 커다란 흐름의 출발점이 되었다.

청일전쟁

　베트남을 상실한 후 청조의 중요한 변화는, 전통적인 조공질서에 입각한 사고를 버리고 서구와 마찬가지의 제국주의적 관점으로 조공국을 해석하기 시작했다는 점일 것이다. 그 대표적인 인물로 리훙쟝을 들 수 있다. 앞서의 번부와 조공국의 상실과정을 보면, 줄곧 화의론을 주장한 리훙쟝은 무능한 관료로 보인다. 하지만 현지의 외교관들을 제외하고는, 청 조정에서 매번 강경론을 주장하던 관료들은 전통적 화이론에서 벗어나 있지 않으면서 조공질서의 유지를 위해 무력개입을 주장하던 전통적 사고의 소유자들이었다. 리훙쟝이 류우큐우와 베트남 개입에 소극적이었던 것은, 누구보다 해외정세에 밝았던 그로서는 청조의 역량을 과대평가하지 않고, 우선 내정을 강화해야 한다고 판단했기 때문이라고 보아야 한다.

　1870년 즈리총독(直隷總督)에 부임한 리훙쟝은 삼구통상대관(三口通商大臣)이 관장하는 대외교섭 업무까지 관할한 청조의 대외문제 전문가였다. 리훙쟝은 메이지정부와의 첫 조약체결도 담당하면서 일본의 급성장을 잘 알고 있었다. 그는 일찍이 일본에 대해 작고 인재가 없는 나라[小國無人]가 아니라 중국의 큰 걱정거리[肘腋之患]가 될 것이라 예견한 바 있다. 리훙쟝은 류우큐우 문제에 이어 조선 문제에서 다시 일본과 부딪치게 된다.

　조선은 매년 평균 2차례 조공사절을 보내는 가장 중요한 조공국일 뿐 아니라, 지리적으로도 즈리총독 리훙쟝의 세력근거지인 톈진지역과 가까워, 리훙쟝은 다른 어떤 조공국보다 전략적으로 조선을 우선

시했다. 그런데 류우큐우 문제로 타이완에 파병한 이듬해인 1875년, 일본은 이번에는 조선에서 운요오호(雲揚號) 사건을 일으켜 1876년 한일수호조약(韓日修好條約, 즉 강화도조약)을 체결하고, 제1조에 조선이 '독립국'임을 명시하도록 했다. 이번에도 마찬가지로 식민지 진출의 사전 정지작업의 첫번째는 중국과의 조공관계의 부정이었다. 1880년에 일본이 공사관을 설치하자, 리홍쟝은 조선의 개국이 불가피함을 깨닫고 미국과의 조약체결을 중재하여 조선을 조약체제로 이끄는 동시에, 구미로 하여금 조선과 중국의 종속관계를 확인받고자 하였다. 조선 역시 일본의 위협이 증대하고, 조약체제에 대한 기본지식이 없는 상태에서 중국의 후원과 군사적 배경이 필요했다.

종래에는 이러한 개항기 중국의 대조선 정책을 종주권을 재주장하는 구태의연한 것으로 파악하는 것이 통설이었다. 하지만 최근 미국 학자 라쎈(Kirk Wayne Larsen)은 중국의 정책을 조선에 개항장 씨스템을 도입함으로써 제국의 경제적 이익을 최대화하고자 하는 '비공식적 제국주의'(informal imperialism)로 파악했다. 청조가 조선에 들여온 개항장 씨스템은 조약체제, 해관 설립, 경제적 이익의 극대화로 요약할 수 있는데, 영국의 중국에 대한 정책을 중국이 조선에 벤치마킹했다는 것이다. 중국은 조선에게 미국과의 조약을 알선하여 쇄국을 풀고 조약체제에 들어가도록 유도하였고, 조선에 해관을 설치하도록 했다. 청일전쟁 때까지 조선해관은 중국해관에 종속되어 있었다.

이러한 그가 말한 '비공식적 제국주의'를 주도한 인물이 바로 리홍쟝이다. 무력을 동원해서 식민지로 병합하는 일본의 제국주의 학습과는 달리, 리홍쟝은 중국을 개항시키고 해관을 장악하고 이권과 경제

상업적 침탈을 체계화한 영국식 제국주의 모델을 학습했다고 볼 수 있다.

조선 문제에서 영국은 중국에 적극 협조하고 있는데, 중국의 해관 행정을 장악한 영국은 중국이 조선에 해관을 설치하도록 함에 따라 조선 해관까지도 관할할 수 있었다. 라쎈의 표현대로라면 조선 문제에서는 '중-영 비공식 제국주의'(Sino-British informal imperialism)와 일본의 '공식적 제국주의'(Japanese formal imperialism)가 경쟁했던 셈이다.

1882년 임오군란 이후 청군의 상시적 주둔, 1884년 갑신정변에 대한 위안스카이(袁世凱)의 무력개입 등은 종전의 조공국에 대해서는 행해지지 않는 외교·내정 간섭이었다. 조공국, 즉 '속방(屬邦)'은 내정과 외교에서 '자주(自主)'인 것이 중국의 '조법(祖法)'이었기 때문이다. 물론 임진왜란 때 명조의 원군 파견과 같이 조공국은 유사시에 종주국에 군사적 원조를 요청할 수 있고, 한말 조선정부가 청조의 군대 파견을 요청한 것 역시 조선 내부의 필요에 의한 것이었다. 하지만 조계 설치, 화교의 대량 유입, 자국민 보호를 명분으로 한 상설 관리기관 설치, 군대·경찰의 주둔, 조선 국정에의 상시적 간섭은 예전의 조공관계의 틀을 크게 벗어나는 것이었다. 청말 반청파가 형성된 것에는 이러한 '조법' 파괴에 대한 조선측의 강한 정서적 반발이 있었던 것이다.

이러한 차이는 1840년대 조약체제에 진입한 후 리훙장 등 중국의 통치엘리뜨들 사이에 인식의 변화가 나타나기 시작했음을 보여준다. 내정 불간섭과 정치적 상하관계, 문화적 우위로 특징지어지는 구래의 중국-조공국 관계는 변화하기 시작했다. 번부에 대한 정책변화에서도 알 수 있듯이, 조공국에 대해서도 직접 개입을 강화하면서 경제적 이익을 추구하기 시작한 것이다. 그러나 청조의 견인력이 커질수록 번부가 이탈하려는 원심력도 커지고 모순도 증대한 것처럼, '조법(祖法)'과 다른 중국의 방식은 조선의 심한 반발을 불러일으켰다. 조선 내부에도 친중파와 반중파(=친일파)가 나눠져 대립하였다.

1894년 청일전쟁은 일본군의 선제공격으로 시작되었다. 리훙쟝은 전쟁에 소극적이었으나 여론에 밀려 개전하게 된다. 그해 9월 평양전투에서 북양육군 2천 명이 전사했으며, 9월 17일 세계역사상 최초의 증기기관 군함에 의한 조직적 전투인 황해해전에서 일본은 12척의 군함으로 한 척의 손실도 없이 14척의 중국 군함 중 3분의 1을 격침시키는 대승을 거두었다. 이듬해 2월에는 웨이하이(威海)를 선공해 잔여 북양해군을 침몰시켜, 띵루창 제독은 자살하고 북양해군은 투항했다. 결과적으로 조선을 '비공식적 제국주의'적으로 운영하려는 리훙쟝의 구상은 실패하고 말았다.

1895년 체결된 패전조약인 시모노세끼조약(下關條約)으로 중국은 가장 중요한 조공국인 조선을 상실했을 뿐 아니라, 배상금과 요동반도 반환금으로 약 2억 3천만 냥(약 3억 4,500만 엔)을 지불하여 사실상 파산하였다. 2억 3천만 냥이란 배상금은 청정부 재정규모의 3배, 일본 1년 국가예산의 4배가 넘는 엄청난 금액이었다.[22]

---

22) 하자마 나오키 등(1999) 90면. 이 배상금은 3년 분할로 파운드 금화로 지불되었는데, 금은 환율변동과 이자 등이 가산되어 실제로는 3억 6,459만 엔이 지불되었다(민두기 1976, 249면). 이 배상금 총액은 전전인 1893년 일본예산의 약 4.5배에 해

일본은 이 배상금을 바탕으로 1897년 금본위제 개혁을 단행할 수 있었고, 군비를 증강하는 한편 중공업투자를 크게 확대할 수 있었다. 금본위제 개혁으로 일본은 구미와의 교역을 안정적으로 경영할 수 있게 되었을 뿐 아니라, 서구와 마찬가지로 금본위제 국가의 반열에 끼면서 국제적 위상이 제고되었다. 아울러 이 시기의 중공업투자로 9년 뒤 러일전쟁을 수행할 수 있는 군비생산력을 갖출 수 있었다.

일본이 시모노세끼조약에서 얻은 또 하나의 중요한 전리품은 최초의 식민지 타이완(臺灣)의 획득이었다. 중일에 양속(兩屬)하던 류우큐우에 현(縣)을 설치해 내지화한 데 이어, 중국의 광역 행정단위인 일개 성(省)을 식민지로 획득한 것이다. 거꾸로 중국은 타이완사건 이래 청불전쟁 이후까지 줄곧 타이완에 대한 방비를 강화했으나 청일전쟁으로 타이완을 완전히 상실하고 말았다.

타이완 할양이 알려지자, 일부 타이완인과 관료들은 이에 반발하여 5월 청조에서 독립해 타이완민주국(臺灣民主國)의 수립을 선언하고 일본군의 상륙에 무력으로 항전하였다. 청불전쟁 당시 활약했던 류융푸의 흑기군도 타이완으로 건너가 수비대에 가세하여 저항했으나 타이완민주국은 수개월 만에 붕괴하고 그후 수년간 일본군은 게릴라군의 저항을 진압하여 타이완 점령을 완료하였다.[23]

당한다(앤드루 고든 2005, 229면).
23) 5월 23일 대만민주국 독립선언을 발표하고, 24일에는 독립선언을 대만 주재 각국 영사관에 공식적으로 통지하였다. 5월 25일에는 독립식전(獨立式典)을 개최해 대만민주국의 성립을 선언했다. 타이완 순무였던 탕징쑹(唐景崧)을 총통(總統, 대통령에 해당)으로 선출하였으나, 일본군이 상륙하자 6월 4일 탕은 본토로 도망하였다. 이후 류융푸가 2대 총통이 되어 3개월간 항전하였으나 역부족으로 중국으로 도피했다.

청일전쟁의 의의는 크게 세 가지로 나눌 수 있다. 우선 동아시아 국제질서에 중국을 대체할 지역헤게모니로 일본이 등장한 것이다. 두 번째로 청일전쟁을 계기로 서구의 중국에 대한 이권침탈이 노골화되면서 중국이 수박 쪼개지듯 '과분(瓜分)'될 것이라는 민족적 위기감이 고조되었다. 시모노세끼조약은 이전 조약과 비교할 때 배상금의 규모와 영토 할양에서 비교할 수 없이 가혹한 조건이었으며, 이를 방어할 수 없는 청조의 무력함을 만천하에 노정시켰다. 이후 서구의 철도 등에 대한 이권침탈이 가속화되었으며, 조약조건은 덩달아 갈수록 악화되었다. 세번째로 중국 국내정치에서 양무파가 퇴조하고, 청조 황실의 권위를 상대화한 개혁운동, 혁명운동으로의 움직임이 본격화되었다. 뒤에 살펴볼 캉여우웨이(康有爲)의 공거상서(公車上書)와, 쑨원(孫文)의 훙중회(興中會) 건설은 모두 청일전쟁을 계기로 일어났다. 그만큼 청일전쟁은 중국 지식인들에게 충격적이었다.

그리고 당시 시모노세끼조약 거부를 요구하면서 쏟아진 수많은 상서와 결사항전론에서는 더이상 조공국의 이탈이나 중화질서의 붕괴에 대한 탄식은 나타나지 않았다. 대신 국내의 서정을 쇄신하여 자존의 기틀을 닦아야 한다는 주장이 제기됐다. 관념적 중화론이 아니라 하나의 국가로서 중국의 자주와 자립을 우려하는 의식이 주전론을 매개로 확산되기 시작한 것이다.

제국의 딜레마

중국은 국민국가로 통일된 서구 열강과 마주했을 때 제국이라는 겹겹이 겹쳐진 무거운 옷을 걸치고 있었다. 피아(彼我)의 경계가 모호한 제국이란 영역에는 긴밀하게 혹은 느슨하게 번부와 조공국이 외연으로 퍼져 있었다. 이 정도의 광역지배가 가능했던 것은 다문화 존중과 자치를 종지로 한 청제국의 통치원칙이었다고 볼 수 있다. 그러나 외세가 침투해왔을 때 외연은 쉽게 공략당했고, 제국 외연에서의 패배는 제국 내부에도 깊은 상처를 주었다.

번부질서와 조공질서의 와해과정에서 중국은 서구 열강과 불평등조약을 연이어 갱신하면서 반식민지화가 심화되었다. 어느정도는 제국으로서 중국의 존재형태가 서구 열강의 침투에 기민하게 행동하기에는 너무 컸다고 볼 수 있을 것이다. 통합력이 없는 크기는 외부침입을 더 쉽게 받을 수 있었다. 마찬가지로 광역지배를 연결짓는 것이 느슨한 제국적 결합이었으므로 쉽게 무너졌다. 통합성이 확보되지 않기는, 내부 식민지인 번부에 대해서도 마찬가지였고, 속국인 조공국에 대해서도 마찬가지였다. 외연을 국민국가적으로 획일화하고 통합성을 높이려는 시도는 그러나 외연의 반발만 키워서 청조의 힘을 더 약화시켰다. 결국 신해혁명은 강렬한 한족 민족주의를 모토로 통합성을 키워내고 성공할 수 있었다. 내부 식민지나 속국을 모두 털어내고 한족만으로 무게를 가볍게 한 뒤의 새 출발이었던 것이다.

위기상황에서 청조는 새로운 통합력을 창출하지 못했다. 청불전쟁과 타이완에서 활약한 류융푸와 흑기군, 식민지화를 거부한 타이완

민중의 항거 등 외세에 항거하는 민중의 역량이 없었던 것은 아니었지만, 청조는 이를 흡수하고 견인하지 못했다. 반면 청조 지배체제의 장점이었던 다민족적·통합적 성격은 조약체제 논리의 강화에 따라 약화되면서, 변경 이민족 주민의 이탈을 초래했다. 대체로 서구 및 일본과의 충돌에서 청조와 양무파의 소극적이고 타협적인 태도는 정권 유지에만 급급했다는 인상을 지울 수 없다. 비교적 서구에 깨어 있던 리훙장조차도 상하를 단결시킬 내부적 통합력을 창출하고 아래로부터의 역량을 기대하려는 데까지는 나아가지 못했다.

이제 중화적 세계는 조약체제와 부딪히면서 거꾸로 뒤집혀졌다. 조공체제의 바깥에 위치해서 야만으로 취급당하며 멸시의 대상이었던 일본은 일찌감치 중화질서에서 벗어나 조약체제, 즉 서구세계의 일원으로 참가하였다. 각자 자존을 도모한 조공국[藩國]들은 자체의 개혁 동력을 발굴하지 못하고, 열강의 세력균형에 의존하거나, 번속(藩屬) 관계를 이유로 중국에 기대어 자존을 도모하다 자멸하고 말았다. 내지와 조공국 사이의 번부[藩地]는 현지에서는 '번국적(藩國的)' 인식을 강화해간 반면, 청조는 '내지적' 인식을 강화해가면서 갈등이 생겨났다. 번부는 이 모순 속에서 외국열강과 협조를 통해 청조로부터 이탈을 도모하게 된다.

역설적인 것은 번부는 내지화를 꿈꾸는 청과 멀어지기 위해 번속관계를 부정하는 방향으로 나아갔지만, 조공국들은 열강의 침탈을 받으면서 속방(屬邦)을 이유로 중국이 보호해줄 것을 요청하며 번속관계를 고집해갔다는 점이다. 그러면서도 청조가 '조법'을 넘어서려고 할 때는 내정과 외교는 자주임을 내세워 저항했다.

| 참고자료 |

중국 외교관 쩡지쩌의 속국론

　　서양의 각 대국은 최근 중화의 속국을 침탈하는 데 급급하고 있다. 그 이유는 진정한 속국이 아니기 때문이라고 한다. 그러나 중국의 속국에 대한 대응은 그 국내정치에 관여 않고, 외교에 대해서도 불문하므로, 서양 각국이 속국을 대우하는 것과는 다르다. 그렇다고 해도 티베트와 몽골은 중국의 속지이지 속국이 아니다. 그럼에도 불구하고 지금까지 티베트에 대한 관할도 서양의 속지지배에 비해서 관대했다. 서양은 이곳을 단지 중국의 속국이라고만 칭하고, 내지의 성과 구별하고 있다. 그러므로 지금 (속지의—원인용자) 대권을 총람하여 천하에 보이지 않는다면, 장래 속지를 속국이라고 칭하고, 또 속국을 진정한 속국이 아니라고 칭하게 되어, 침탈의 위험이 있다.

　인용: 平野聰 2003, 49면에서 재인용.
　출전: 曾紀澤 「軍機處錄呈曾紀澤爲英遣馬科雷入京議通商事函及英國之西藏通商節略」(1885년 음력 9월 5일), 『元以來西藏地方與中央政府關係檔案史料匯編』, 1067~70면.

제2부

모색의 계절

제5장
개항 후 중국의 경제

 중국은 산업혁명 전의 전통경제로는 최고의 생산력을 자랑했다. 개항 후 중국은 근대경제가 도입되고 전통경제가 재편되었다. 중국경제의 근대화는 효율적이었는가? 이 장에서는 개항 후 중국경제의 변모를 추적하여, 타율적인 변형이 아니라 중국경제가 자율적·선택적으로 근대에 적응해나가는 과정을 살펴보도록 하겠다.

전통경제의 변용

 18세기 후반부터 영국에서 시작된 산업혁명은 19세기가 되면 가속도가 붙어 인류가 상상도 못한 거대한 생산력을 선물했다. 기간산업인 방적업은 이미 1825년, 1830년, 1838년에 3차례의 생산과잉에 의한 공황이 발생할 정도였다. 중국의 개항은 시장창출을 고대하는 영국 산업자본가들의 뜨거운 관심을 받았다. 난징조약 체결 시 영국 전권대표 헨리 포틴저 경(Sir Henry Pottinger)이 개선 연설에서 "랭카셔의 모든 공장으로도 중국 일개 성의 양말 재료를 다 못 댈 것"이라고 한 발언은 유명하다.

그러나 영국의 기대와 달리, 영국 면제품의 수출은 승전 이후 잠시 크게 상승했을 뿐 1840년대 후반에 오면 다시 하락하였고, 이후로도 태평천국운동 등 전란상황에서 크게 신장하지 못했다. 그 원인을 두고 영국은 중국의 무역개방이 미진하다고 여기고, 제2차 중영전쟁을 비롯해 무력개입을 통해 개항장 수를 늘리고 내지시장으로 침투를 시도했으나 커다란 성과를 거두지 못했다. 개항 이전 중국은 수공업으로 연간 6억 필의 면포를 생산, 소비했다. 그러나 난징조약을 체결한 지 60년이 지난 1902년에도 중국의 기계제 면포수입은 2천만 필에 불과했다.

개항 후 중국경제에 대해서 중국학자와 구미학자는 대체로 크게 상반된 두 입장을 취한다. 전자는 '제국주의'의 시장침투와 수탈로 중국의 전통경제는 붕괴하고, 새로운 근대산업도 발전할 수 없었다는 주장이고, 후자는 개항으로 비로소 기계동력에 기반한 근대산업이 도입되어 전통적 중국경제가 '근대화'될 수 있었다는 주장이다. 최근에는 이러한 '제국주의론'과 '근대화론'을 절충적으로 받아들여, 개항이 준 기회와 대가를 공평하게 평가하려는 노력도 있다. 앞서 대외무역에서 중국을 개항시켰던 영국의 의도와 전혀 상반되는 현상이 나타난 것에서부터, 중국경제는 세계경제로 더욱 깊숙이 편입되고 근대적 기술과 접하면서 주체적인 적응과정을 겪어갔음을 짐작할 수 있다. 개항 전이나 그 이후에도 세계 경지의 7%도 안되는 땅에서 세계인구의 4분의 1을 부양했던 중국경제의 생산력은 강하고 탄력적인 것이었다.

그 점을 대외무역의 구조변화에서 확인해보자. 각지의 내란을 진압하고 안정기에 들어선 1870년부터 신해혁명이 일어난 1911년까지의 40년의 무역을 살펴보면, 무역량은 수출입 모두 3배 가량 증가했는데, 급속히 늘어난 것은 1900년 이후이다. 1872~76년 사이는 무역흑자를 기록하기도 했으나, 1880년대부터 무역적자가 수천만 냥 단위로 늘어나 1900년대에는 1억 냥 가량으로 대폭 늘어났다. 대체로 1900년 이후는 무역규모도 확대되었지만 수입이 수출보다 빨리 증가한 결과 적자가 늘었음을 알 수 있다.

중요하게 지적해야 할 점은 1870년과 1910년을 비교해보면 수출입 품목이 크게 다양해졌다는 점이다. 이스트만(Lloyd E. Eastman)의 분석에 의하면, 수입품에서는 대종을 차지하던 아편과 면포가 각각 43%에서 12%로, 28%에서 14.7%로 줄어든 반면, 면사는 3%에서 13.6%로 증가했으며, 1870년에는 통계에 없었던 철도기재와 차량(3.8%), 석유(4.7%), 기계(1.5%) 등 생산재 관련 품목의 수입이 등장했다. 수출품의 경우, 1870년에 차(49.9%)와 견사, 견직물(38.8%)을 합해 88.7%를 차지하던 것이, 1910년에 가면 두 상품이 수출에서 차지하는 비중은 34.8%로 격감했다. 대신 종자유, 콩류, 피혁, 원면 등 수출상품이 다양화되었다. 개항 이후 서구 열강이 기대하고 중국인들이 우려했던 것과 달리 중국경제는 아편무역에 질식당하지도, 수입 면포가 시장을 독점하지도 않았다. 오히려 국내 면방적업의 원료가

표 3 중국의 대외무역(1870~1911) (지수기준: 1913년=100)

연도	해관 냥으로 계산한 무역액(1,000냥)				무역총액지수		무역량지수		순교역 조건
	수입	수출	계	차액	당시가	실제가	수입	수출	
1870	63,693	55,295	118,988	-8,398	12.2	—	25.9	33.3	76.5
1871	70,103	66,853	136,956	-3,250	14.1	—	28.1	39.4	75.9
1872	67,317	75,288	142,605	+7,971	14.6	—	27.9	43.3	71.1
1873	66,637	69,451	136,088	+2,814	14.0	—	27.3	39.1	70.8
1874	64,361	66,713	131,074	+2,352	13.5	20.7	31.5	40.1	62.8
1875	67,803	68,913	136,716	+1,110	14.0	21.0	33.8	42.2	65.3
1876	70,270	80,851	151,121	+10,581	15.5	21.6	36.3	42.8	54.4
1877	73,234	67,445	140,679	-5,789	14.5	21.9	36.1	40.8	65.2
1878	70,804	67,172	137,976	-3,632	14.2	20.5	34.9	41.4	66.3
1879	82,227	72,281	154,508	-9,946	15.9	22.0	40.8	43.2	63.9
1880	79,293	77,884	157,177	-1,409	16.1	23.7	36.2	47.2	69.7
1881	91,911	71,453	163,364	-20,458	16.8	23.3	40.8	43.5	72.8
1882	77,715	67,337	145,052	-10,378	14.9	21.3	36.4	45.9	76.7
1883	73,568	70,198	143,766	-3,370	14.8	22.0	35.0	47.2	75.1
1884	72,761	67,148	139,909	-5,613	14.2	21.1	34.5	50.6	83.6
1885	88,200	65,006	153,206	-23,194	15.7	23.1	40.5	47.6	83.3
1886	87,479	77,207	164,686	-10,272	16.9	24.2	35.3	54.2	91.4
1887	102,264	85,860	188,124	-16,404	19.3	28.4	41.6	41.2	62.4
1888	124,783	92,401	217,184	-32,382	22.3	34.3	50.3	43.6	62.7
1889	110,884	96,948	207,832	-13,936	21.3	31.4	44.0	45.2	63.0
1890	127,093	87,144	214,237	-39,949	22.0	32.4	54.8	42.0	59.8
1891	134,004	100,948	234,952	-33,056	24.1	35.5	60.8	47.9	56.1
1892	135,004	102,584	237,685	-32,517	24.4	34.9	59.9	49.8	58.8
1893	151,363	116,632	267,995	-34,731	27.5	38.8	59.4	57.2	67.0
1894	162,103	128,105	290,208	-33,998	29.8	40.3	45.3	60.1	91.1
1895	171,697	143,293	314,990	-28,404	32.4	45.6	45.8	66.3	96.4
1896	202,590	131,081	333,671	-71,509	34.3	47.6	53.2	56.4	91.0
1897	202,829	163,501	366,330	-39,328	37.6	47.6	49.7	61.6	85.7
1898	209,579	159,037	368,616	-50,542	37.9	45.1	51.3	63.4	91.2
1899	264,748	195,785	460,533	-68,963	47.3	50.9	69.2	62.5	68.5
1900	211,070	158,997	370,067	-52,073	38.0	43.7	49.5	54.9	82.3
1901	268,303	169,657	437,960	-98,646	45.0	55.5	62.5	59.8	85.4
1902	315,364	214,182	529,546	-101,182	54.5	56.1	70.9	65.1	82.6
1903	326,739	214,352	541,091	-112,387	55.6	54.0	65.1	59.8	85.5
1904	344,061	239,487	583,548	-104,574	59.9	60.6	69.2	64.0	94.1
1905	447,101	227,888	674,989	-219,213	69.3	62.5	96.6	62.5	89.8
1906	410,270	236,457	646,727	-173,813	66.4	66.4	95.3	64.6	83.2
1907	416,401	264,381	680,782	-152,020	69.9	67.2	88.7	67.1	84.3
1908	394,505	276,660	671,165	-117,845	68.9	62.7	72.7	73.0	101.4
1909	418,158	338,993	757,151	-79,165	77.8	70.1	77.1	92.9	105.1
1910	462,965	380,833	843,798	-82,132	86.7	85.0	79.2	102.9	111.7
1911	471,504	377,338	848,842	-94,166	87.2	82.3	80.9	102.1	111.7

출처 존 K. 페어뱅크·류광징 편 『캠브리지 중국사 11』 상, 김한식 등 옮김, 새물결 2007, 94~95면.

된 면사 수입과 생산재 수입이 늘어나고, 수출에서도 차와 비단과 같은 국제시장 변동에 예민한 몇몇 수출품에 대한 의존도는 낮아지고 시장여건 변화의 리스크를 절감할 수 있도록 품목의 다양화가 이루어졌다.

무역의 구성을 보면 중국경제는 새로운 시장상황에 대해 능동적으로 적응해가고 있었다. 이 점은 근대의 대표적인 산업인 면방적/방직업에서 잘 확인할 수 있다. 1840년경에 중국인은 인력만으로 매년 600만 담(擔) 가량의 면사를 생산하여, 총 6억 필의 면포를 소비했다. 기계로 면사를 방적하는 영국도 이 정도의 면사생산량을 가지게 된 것은 1860년 전후에 가서였다. 대표적인 면포생산지인 강남(江南) 쑹쟝부(松江府)는 최전성기에 4,500만 필 가량의 면포를 생산했고, 이 중 4000만 필이 시장에 유통되었다. 전국적으로도 6억 필의 면포 생산 중에 50%가 상품화되었다. 개항이 되자 먼저 영국산 면포가 밀려들었지만, 중국 국내의 수직 면포는 기계제 면포에 대항해 놀랄 정도로 경쟁력을 발휘했다. 중국 농민들의 노동복으로 쓰기에는 얇고 가벼운 영국제 기계면포보다는 두껍고 질기고 따뜻하며 결정적으로 저렴한 수공업 토포(土布, 토착 면포)가 더욱 환영받았던 것이다.

20세기에 들어와 샹하이, 톈진, 꽝져우 등 대도시가 발전하고 서구식 패션과 유행이 젊은 여성들을 중심으로 확산되면서 얇고 맵시있는 디자인이 가능한 기계제 면포의 수요도 차차 늘어났다. 하지만 대부분의 광대한 농촌지역은 여전히 수공업 토포가 지배하고 있었다. 중국 면포는 개항이란 기회를 이용해 영국으로 수출되기도 했다. 난징 부근의 농가에서 생산하는 토포인 난킨(nankeen)은 18세기에 양복지로 영국에 인기리에 수출되었다. 이 수직면포는 1830년대에 근대식 면포에 밀려 수출이 끊겼었다. 하지만 개항 이후 1890년경부터 유럽 수출이 다시 살아나 1920년대 초반에는 절정기를 맞아 연평균 380만 kg까지 수출이 증가했다.

 농촌수공업에 기반한 중국의 면직생산이 수입면포에 대해 경쟁력을 가지고 수출까지 할 수 있었던 것은 차별화된 시장수요 외에도 새로운 상황에 탄력있게 적응했기 때문이다. 사실상 원면을 실로 만드는 방적에 있어서는 이미 수방 면사가 가격과 질에서 기계면사를 당할 수 없었다. 그러자 중국 농촌수공업은 주로 인도에서 생산된 기계면사를 수입해서 옷감으로 짜서 팔았다. 이렇게 기계면사로 짠 이른바 신토포(新土布)는 이전의 면사 방적에 들어가는 품을 그만큼 절약함으로써 개항과 기계면사의 도입 이전보다 토포의 생산을 더욱 비약적으로 발전시켰다. 전통적인 산업은 개항 이후 달라진 시장상황에 대응해 선택과 집중을 통해 자생력을 유지했던 것이다.

 기계면사와 면포를 중국에 도입한 것은 영국이었지만, 중국은 개항을 통해 아시아 경제와 더욱 긴밀히 결합되었다. 면사 수입에서도 처음에는 영국 면사를 주로 수입했지만, 이후 값싼 인도 봄베이 면사가 영국 면사를 대체하였고, 1890년대부터는 일본의 기계면사 수입이 증가했다. 중국은 싼 기계 면사를 수입해 쓰는 대신, 중국 원면을 주로 일본 면사공장으로 대량 수출하였다. 면사 소비량에서 수입면사 비중이 1870년대 2%에서 1900년대 40%로 증가하는 한편, 수공업 면포 생산량은 1870년대 연평균 32억 야드에서 1900년대 37억 야드로 더 늘었다.

중국의 최대수출품인 비단과 차는 청이 멸망할 때까지 여전히 중요하기는 했지만, 개항 이후 부침이 있었다. 생사와 비단은 1880년대 이후 차를 대신해 최대수출품이 되었는데, 공장제생산이 점차 확산되어, 1899년 생사의 총수출량 가운데 증기제사장에서 생산된 생사가 40%를 차지했다. 생사 수출액은 1870~74년에 평균 2,500만 냥(무게로는 62,000담)에서 1925~29년 1억 4,100만 냥(173,000 담)으로 크게 증가했다. 한편 견직 수출은 230만 냥(5,000담)에서 2,900만 냥(33,000담)으로 늘었다. 견직 수출이 절정에 이른 1888년에는 전체 수출의 28%를 차지하기도 했다.

  사실 수출은 더 늘 수도 있었다. 그러나 중국생사는 수출시장에서 점차 일본생사에 뒤처지게 되었다. 미국에서 기계식 견직물 생산이 확산되면서, 생사의 질보다는 균일한 굵기를 더 중요하게 여기게 된 것이 그 이유였다. 기계 직포에서는 실 굵기가 균일하지 않으면 잘 끊어지기 때문에, 기계를 멈추어 생산효율에 차질을 빚지 않으려면 실의 질보다는 굵기가 일정한 것이 더 선호되었다. 일본은 산업화를 위한 외화획득을 위해 생사수출에 역점을 두었는데, 대규모 제사공장에서 주로 여성노동자를 이용해 생산하는 씨스템이었다. 그러다 보니 반(半)기계화된 대규모 공장에서 철저한 노무관리를 거쳐 생산된 생사는 품질을 일정하게 맞출 수 있었고, 미국시장의 수요를 더 잘 만족시킬 수 있었다. 이에 비해 중국의 생사는 선대제에 기반한 가내수공업으로 생산했기 때문에, 굵기가 일정하지 않았다. 수공으로 고급레이스를 생산하는 프랑스는 여전히 윤택이 나고 질이 좋은 중국 강남지역의 생사를 선호했고 중국산 고급비단에 대한 수요도 있었기 때문에, 1920년대까지 생사와 비단은 여전히 중요한 수출품이었다. 그러나 한층 중요한 미국시장에서 중국생사는 일본생사에 패퇴했으며, 고급시장 역시 1920년대에 레이온이 출현하자 급격히 사그라지게 된다.

차의 수출 역시 비단과 마찬가지로 1880년대 중반에 절정에 올랐다. 하지만 인도차와 실론차와의 경쟁에서 패퇴하면서 수출이 급감했다. 가장 중요한 원인은 수출 차의 질이 통제되지 않았다는 점이었다. 대규모 플랜테이션으로 관리되는 인도차와 실론차와 달리 개별농가에서 생산되는 차의 질은 관리되지 않았고, 농가와 수출업자들이 이물질을 섞어넣어 중량을 부풀리는 관행도 국제시장에서 중국차의 평판을 떨어지게 한 이유였다.

중국인구의 80%를 차지하는 농촌인구는 개항으로 더 빈곤해진 것 같지는 않다. 보수적인 통계로도 개항 후 각지의 반란이 진압된 1870년대 이후 중국의 생활수준은 떨어지지 않았다. 비단과 차의 수출이 호조를 보였던 1880년대는 중국 농민들에게 상당히 살기 좋은 시절이었던 것으로 보이며, 1880년대 이른바 동치중흥(同治中興) 전성기에 양무파들이 보인 '중흥의식'은 이러한 경제적 호황을 바탕으로 하고 있었다.

타이완학자 린만훙(林滿紅)은 세계 은생산량의 증가로 1856년부터 1887년까지 중국에 은이 대량 유입되어 경제적 호황을 불러왔고, 청조의 지배강화(반란의 진압과 동치중흥)가 나타났다고 주장했다. 미시적으로 보아도, 차와 비단의 수출 호조에서 나타나듯이 개항은 중국농촌에 광대한 세계시장을 열어줌으로써 경제적 기회를 제공하기도 했다. 그러나 차와 비단 모두 변화한 시장상황에 대한 적극적 대응이 국가 차원에도 개별농가 차원에도 이뤄지지 않은 결과 점차 시장이 준 기회를 잃고 말았다. 식량 생산능력에서도 그러하다. 중국의 농가는 17세기에 1헥타르에 2.3톤의 벼를 생산했는데 이 정도의 생산능력은 세계 최고라고 할 수 있다. 하지만 1930년대에 가서도 생산능력은 2.47톤으로 17세기와 거의 달라지지 않았다.

일본은 정부 차원에서 1890년대부터 종자개량, 관개설비 개선, 비료 등에 대한 과학적 투자를 시작했는데, 1899년 구경지정리법(舊耕地整理法)을 제정하여 농경지의 구획정리와 배수설비 완비, 경지개량을 추진한 것은 좋은 사례이다. 그 결과 시기는 좀 떨어지지만 1930년대에는 녹색혁명(Green revolution)이라고 할 정도로 농업생산성의 혁신적인 개선이 일어났다.

포머란츠(K. Pomeranz)는 20세기 초 화북지역을 분석하여 개항이 준 기회와 억압의 측면을 함께 다루면서, 성장하는 개항장 경제가 내지 지역에도 전국 시장과 국제적 시장에서 더 많은 이윤을 창출할 기회를 주었지만, 지역 내의 정치경제적 구조에 따라 성공적일 수도 있고 그렇지 않을 수도 있었다고 주장했다. 즉 개항 이후 중국경제는 업종에 따라 지역에 따라 성공과 실패가 달랐으며, 제국주의가 가져온 기회와 비용은 복합적이었다고 볼 수 있다.

근대기업의 성장

중국에 원동력을 사용하는 근대적 공장이 출현한 것은 외국인에 의해서였다. 법률적으로 1895년 전까지 외국인이 공장을 세우는 것은 불법이었지만, 이미 103개의 외국인 공장이 있었다고 추정된다. 이스트만에 따르면, 중국 최초의 근대적 공장은 1845~56년 사이에 중국에 출입하는 외국선박의 수리 목적으로 세워진 영국계 조선소이다.[24)] 조선업에 이어서 외국인이 투자했던 분야는 운송비를 줄이기 위해 수출용 원자재를 가공하는 공장이었는데, 주로 차를 찌고 말리는 공장이었다. 이외 개항장에 거류하는 외국인의 소비를 충족시키기 위해 중국인에게는 낯선 상품들의 제조공장이 들어섰다. 제과(1855), 맥주(1864), 유리(1882), 시멘트(1891), 성냥(1880), 담배(1902), 전구(1911)와 같은 근대적 상품이 중국 내에서 생산되기 시작한 것이다. 그러나 이들 공장과 생산품은 중국시장과 큰 상관이 없었고 영향도 끼치지 못했다. 당시 최대산업은 면업으로, 영국과 미국은 1860년대부터 현지에 공장을 세워 중국시장을 공략하려고 했으나 청조는 공장건설을 허

---

24) 로이드 이스트만 『중국사회의 지속과 변화』, 이승휘 옮김, 돌베개 1999, 232면. 이어 이스트만은 "규모가 큰 최초의 조선소(Boyd and Company, 和記洋行)가 상해에 설립된 것은 1863년이었다"라고 적고 있다. 그런데 화기양행(和記洋行)은 1860년에 설립되어 1877년에 주식회사(有限公司)로 개조한 오래된 양행으로, 초기에는 식품 위주의 사업을 벌였고 조선업에 관여한 흔적은 찾을 수 없다. 1863년은 홍콩 최대의 항만설비회사인 홍콩황푸도크주식회사(香港黃埔船塢有限公司)가 쟈딘 앤 메디슨 등 몇개의 양행에 의해 설립된 해로, 화기양행은 1969년에 이 회사의 지분 30%를 인수하여 최대주주가 된 뒤 1978년에는 두 회사가 합병하여 화기황푸주식회사(和記黃埔有限公司, Hutchison Whampao Ltd.)가 되었다. 후에 회풍은행을 거쳐 리쟈청(李嘉誠)의 챵쟝그룹(長江集團)에 인수되었다. 1863년에 홍콩황푸도크주식회사가 설립될 때 동시에 중국 꽝뚱성 쥬쟝(珠江) 황푸(黃埔)의 도크(船塢) 및 선박수리공장을 인수했는데, 이스트만의 기술은 아마도 이 홍콩황푸도크주식회사의 설립과 꽝뚱성 선박수리공장의 인수를 샹하이의 사례로 오해한 것이 아닌가 싶다.

락하지 않았다.

외자기업이 먼저 출발선을 끊었지만, 중국 최초의 대규모 근대식 공장은 국영기업이었다. 태평천국운동과 제2차 중영전쟁을 겪으면서 근대화된 서구식 병기의 우수성을 통감한 양무파 관료들은, 지방대관으로 부임한 후 먼저 군수공업을 중심으로 서구의 공업씨스템을 이식하려 했다.

그 효시는 1861년 쩡꿔판(曾國藩)이 안후이성(安徽省)에 세운 안경내군계소(安慶內軍械所)이다. 몇년 사이에 강남제조총국(江南製造總局, 1865년, 쩡꿔판/리훙장, 샹하이), 금릉기기국(金陵機器局, 1865년, 리훙장, 난징), 푸져우선정국(福州船政局, 1866년, 쮜쭝탕, 푸져우) 등 관영 군수공장이 차례로 건설되었다. 1861~94년까지 전국적으로 24개의 군수공장이 세워졌는데, 대부분 원자재를 수입하고 기술은 외국인에게 의지했다. 비용은 많이 들고 생산품의 질은 낮아 경영 자체로는 성공적이라고 할 수 없었다. 그렇지만 이후 10년 동안 양무운동의 산업투자는 군수공업에서 운수, 광산, 방직업 등 민수로 확장되었고, 경영 형태도 관영[官辦]에서 관료의 감독하에 상인 운영[官督商辦], 관료와 상인의 공동투자 운영[官商合辦] 등으로 다양화되었다.

1872년에 중국 최초의 기선회사인 윤선초상국(輪船招商局)이 설립되자, 기선 연료와 군수공장 연료로 석탄 수요가 증가하여 1870년대 중반부터 광산개발이 일어났다. 1894년까지 세워진 양무계통 광산기업은 38개였다. 하지만 경영에 성공한 것은 개평광무국(開平礦務局), 막하금광(漠河金鑛) 등 일부에 불과했다. 이어 근대적 방적·방직업이 성장하기 시작했다. 당시 면 방적·방직업은 최첨단의 가장 중요한 산업분야였고, 영국은 면업자본으로 세계를 제패했다. 양무파는 중국의 면제품 수입이 많고, 영국자본이 지속적으로 중국 현지에 방적공장을 세우려 시도하자, 이를 저지하고 직접 공장 설립에 나섰다.

중국 최초의 근대식 면방직공장은 리훙쟝이 매판 졍꽌잉(鄭觀應)과 관독상판으로 설립한 샹하이기기직포국(上海機器織布局)이다. 직포국은 1878년에 발기되었지만, 개업까지는 12년이나 걸렸다. 1890년의 부분 가동을 거쳐, 1891년에야 공장이 완공되고 방추 3.5만 추가 본격적으로 가동되었다. 리훙쟝은 졍꽌잉에게 1881년 '십년전리(十年專利)' 즉 10년간 다른 방적공장을 설립하지 못하게 독점권을 주었다. 1890년대가 되면 농촌에서도 거의 기계사를 사용할 정도로 기계사 시장이 커져 직포국은 큰 이윤을 얻을 수 있었다.

1891년에는 직포국 분국인 화신방직신국(華新紡織新局)이, 1893년에는 쟝즈뚱(張之洞)이 한커우(漢口)에 세운 후뻬이직포관국(湖北織布官局)이 조업에 들어갔다. 1893년에 직포국이 화재로 소실되자 리훙쟝은 생산설비를 6.5만 방추로 2배 늘려 새 공장을 짓고, 화성방직총국(華盛紡織總局)으로 이름을 바꾸고 전국 각지에 분국을 지을 계획을 세웠다. 화성방직총국이 1894년부터 가동에 들어가고, 민간 사창도 새로 설립되면서 중국에서 근대적 면방적업이 크게 흥성하게 된다. 공장은 대부분 샹하이에 집중돼 있었는데, 1895년까지 18만 추가 넘는 생산규모를 갖추고 있었다.

주로 국가 주도로 근대식 공장이 들어선 중국의 경제지형에 큰 변화를 몰고 온 것은 청일전쟁과 시모노세끼조약이다. 일본은 그간 중국에서 방적공장 설립을 도모하던 영국의 요구를 받아들여, 시모노세끼조약 제6조 제4항에 개항장에서 외국인이 제조공장을 설립할 권리를 끼워넣었다. 이 조약이 체결되고 2년이 지난 1897년까지 샹하이에는 영국자본 2개 공장, 미국자본 1개, 독일자본 1개 공장이 일제히 설립되었는데, 생산능력은 16만 추로 당시 중국자본 방적공장의 전체 보유 방추수에 필적했다. 외국자본의 투자에 자극을 받고 청조가 민간의 공장설립을 자유화하자 민영 방적공장이 크게 늘어났다. 1896년에서 1899년까지 3년 사이에 중국자본의 방적공장은 보유 방추수가 35만 추로 배증하고, 공장의 분포 역시 샹하이 이외에 강남델타 전역으로 확산되었다.

그런데 이처럼 갑자기 방적공장이 늘어나자, 면사의 가격은 과열경쟁으로 폭락하고 원료인 면화가격은 폭등하는 현상이 일어났다[花貴絲賤]. 중국자본의 방적공장은 판매시장을 주로 토포를 생산하는 강남델타의 농업농가로 한정하고 있었고, 원료도 화북 면화에 의존하고 있었기 때문에, 판로와 원료 조달에서 국제시장을 활용하지 못했다. 1900년 이후 공장설립은 중단되었다.

그러다가 또 한번의 기회가 1905년경에 찾아왔다. 1904년경부터 은값이 올라가고 동전값이 내려가면서 수입 면사 가격이 급등하자 중국산 면사가 강남델타를 넘어서 전국 시장으로 진출해 수입 면사를 대체하기 시작한 것이다. 1905년에는 반미(反美) 보이콧운동이 전국적으로 일어나면서, 미국 면사 대신 국산품의 이용이 크게 늘었다. 게다가 러일전쟁(1904~1905)으로 동북지역에 면포 특수가 형성된 것도 경기호황을 도왔다. 판로가 호조를 보이자 1905년에 다시 방적공장이 신설되기 시작했다. 1911년까지 공장수는 18개에서 30개로, 방추수는

54만 추에서 75만 추로 급증했다.

면 방적·방직업을 중심으로 근대식 공장 설립은 민간으로 확산되었다. 1895년에서 1913년까지 중국인 자본으로 신설된, 기계동력을 사용하는 제조업체 및 광산업체 수는 549개로 추정한다. 이 기간 중에서도 1905년에서 1908년의 4년 사이에 238개 기업이 집중적으로 창업했다. 549개 회사의 업종분포를 보면, 섬유(160개)가 약 30%로 수위를 차지하고, 식품가공업(125개)이 23%였다.

그러나 규모는 영세해서 절반 이상이 초기자본금 10만 위안(元) 미만이었고(549개 중 303개), 10만 위안 이상 자본금인 회사(246개)의 평균 자본금도 43만 2천 위안으로 중국에 설립한 외자 및 합자기업 평균금액인 75만 8천 위안에 비하면 크게 못 미쳤다. 외자와 중국인 자본을 모두 합해서 기계동력을 사용하는 기업의 자본금 총액은 2억 위안 전후로 추정된다. 한편 근대산업에 투하된 자본 전체에서 외국자본이 차지하는 비중은 1913년 기준으로 제조업 42%, 광업 50%, 철도 95%, 항운업 74%였다.[25]

이상의 과정을 정리해보면 중국의 경제적 근대화는 양무파 관료에 의해 주도되었다가, 1895년 시모노세끼조약을 계기로 민간에까지 확산되었고, 조정국면을 거쳐 1905년에서 신해혁명 전야까지는 도시에 근대적 투자와 부르주아계층의 대두가 현저했음을 알 수 있다. 여기에서 몇가지 검토할 문제가 있다.

---

25) 이상의 통계에 관해서는 『캠브리지 중국사』 11권(상)의 표 11 및 표 12 참조. 1913년의 외국자본 비율은 하자마 나오키 등(1999), 143면 참조.

첫째로 양무운동 시기 산업투자에 대한 평가이다. 양무운동으로 중국인에 의한, 기계동력을 이용한 근대식 공장이 최초로 각 분야에 도입되었다는 점은 높이 평가해야 마땅하다. 또한 후에 성장한 민간기업과 비교할 때 관영이었기 때문에 자본규모가 큰 투자가 이루어질 수 있었다. 이처럼 중국이 국가 주도의 산업화를 구상했다면 일본의 전략은 좀 달랐다. 일본은 국가가 제도적으로 민간투자를 장려하는 모델을 채택했다. 메이지정부 역시 1870년대까지는 식산흥업(殖産興業) 정책으로 관영기업 위주의 발전전략을 구사했으나, 재정적 곤란과 인플레이션으로 성과가 두드러지지 않자, 과감하게 관영기업을 민간에 불하하고 긴축재정을 통해 물가안정을 추구하는 방향으로 선회했다. 이 과정에서 관과의 유착관계가 생성되고 특혜기업이 독점재벌로 발전하기도 하지만, 기본적으로 민간자본이 산업투자를 주도하되 정부가 정책적으로 투자부문을 유도한다는 전략은 변하지 않았다.

기계화에 대한 적극성은 어떨까. 일본은 산업화에 필요한 외화획득을 생사수출을 통해 확보했는데, 1872년 프랑스에서 기계를 수입해와 토미오까제사공장(富岡製絲工場)을 설립함으로써 제사업에서 먼저 규모화, 기계화를 추진했다. 1883년에는 시부사와 에이찌(澁澤榮一)가 기계화한 면방적공장인 오오사까방적주식회사(大阪紡績株式會社, 방추수 약 1만 개)를 주야 2교대의 노동방식으로 운영하여 큰 성공을 거두자, 이후 대규모 기계식 민간 방적회사 설립 붐이 일어났다. 그 결과 1890년에는 생산과잉으로 인한 공황이 일어날 정도가 되어 국내산 면사가 수입 면사를 완전히 대체하고, 중국으로의 면사 수출을 개시하게 되었다.

이와 비교한다면 샹하이기기직포국(上海機器織布局)은 1878년에 오오사까방적주식회사보다 3배나 큰 규모로 5년이나 일찍 기획되었으나, 결국 완공은 1890년대에 들어서야 이루어졌다. 이 10여년 동안 일본은 민간자본 투자를 유발하여 단기간에 면방적업을 성장시켰다. 나중에 중국 기계 면방적업이 부흥하려 했을 때는 이미 시장에서 일본면사와 경쟁해야 했던 것이다.

둘째로 중국 민간자본의 역량에 관해서이다. 일본과 비교하자면 중국의 경우, 근대적 제조업에서 외국자본이 업종에 따라 절반 가량에서 9할 이상의 높은 비중을 차지했으며, 외자와 비교해서 중국 민간기업의 평균 보유자본은 절반 정도에 불과했다. 근대적 산업부분에 투자되는 중국 민간자본은 적었고, 대자본의 투자는 더욱 제한적이었던 것이다.

그렇다면 일본보다 중국이 자본이 부족해서 산업분야에 투자가 적극적으로 이루어지지 않았던 것인가? 그런 것 같지는 않다. 일본에서 정부가 민간자본의 산업투자를 적극 장려했던 것과 달리, 중국은 지방에 거점을 둔 양무파 관료들이 양무계 기업의 이윤확보를 위해 민간공장의 설립을 불허하거나 독점시켰다. 리훙쟝이 정꽌잉에게 보장해준 10년 독점권이 바로 그러하다. 민간회사 설립이 자유롭게 된 때에도 상대적으로 순수 민영기업에 대한 투자는 적었다. 중국인 자본은 관의 비호가 가능한 특혜기업이나 관독상판 기업에 몰리는 경향이 있었고, 외국인 회사에 투자한 중국인 대주주도 많았다. 1912년 농공상부에 등록한 제조업의 자본금 총액은 5,480만 4천 위안이었는데, 같은 해 전장(錢莊)과 전당포의 총 자본금은 1억 6485만 4천 위안이었다. 중국의 유휴자본은 적지 않았으나, 산업에 투자하기보다는 고리대와 토지에 투자되는 경향이 강했다.

가장 큰 원인은 제조업에 안정적 투자를 할 수 있는 환경이 조성되지 못했던 때문이었다. 당시 중국은 산업에 친화적인 국가정책이 부재하고 경제가 정치의 영향을 크게 받았다. 뿐만 아니라 공상업 투자를 장려하는 이념적 교육도 미약했고, 근대적 회사의 설립과 운영에 대한 법률적 장치는 갖춰지지 않았다. 일본은 막말 후꾸자와 유끼찌(福澤諭吉)가 『서양사정(西洋事情)』에서 서구식 주식회사를 처음으로 소개했는데, 메이지유신 이후 1873년 설립된 제일국립은행(第一國立銀行)을 최초의 정식 주식회사로 본다. 이후 1878년에는 증권거래소가 설립되었고, 1893년에는 회사법이 시행되었으며, 1899년 상법을 개정하면서 유한책임에 대한 법률적 보증이 이루어졌다. 중국은 1904년 독일을 모방하여 공사례(公司例)와 파산례(破産例)를 반포하였으나 실행되지 못했고, 중화민국 시기에 가서도 상법을 민법에 포함시켜 따로 상법을 제정하지 않았다. 이외에 기계화된 노동에 숙련된 노동자를 공급할 수 있는 기초교육이나 관세보호정책 역시 수반되지 못했다.

국가의 민간자본에 대한 태도가 공업발전에 미친 영향은 중국의 제사업에서도 확인할 수 있다. 1872년 화교 천치위안(陳啓源)은 꽝뚱성 남하이현(南海縣)에 중국인으로는 최초로 민간자본 기계제사공장인 계창융제사공장(繼昌隆繰絲廠)을 설립했다. 시기적으로 일본과 거의 차이가 없는데, 이윤 역시 높아 경영은 호조였다.

그러나 보수적인 신사층들은 여공의 채용, 기계소음과 공장의 굴뚝을 문제삼아 반대했고, 경쟁관계에 있는 수공 제사농가는 실업을 우려해 잦은 소요를 일으켰다. 기계사의 번창으로 수제사의 생산이 감소하자, 이번에는 수제사를 이용해 소규모로 견직물을 생산하는 직조공들의 불만이 고조되었다. 1881년에는 직조공들이 폭동을 일으켜 공장을 파괴하여, 정상 조업이 어렵게 되었다. 당시 청조 지방관인 지현(知縣)은 치안을 이유로 공장을 폐쇄시켰기 때문에, 결국 공장은 마카오로 이전했다가 후에야 복귀할 수 있었다. 꽝뚱성의 기계 제사업은 굴절을 겪으면서도 꾸준히 발전하여 1900년에는 수출량에서 기계제사가 수공제사를 초과할 만큼 발전했다.

그렇지만 계창융제사공장[繼昌隆繰絲廠]의 설립과 같은 해인 1872년 일본에서는 메이지정부가 프랑스 기술자와 기계를 도입하여 세계 유수의 규모로 토미오까제사공장(富岡製絲工場)을 건설하고 300여 명의 여공을 투입해서 생산에 들어갔다. 기계뿐 아니라 동력도 원동기를 사용한 생산이었다. 토미오까제사공장을 계기로 1870년대에 민간 제사업의 대형화, 기계화가 급진전된 것에 비하면, 꽝뚱성의 제사업은 1900년대에 들어서도 소자본에 불과했다. 꽝뚱을 제외한 양쯔강 유역과 화북지역에도 증기제사업이 성황을 이루지만 모두 소규모였으며 1910년에 가서야 수공제사에 필적하게 되었다.

경제인프라의 형성

스키너(W. Skinner)의 분석에 따르면 20세기 초 중국에는 약

63,000개의 표준시장이 있었다. 최하층의 표준시장에서 상위시장까지는 중간상인들이 매개하고 있었고, 거래 결제를 돕는 전통적인 금융기관으로 표호(票號)와 전장(錢莊)이 있었다. 중국은 광활하여 원거리 거래는 운송비가 많이 들기 때문에, 19세기 중국 전체 교역의 3/4 이상은 지방 차원의 소규모 거래였다고 한다. 중국 내의 장거리 유통은 유럽에 비교하면 국제무역 규모의 상품유통이었던 것이다. 따라서 통합적 국내시장을 창출하기 위해서는 운송비와 시간을 절약할 수 있는 철도, 도로, 전신 등의 근대적 경제인프라가 갖춰져야 했다.

중국은 일찍이 문서행정이 발달하여 육로의 역사가 깊다. 하지만 전통적인 '로(路)'는 일륜차가 통과할 수 있는 정도의 폭에 지나지 않았다. 자동차가 통행 가능한 길, 즉 도로에 대한 개념이 생겨난 것은 청대 말기이다. 중국어로는 '공로(公路)'라고 불리는 도로는 신해혁명까지 거의 부설되지 않았는데, 중화민국 시기에 들어와서도 발전은 느렸다. 1930년대에 들어와서야 난징 국민정부에 의해 공산당과 군벌 진압의 군사적 목적으로 군용도로가 대거 부설되었다. 1935년까지 총 연장 10만km 정도의 도로가 부설되었다. 육로의 발전이 더뎠던 이유는 중국의 교역이 전통적으로 수로 중심이었기 때문이다. 육로 운송비는 수운의 2~5배나 되었다.

중국의 수운을 지배한 것은 바닥이 평평한 중국식 목조범선인 정크선이었다. 그리고 근대에 들어서서 기선이 등장했다. 1862년 미국기업(Russell & Co., 旗昌洋行)이 중국 내 수운시장을 겨냥하여 기창윤선공사(旗昌輪船公司)를 설립하였고, 뒤이어 영국계 해운회사가 설립되었다. 개항장과 개항장 사이, 그리고 중국의 개항장과 세계 각지의 항구를 이들 기선회사가 연결했고, 양쯔강의 내지수운에도 진출하였다.
중국자본으로 설립된 최초의 기선회사는 1873년에 리훙장의 주도로 설립한 윤선초상국으로, 청말에는 민간 기선회사도 설립되었다. 샹하이자본가 위챠칭(虞洽卿)이 1909년에 설립한 영소공사(寧紹公司)가 한 예이다. 기선통행을 위해 등록한 배의 수는 1903년 614척에서 1913년 1130척으로 크게 늘었는데, 이중 중국선이 936척, 외국선이 194척이었다. 숫자는 중국선이 더 많지만, 외국선은 대형 기선이 많았기 때문에 자본으로 보면 항운업의 74%가 외국자본이었다.

그렇기는 해도 중국의 전통적인 수송기관인 범선, 즉 정크선 역시 기선의 발달에 압살되지 않고 동반성장하였다. 기선은 수심이 깊지 않으면 운행할 수 없기 때문에 기선의 운행 가능 수로는 4천 마일이었지만, 정크선으로 운행 가능한 수로는 27,000마일이었다. 따라서 기선회사가 주요 개항장 사이를 연결했다면 내륙수운은 정크선에 크게 의지했다. 황허, 양쯔강, 쥬강(珠江) 같은 대표적인 내륙하천들은 건기와 우기에 따라 수심의 차이가 심하고 물살이 거친 곳이 많아 기선이 대체할 수 없는 정크선의 틈새시장이 많았다. 더구나 전반적인 교역확대로 운송량 자체가 많아지면서 기선과 정크선이 동반 상승할 수 있는 시장이 존재했다. 정크선은 1930년대에도 수상운송의 80%를 지배했으며, 20세기에 정크선의 숫자는 19세기 말보다 세 배 이상이나 증가했다.

철도는 기선보다 반발을 크게 받으며 도입되었다. 1825년에 영국에서 스티븐슨이 처음으로 철도의 실용화에 성공한 이래 동아시아에는 50여년 뒤에야 소개되었다. 중국에서 실제 운행을 한 철도는 1876년 영국회사가 부설한 샹하이-오송(吳淞)간 철도인데, 풍수에 안 맞는다는 등의 반대에 부딪혀 곧 철거되었다. 5년 뒤 1881년 리훙쟝의 건의로 석탄 운송을 위해 탕샨(唐山)에서 톈진 쉬꺼좡(胥各莊)까지 철도가 부설되었다. 중국인에 의한 최초의 철도이다. 1887~93년 사이에는 류밍촨(劉銘傳)의 건의로 지룽(基隆)-신쥬(新竹)간 전장 100여km의 철도가 타이완에서 부설되기도 했다.

그러나 그 이후로도 정부는 풍수상의 이유, 군사상의 이유로 철도 부설에 적극적이지 않았다. 1900년 이후에야 외국의 철도부설권을 비롯한 이권침탈이 강화되면서 철도 부설이 크게 늘기 시작한다. 1912년까지 부설된 철도는 영업거리가 약 9,468km로 이중 39.3%가 외국경영이었으며, 중국의 크기에 비해서는 미미한 수준이었다.[26]

일본 최초의 철도는 1872년에 개통한 토오꾜오-요꼬하마간 철도이다. 1867년 에도막부가 미국에 토오꾜오-요꼬하마간 철도 부설에 대한 면허를 내주었으나, 메이지유신 후 이를 각하하고 영국의 기술원조를 받아 자력으로 부설하였다. 이 회사의 이윤이 컸기 때문에 이후

---

26) 久保亨 1991, 55면의 표 II-1-1. 또다른 책에서는 嚴中平 외 『中國近代經濟史統計資料選輯』(科學出版社 1955)을 인용하여 1912년 철도 총연장으로 9,600km라는 수치도 제시되고 있다(하자마 나오키 등 1999, 47면 도표 1-6). 1913년 자본총액에서 철도의 95%가 외국자본이라는 기술도 보여(같은 책 143면), 쿠보 토오루의 수치와는 차이가 있는데, 그는 宓汝成 『帝國主義與中國鐵路, 1847~1949』(上海人民出版社 1980)의 통계를 인용했다. 외국자본과 외국경영의 정확한 의미가 분명치 않고, 1912년과 1913년의 차이가 있으나 백분율의 차가 큰 것은 변함없다. 여기에서는 신해혁명 이전의 통계가 더 충실하게 정리되어 있고 최근 연구서를 이용한 쿠보 토오루의 수치를 이용하겠다.

민간의 철도 투자붐으로 이어져, 1880년대 말까지는 전국 주요 간선이 완성되었고, 1900년까지 총연장 7천km의 철도가 부설되었다. 처음에는 기관사도 외국인이었으나 수년 만에 일본인 기관사를 배출하고, 1907년에는 레일의 국산화, 그리고 1911년에는 1893년부터 단계적으로 국내 제작에 성과를 거두어왔던 증기기관차의 국산화에 성공한다.

전신은 상대적으로 순조로웠다. 1871년에 외국회사가 홍콩-샤먼(아모이)-샹하이, 샹하이-나가사끼 해저전선을 설치한 후 런던을 중심으로 한 전신망에 연결되어 국제선이 앞서서 완성되었다. 그러나 국내선은 1874년에 일본의 타이완 침공을 겪으며 남양대신(南洋大臣) 션빠오젼(沈葆楨)이 가설을 주장했으나 반대에 부딪혀 좌절되고 말았다. 1879년 리훙쟝은 해방(海防) 강화를 위해 따꾸(大沽)와 톈진 사이에 전선을 시험가설한 후 청조의 비준을 얻어 1880년 톈진에 전보회사로 전보총국(電報總局)과 기술인력을 배양할 톈진전보학당(天津電報學堂)을 세웠다. 1881년에 샹하이-톈진 육로 전신선이 가설되고 1884년에는 연안지역의 전신망이 완성되었다. 1891년에는 후난성을 제외하고 본토 18성과 동북 3성에 모두 전신이 부설되었다. 무선전신은 1908년에 시작되었는데 실용화는 중화민국 시기에 가서였다.

일본은 거꾸로 국제선은 샹하이까지 들어온 국제선 케이블이 나가사끼에 들어온 1871년에야 해외정보 써비스를 받을 수 있었지만, 그 전해인 1869년에 토오꾜오-요꼬하마 사이에 전신을 개통하고 써비스를 시작했다. 1873년까지는 전국의 광역전신망이 대체로 개통되었다. 1844년 미국에서 모스에 의해 송신실험이 성공한 지 30여년 만이다.

전화는 벨이 전화기를 발명한 이듬해인 1877년에 일본에서 토오꾜오 -요꼬하마 사이에 시험적으로 가설되었고, 1890년에 가서 상용전화 써비스가 시작되었다. 중국은 1881년에 샹하이 조계에 처음 개설되었으며, 장거리전화는 1905년 뻬이징-톈진간 전화선 개설이 최초이다.

통신망의 정비를 살펴보면, 수용시기에 있어서 중국은 일본과 별 차이가 없었다. 그러나 수용태도에 있어서는 큰 차이가 나타났다. 리훙쟝, 류밍촨(劉銘傳)과 같은 일부 개명한 양무파 관료의 노력은 번번이 조정의 반대에 부딪혔다. 타이완의 경우 푸젠순무(福建巡撫) 띵르챵(丁日昌)이 1876년에는 철도 개설을 상신하고, 1877년에는 전보국 영업을 개시했으며, 1888년에는 류밍촨이 우정제도를 실시했는데, 띵르챵의 철도 개설 의견은 받아들여지지 않아 류밍촨이 타이완순무로 부임한 후에야 추진되었고, 전보국 영업과 우정국 운영은 개설 당시 중앙정부의 허가를 받지 않은 것이었다. 비교적 성공적이었던 리훙쟝의 전신총국은 영업이 호조였는데, 청조는 이후 유료였던 1급 관보(官報)의 전보 발송비용을 무료화시켰다. 그 결과 관보의 발송업무는 계속 늘어난 반면, 상업전보 업무량은 아주 적어 전보총국은 손실이 누적되어 채무에 허덕이게 되었다.

국가의 인프라 정비에 대한 소극적 태도는 중국의 경제성장에도 부정적 영향을 미쳤다. 다음으로 공업건설과 마찬가지로 민간자본의 배제가 두드러졌다. 자본이 부족한 만큼 민간자본을 활용한 인프라 건설이 바람직했음에도, 중국의 경우 지방 양무대관들에 의해 각종 통신사업이 추진된 결과 국가자본을 이용한 독점적 경향이 강했다.

개항 당시 중국경제는 자력으로 '근대화'를 할 수 있는 조건을 갖추고 있었다. 국내의 여러 반란들이 진압된 1870년대부터 1880년대까지 중국은 상대적으로 정치적 안정과 경제적 호황을 누렸으며, 전통경제는 개항을 통해 새로운 경제적 기회를 얻고 있었다. 그러나 상대적 안정으로 위기의식이 약화되었기 때문에, 경영혁신이나 근대적 기술의 도입과 같은 새로운 돌파구를 만들지 못했다. 1890년대 이후 근대적 상품의 침투가 가속화되고 20세기 들어와 정치적 침탈까지 가세하면서 중국 전통경제 중에 적응하지 못한 비단, 차와 같은 분야는 국내시장에서도 세계시장에서도 경쟁에서 뒤떨어졌다. '세계화'와 '근대화'가 이왕 피할 수 없는 대세였다면, 전반기 10여년의 유예는 오히려 중국 경제를 빠르게 변하는 세계경제의 흐름 뒤쪽으로 뒤처지게 만들었다고도 볼 수 있지 않을까.

공업화에 있어서도 마찬가지이다. 국가재정 규모나 민간자본의 규모에서 중국의 사례는 결코 절망적일 정도로 뒤떨어져 있지 않았다. 1890년대 중국의 재정규모는 1억 냥 가량으로 일본의 재정규모보다 25~30% 가량 많았다.[27] 국가재정 중 현금이 30만 냥에 불과했던 한말 조선에 비하면 말할 것도 없다. 민간자본 역시 고리대와 금융기관에 축장되어 있는 현금자본과 다양한 상업자본, 현금화되지 않은 토지자본을 시야에 넣으면 방대한 재원이 있었다.

그렇지만 국가자본을 투여한 관영기업의 경우 경영이 효율적이지

---

[27] 근대적 예결산이 실시되지 않은 청대의 국가재정 규모를 추정하는 것은 어려운데, 경제사가 포이어워커는 여러 연구를 참조한 뒤 청조 하반기 세수입 총액을 약 2억 5,000만 냥, 중앙정부의 세수를 1억 냥으로 잠정적으로 추산했다(앨버트 포이어워커 2007, 118~19면).

못했고, 추진 역시 정치적 요인 등에 가로막혀 제때에 이뤄지지 못해 사업의 호기를 놓쳤다. 일부 관료엘리뜨들은 근대화에 의지를 가지고 노력했지만, 기본적으로 자신이 관할하는 지역의 이해와 세력기반의 강화와 연결지어 사고했고, 중앙정부는 전체적인 개발의 청사진을 가지고 있지도 않았으며 오히려 지방세력의 강화를 염려해 방해하는 역할을 하기도 했다. 양무운동으로 건설된 근대산업은 그 자체로 의미가 없었다고 할 수 없으나 역량을 제대로 발휘할 환경이 갖춰지지 않았다고 보아야 할 것이다. 20세기 중반까지도 중국의 대표적인 근대적 기업은 대부분 양무운동 시기에 설립한 관영기업들이었다.

중국경제의 근대화는 의지는 있었으되 효율적이지 못했다. 타이완 학자 린만홍(林滿紅)의 주장처럼 중국경제는 거대한 세계경제의 규칙 속에 규정당한 측면이 있을지도 모른다. 그러나 내재적으로 자발적 산업화와 경제혁신의 계기를 찾지 못하고, 세계화와 근대화라는 환경에 적응하는 과정에서 국가의 정책적 개입이 부재했다는 요인을 좀더 중요하게 평가해야 한다.

제6장
모던 샹하이

 개항 후 중국의 경제지리는 크게 바뀌었다. 그중 중국 최대의 무역항이자 상공업도시로 발전해나간 샹하이는 동아시아 전역에 서구의 근대적 상품과 문화를 공급하는 메트로폴리탄이었다. 후진 빈곤국으로 추락하고 있던 중국과 대조적으로, 샹하이는 동아시아의 유통 허브로 비약적으로 성장했다.
 이 양자의 대조적인 모습은 중국 근대사가 내포한 질곡과 가능성을 상징하기도 한다. 이 장에서는 샹하이의 발전사를 더듬어가면서, 신시대를 준비하는 중국의 새로운 역량과 주체의 출현을 모색해보고자 한다.

개항과 샹하이

개항과 함께 주요 개항장에 외국인의 거주지인 조계(租界)가 설치되면서, 중국에는 '화양잡거(華洋雜居)' 즉 중국인과 외국인이 섞여서 거주하는 현상이 나타났다. 조계라는 공간은 불평등조약 체제하 주권 상실의 표상이기도 했으나, 외부 자극을 수용하는 공간이자 다국적 다문화 지대이기도 했다. 개항장을 중심으로 수출입 무역이 재편성되자 공업과 대외무역에서 중심지의 이동이 발생했다. 중국 전체의 경제지도는 크게 변화하게 되었다. 개항장은 무역을 목적으로 인위적으로 개발되었고, 서양문화의 유입으로 독특한 도시풍경을 만들어냈다.

그 대표적인 사례가 중국 최대의 상업도시 샹하이(上海)이다. 양쯔강이 바다로 흘러들어가는 입구에 위치한 샹하이는 남송(南宋) 1267년에 샹하이진(上海鎭)이 설치된 후 700년 전에 현(縣)으로 승격하였다. 상업적으로 양쯔강을 주축으로 하는 수운의 거점으로 발전했으나 강남의 중심은 어디까지나 쑤져우(蘇州)였다. '작은 쑤져우[小蘇州]'라 불렸던 샹하이는 전국 1,300여개 현 중의 하나에 지나지 않았다.

개항 당시 샹하이 인구는 농촌을 포함해 50만 가량으로 총면적은 600km에 불과했다. 그러던 것이 1842년 난징조약으로 샹하이의 개항이 결정되어 1843년 11월에 조약항으로 개방된 후 인구가 급격히 증가하기 시작했다. 태평천국운동 때 난민이 대거 유입된 것을 계기로 20세기 초에는 100만을 돌파해 신해혁명 직전인 1910년에는 약 130만 명이 거주하는 대도시가 되었다. 이중 외국인의 수도 1843년 26명에서 1910년에는 15,012명으로 늘어났다.

1842년 난징조약으로 개항된 항구는 샹하이 외에도 꽝져우, 푸져우(福州), 샤먼(厦門), 닝뽀(寧波) 등 모두 다섯 개 항구였는데, 가장 발전한 것이 샹하이이다. 꽝져우가 대외무역의 독점창구로 이미 거대도시였던 것에 비해 시진(市鎭)에 불과했던 샹하이가 중국 최대 상업도시로 발전할 수 있었던 동력은 유리한 입지조건이었다. 샹하이는 면직물 산지와 쌀 산지인 강남에 위치하면서 중국경제의 중심인 광대한 양쯔강 유역을 배후지로 끼고 있었다. 또 바다에 면한 항은 아니지만, 황푸강(黃浦江)이라는 하천에 면해 있어 바다로 쉽게 통했고, 양쯔강까지의 4km는 안정된 항만설비가 구비되어 있었다. 양쯔강과 대운하의 교차지대로 대외무역항의 가능성을 가진 교통요지였던 것이다.

  때문에 초기 샹하이의 성장을 견인한 것은 대외무역의 발전이었다. 개항 후 6년 만인 1850년에 샹하이는 아시아 4대 항구가 되었으며, 1850년대 중반 샹하이 대외무역 총액은 꽝져우의 2배를 넘어서 줄곧 중국 최대의 대외무역항 자리를 유지했다. 신해혁명 당시 샹하이의 대외무역액은 전국 총액의 절반을 차지했다. 샹하이의 주력 수입품은 아편·면제품·서양 잡화이며, 수출품의 주종은 생사와 차였다. 생사는 배후지인 강절(江浙, 쟝쑤와 져쟝)지역 농촌에서 유입되었고, 차는 멀리 푸젠, 쟝시, 안후이 등에서 실어왔다. 대외무역량의 증대는 자연스럽게 샹하이와 중국 타지역간 상품교역의 확대로 이어졌다. 1910년에 샹하이에 출입한 선박은 1871년에 비해 선박수로 13배, 톤수로 10배나 증가하게 되었다.

  샹하이의 성장은 이에 그치지 않았다. 대외무역의 중심으로 성장하고, 이에 동반한 국내무역의 확대로 상업이 발달하고 교역인프라가 갖춰지게 되자, 다른 제조업·금융업·근대공업 역시 연쇄적으로 발전하기 시작했다. 이에 박차를 가한 것은 청일전쟁으로 맺은 시모노세끼조약이었다. 샹하이에는 외자에 의한 근대공업 투자가 크게 늘어났다. 1895~1911년 사이 창립한 10만 위안 이상 외자기업 중에 샹하이가 전국에서 점하는 비율은 기업수로 45%, 자본금액으로 43%이었다. 중국인 민간자본 공장은 25%가 샹하이에 집중되어 있었다.

다른 개항장에도 조계는 있지만, 샹하이 조계는 행정·사법·경찰권이 외국인에게 위임된 독특한 공간이었다. 1845년 영국 영사와 샹하이 도대(道臺, 샹하이의 책임 장관) 사이에 제1차 토지장정이 체결되어, 샹하이 현성 북쪽에 최초로 영국조계가 설치되었다. 이때 조계지에 대한 영구적인 조차(永久租借)와 중국인과 외국인의 거주 분리(華洋分居)가 결정되었다. 이어 1848년에는 미국조계, 1849년에는 프랑스조계가 각각 설치되었다.

그런데 1850년에 태평천국운동이 일어나고, 1853년 9월에 '반청복명(反淸復明)'의 비밀결사인 소도회(小刀會)가 샹하이에서 무장봉기를 일으키는 사건이 일어나면서, 중국인 난민들이 조계로 몰려들게 되었다. 그 바람에 조계에 거주하는 중국인 수가 크게 늘어나는데, 1853년 초 500여 명이던 것이 1년 뒤에는 2만 명을 넘어서게 되었다. 거주자의 성분도 초기에는 외국인의 하급고용인이 대부분이었지만, 뒤로 가면 난을 피해온 중국 자산계층의 유입이 크게 늘어난다. '화양분거(華洋分居)'가 전란이라는 계기로 '화양잡거(華洋雜居)'로 바뀌고만 것이다.

조계의 외국인들은 난을 피해 조계로 들어온 부유한 중국인들을 대상으로 가옥을 임대해서 상당한 수익을 얻었을 뿐 아니라, 조계 인구의 증가에 따라 부동산 가격이 급등하여 막대한 이익을 얻었다. 이렇게 되자 정부의 방침과 달리, 중국인과 외국인 모두가 잡거의 허용을 요구하게 되어 결국 양측 정부도 조계내의 중국인 거주를 묵인하게 되었다.

인구증가로 토지 수요가 높아지자, 1854년 7월에는 제2차 토지장정이 맺어져 조계가 확장되었고, '화양분거' 조항도 삭제되었다. 그리고 제2차 토지장정에는 조계의 자치기구로 참사회(參事會, Municipal Council), 즉 중국어로는 공부국(工部局)의 설치가 규정되었다. 조계의 지배기관인 공부국의 임원들은 토지나 건물을 가진 외국인 납세자들의 회의인 조차인회의(租借人會議, 이후 납세인회의)에서 선출했다. 하지만 조계에 거주하는 중국인은 재산이 있어도 시정에 참여할 자격이 없었다. 1862년 프랑스조계는 따로 공동국(公董局)을 설치해 독립해 나가고, 1863년 미국조계와 영국조계는 공간과 행정 모두 합병하여 공동조계(共同租界)가 되었다.[28] 1863년 조계 면적은 약 2.43km² 가량이었다.

1869년 토지장정을 개정하면서, 납세인회의와 공부국은 영사관의 통제에서 벗어나 자체적으로 입법권을 가진 샹하이 거주 외국상인들의 자치조직이 되었다. 공부국 경무처(警務處) 산하에는 치안경찰이 조직되었다. 1884년부터 인도인 순사를 채용하고, 공동조계를 4개의

---

28) 1910년 샹하이 공동조계의 인구는 약 50만, 프랑스조계는 약 11만 6천 명으로 팽창하는데, 샹하이 전체의 외국인 인구는 15,012명에 불과했으므로 조계 거주자의 대부분은 중국인이었다.

경구(警區)로 나누어 각각 주재소(駐在所)를 설치해 면밀한 경찰체제를 갖추었다. 조계의 재판은 영사재판소에서 이루어졌다. 이후 중국인 거주인구가 증가함에 따라 1868년에는 조계 내의 중국인끼리의 민형사 안건이나, 유럽인을 원고로 중국인을 피고로 한 민사사건을 다루기 위해 회심공해(會審公廨, 또는 會審衙門[Mixed Court])가 설치되었는데, 이 법정에서는 중국법이 적용되었다.

조계의 사법과 행정이 청조의 지배에서 벗어나 독자적인 체계를 갖추고 있었다는 것은 국민국가의 입장에서는 심각한 주권침해이다. 당시 중국인들이나 오늘날의 중국인들이나 치욕의 상징으로 조계를 바라보았고 또 보고 있다. 조계를 지배하던 외국인들의 시선 역시 우월자의 그것이었다. 그렇게 샹하이의 조계는 끊임없이 중국인의 열등감을 자극함으로써, 일상에서 외국인과 구별되는 '중국인'의 일체감을 일깨우는 내셔널리즘의 학습장이기도 했다.

하지만 중국 속의 섬과 같은 존재였던 샹하이 조계는 '중국인'으로서의 주체성의 상기와 근대적 국민의식으로의 발전뿐 아니라, 의도하지는 않았더라도 중국의 근대화에 다양한 방면에서 중요한 공헌을 하게 된다.

조계와 외국자본

조계에는 상업적 기회를 찾아 많은 외국상사, 즉 양행(洋行)들이 모여들었다. 초기의 대표적인 양행으로는 영국 상사인 쟈딘 메디슨사

(Jardine, Matheson & Co., 怡和洋行)와 덴트상회(Dent Beale & Co., 寶順洋行),[29] 미국 상사인 러쎌사(Russel & Co., 旗昌洋行)[30]가 유명하다. 이들은 모두 꽝져우에서 무역활동을 하다가 개항과 함께 바로 샹하이로 진출한 경우다. 이 세 상사는 1850년대 초기 샹하이 수입무역 총액의 60%, 차와 생사 수출 선박의 30%를 취급했다. 아편무역만을 전문으로 하기로 유명한 싸슨상회(Sassoon & Co.)는 1845년 샹하이에 지점을 열고 후에 조계지역의 부동산 투자로 막대한 부를 축적했다. 그렇지만 후기로 가면 양행영업에서 아편무역의 비중은 줄어들고 수출입업의 품목이 다양해지며, 금융업·보험업·제조업으로 투자가 확대된다.

중국 최대의 양행인 쟈딘 메디슨사(최초 회사명은 Magniac & Co.)는 1832년 마카오에서 동인도회사 선상의사였던 쟈딘(Scots William Jardine)과 봄베이의 무역업자 메디슨(James Matheson)이 동업하여 창립했다. 이 회사는 1830년대 아편무역을 중심으로 크게 성장했는데, 아편전쟁 때 린쩌쉬가 꽝져우에서 몰수한 아편 2만 상자 중 7천

---

29) 뽀르뚜갈 국적의 W. S. 데이비슨이 중국-인도간 무역의 대리상으로 꽝져우에 설립한 데빗슨상회(達衛森行)에서 출발하여, 영국인 토마스 덴트(Thomas Dent)와 란셀롯 덴트(Lancelot Dent)에 의해 1823년 Dent & Co.(顚地行)로 개조한 뒤 샹하이 개항 직후에 Dent Beale & Co.(寶順洋行)로 다시한 번 개조하였다.
30) 미국인 사뮤엘 러쎌(Samuel Russel)이 1824년 꽝져우에서 창립했다. 러쎌이 1818년 미국회사의 대리 상사로 설립한 자소양행(刺素洋行, Samuel Russel & Co)이 전신이다. 러쎌상사는 개항 이전 꽝져우에서 차·생사·아편 무역으로 크게 성공했다. 1842년까지는 중국의 미국 양행 중 최대 회사로 발전하여, 1891년 파산할 때까지 그 지위를 유지했다.

상자가 이 회사 것이었다고 한다. 1841년에 마카오에서 홍콩으로 본점을 이전하고, 1843년에 샹하이에 지점을 열었다. 샹하이 개항 후 가장 먼저 지점을 연 양행이기도 한 쟈딘 메디슨사는 중국의 개항장마다 지점을 두고, 1859년에는 일본에 진출해 전성기를 구가했다.

그러나 1860년대는 세계적인 경제공황으로 중국에 진출해 있던 양행들도 고전을 면치 못해, 중국 진출방식에서 큰 전환기를 맞이했다. 지방무역상으로 쟈딘 메디슨사의 경쟁사였던 덴트상회는 1866년 끝내 파산했고, 쟈딘 메디슨사 역시 1860~70년대 내내 경영부진에 시달렸다. 그러나 이 회사는 과감하게 경쟁력을 상실해가던 아편무역을 포기하고 경영의 다각화를 꾀했다. 1862년에 샹하이에서 기계 제사업에 진출했다가 중단한 뒤 1882년에는 이화사창(怡和絲廠)을 설립하였다. 1876년에는 중국 최초의 철도를 샹하이에 부설하기도 했다. 청일전쟁 후에는 이화면방직국(怡和綿紡織局, 1897)을 열어 면방직업에 뛰어들었다. 아편무역으로 축재를 하고 아편전쟁 당시 중국과의 개전여론에 앞장섰던 쟈딘 메디슨사는 지방무역상의 전형이라고 할 수 있다. 그러나 덴트상회와 달리 변화하는 중국경제와 샹하이에 적응함으로써 계속 번영할 수 있었다.

1866년 말 샹하이에 설립된 버터필드 앤 스와이어사(Butterfield & Swire Co., 太古洋行)는 근대공업도시로 샹하이가 거듭나면서 함께 성장한 후기 양행의 대표적인 사례이다. 원래 리버풀의 무역상에서 미국・중국・일본과 차, 면화, 면직 무역을 해오던 존 스와이어(John Samuel Swire)는 샹하이로 와 회사를 세우고 본격적으로 아시아 무역에 뛰어들었다. 이후 1867년에 요꼬하마, 1870년에는 홍콩에 지점을 열었다.

1860년대 불황 타개의 사업모델을 제시한 것은 미국 러쎌사가 설립한 기창윤선공사(旗昌輪船公司, Shanghai Steam Navigation Co.)였다. 1862년 이 회사는 주식공모를 통해 자본을 모아 설립한 뒤, 국제선이 아닌 중국 국내 수운사업에 뛰어들어 큰 수익을 올렸다. 주식으로 모집한 기창윤선공사의 창립자본은 100만 냥으로, 이중 중국인 자본이 60~70만 냥으로 외자보다 더 많았다. 스와이어사는 기창윤선공사의 성공을 보고 1872년 태고윤선공사(太古輪船公司, China Steam Navigation Co.)를 설립해 양쯔강 내륙 수운사업에 뛰어들었다. 같은 해 쟈딘 앤 메디슨사도 이화윤선공사(怡和輪船公司, Indo-China Steam Navigation Co.)를 설립해 영업을 개시했다. 당시 쟈딘사는 투자를 권유하는 신문광고를 냈는데, 영문뿐 아니라 중문으로도 게재해 최초 모집된 4,600주 가운데 중국인 소유가 935주로 전체의 약 20%를 차지했다. 기창윤선공사가 윤선초상국으로 합병된 뒤에는, 태고와 이화 두 회사가 윤선초상국과 경쟁하면서 중국 내륙수운을 과점했다.

스와이어사는 후에 제당업에 진출해 태고제당공장(太古糖廠)을 홍콩에 설립해 큰 성공을 거두었다. 이 태고당(太古糖)은 중국에 대규모 근대식 제당업이 처음 등장하는 1930년대까지 일본 수입당과 함께 중국시장을 제패했다. 쟈딘이 자기변신에 성공한 양행이라고 한다면, 태고는 중국 현지투자에 적극적인 후기 양행의 모습을 보여준다.

양행의 수와 규모가 커지고 샹하이의 무역규모가 커짐에 따라 금융업도 발전했다. 맨 먼저 중국에 진출한 외국은행은, 영국의 인도 및 아시아 무역을 촉진시키기 위해 1853년 런던에 설립된 브리티시-차

터드 오리엔탈은행(British-Chartered Oriental Banking Corporation, 渣打銀行)이다. 이 은행은 1858년 봄베이, 캘커타와 샹하이에 첫 지점을 열고, 1859년 홍콩과 싱가포르에 연이어 지점을 열었다. 후에는 요꼬하마에 지점을 개설하여 영국과 인도, 중국 무역을 넘어서 아시아간 무역결제에 중요한 역할을 하게 되었다.

그 뒤를 이어 중국과 동아시아 금융을 좌우하게 되는 홍콩–샹하이 은행(Hongkong Shanghai Banking Co., 匯豊銀行)이 1865년 홍콩에서 설립되었다. 영국 P&O기선회사(the Peninsular and Oriental Steam Navigation Co., 大英火輪公司)의 직원이었던 스코틀랜드 출신의 토마스 서덜랜드(Thomas Sutherland)가 설립한 홍콩–샹하이 은행은 이후 세계적인 은행으로 성장해간다. 처음 홍콩–샹하이 은행은 홍콩과 샹하이를 근거로 하는 양행의 자본을 모집해 세워지는데, 싸슨상회(Sassoon & Co.)는 창립부터 참가했으며, 1877년에는 쟈딘 메디슨 상회도 투자하였다. 때마침 1869년 수에즈운하의 개통으로 유럽의 대아시아무역 규모가 커지고 1871년 샹하이까지 해저케이블이 부설되어 런던과 연결되면서, 금융업무는 더욱 번성하게 되었다.

1847년 샹하이에는 24개의 양행과 외국인이 경영하는 5개 점포, 여관 1개, 외국인클럽이 거의 황푸탄(黃浦灘) 즉 와이탄(外灘, Bund)에 거점을 두고 있었지만, 1884년이 되면 샹하이 조계에 분포하여 영업하는 양행만 해도 245개로 늘어난다.

샹하이 조계에는 서양인 이외에 일본인과 한국인도 거주했다. 샹하이에 처음 문을 연 일본상점은 1868년 타시로 겐베이(田代源平)가 개업한 나가사끼의 도자기점 타시로야(田代屋)의 분점이었다. 1871년 청일간에 국교가 맺어진 이듬해 샹하이에 일본영사관이 문을 열었고, 3년 뒤인 1875년에는 미쯔비시상회(三菱商會)가 요꼬하마-샹하이 정기항로를 개설하면서 일본인의 샹하이 진출을 위한 포석을 깔았다. 1877년 미쯔이양행(三井洋行)의 샹하이 지점 개설을 시작으로 일본 상인의 샹하이 이입이 급격히 늘어났다.

일본 자본주의의 성숙에 따라 일본상인의 샹하이 진출도 늘어났는데, 샹하이 거주 일본인은 1896년 866명에서 1909년에는 8,057명으로 늘고, 1915년에는 11,457명으로 거주인구수에서 영국인을 제치고 외국인 중 최대가 되었다.[31] 그렇지만 거주인구수가 영국에 육박하는 1914년에도 샹하이의 외국상점 숫자에서 일본은 117개에 불과해 202개인 영국의 절반밖에 안됐다. 19세기 말과 20세기 초 샹하이에 거류하고 있는 일본인 중에는 서양인의 첩[外妾]이나 매춘활동에 종사하는 기녀(妓女)가 많아, 상인 이외의 써비스인구가 많았기 때문이다.

한국인의 거주도 착실히 늘어났다. 불완전한 통계에 따르면 1909년 경 샹하이 거주 한국인 수는 89명이었는데, 1920년에는 700명, 1930년에는 937명으로 늘어났다. 1882년 조선의 유학자 강위(姜瑋)가 샹

---

31) 高橋孝助・古厩忠夫 編(1995), 22면의 표 2가 인용하는『舊上海人口變遷的硏究』에 따르면, 1910년 샹하이 외국인 인구는 15,012명에 불과하여 高橋孝助・古厩忠夫 編(1995), 121면의 표 3이 인용하는 副島圓照「戰間期中國在留日本人人口統計(稿)」에 나오는 일본인 인구수 8,057명이 과장되었을 가능성이 있다. 그러나『舊上海人口變遷的硏究』도 공동조계의 외국인 거류민수 분포에서 1910년에 영국이 4,822명, 일본이 33,61명이다가 1915년에 영국 4,822명, 일본 7,169명으로 역전되고 있어 인구변화의 경향은 일치한다. 1914년 국적별 외국상점 수는 高橋孝助・古厩忠夫 編(1995), 67면 참조.

지도 1 샹하이의 성장

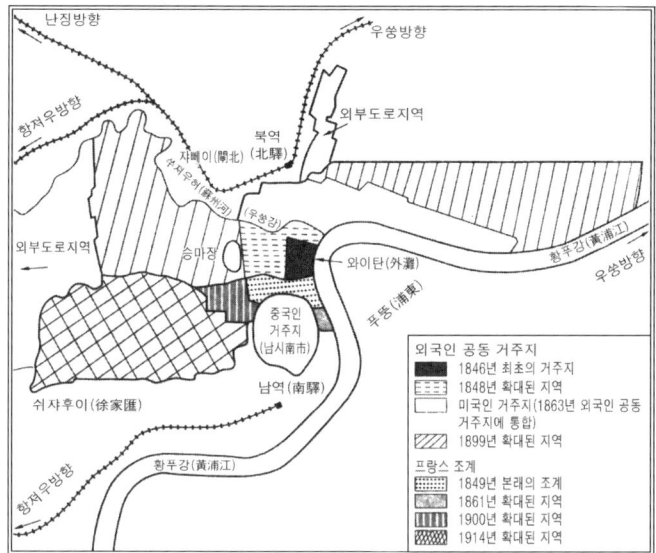

출처 『캠브리지 중국사 10』 상, 402면.

하이 윤선초상국을 방문해 정꽌잉(鄭觀應)과 쉬룬(徐潤)을 방문했다고 하는 기록이 있으나, 대체로 샹하이에 한국인 공동체가 생겨나기 시작한 것은 1910년 한일합방 이후 독립운동의 거점 및 해외 도항의 중계지로서 샹하이가 부상하면서부터라고 볼 수 있다.

샹하이에 진출한 양행의 발전사를 되짚어보면 샹하이에 진출한 대표적인 외국상사는 아시아와 중국의 경제네트워크 속에서 창립되어 성장했음을 알 수 있다. 그리고 샹하이든 홍콩이든 중국에 토착화한 사업을 경영한 기업만이 지속적으로 성장할 수 있었다. 종래에 외국상사의 국내 산업진출을 제국주의적 침탈로 단순화하여 파악하는 경향이 적지 않았지만, 샹하이에서 성장한 양행 역시 중국화, 토착화의 길을 걸었으며, 중국에게 근대적 기술, 경영, 산업을 전달하는 중요한 역할을 했다.

근대경제의 발전과 정치문화

샹하이가 중국에서 서구를 벤치마킹하는 창구가 되었음은 앞에서 지적한 바인데, 그 영향은 경제와 산업에서 시작하여 정치, 문화 등 다양한 방면으로 파급되었다. 먼저 직접적인 영향은 중국의 근대산업 발흥에 필요한 두 가지, 기술과 인재를 공급했다는 점을 들 수 있다. 1860년대부터 샹하이 출입 선박의 증가에 따라 간단한 선박수리가 가능한 조선소와 도크의 건설이 시작되었다. 규모도 소형 기선을 건조할 수 있는 정도로 확대되고, 연관산업으로 철공소, 기계류 제작소도 조계에 들어섰다.

조선소와 관련 기계창의 부설은 1862년 미국 기창윤선공사(旗昌輪船公司, Shanghai Steam Navigation Co.)의 설립과 내지 영업 개시로 더욱 활기를 띠게 되었다. 1882년에는 이화양행과 공평양행(公平洋行)이, 1889년에는 기창양행이 각각 근대적 제사공장을 설립하여 제사부문에 진출했으며, 1889년 일본의 미쯔이양행(三井洋行)은 푸동(浦東)에 샹하이기계조면공장[上海機器軋花局]을 개설하는 등 양행의 제조업 진출은 조약상에 공장설립 권리가 없는 1895년 이전부터 이미 시작되었다.

이는 명백히 조약 위반으로 주권침해로 볼 수 있는 것이지만, 샹하이에 존재하던 외국자본의 제조업 기반은 중국 최초의 근대적 공업 건설인 양무운동기 공장설립에 도움을 주었다. 중국인 최초의 기선회사인 윤선초상국은 1877년 기창윤선공사를 매수하면서 실질적으로 출발하였고,[32] 1865년 군수공장 강남제조총국(江南製造總局) 역시 샹하이 조계에서 미국인이 경영하는 조선, 무기 제작공장인 기기제철공장(旗記鐵廠)을 매수해서 창설한 것이다. 윤선초상국은 조량 운수를 독점하고 장강 수운에서 외국 기선회사와 경쟁하면서 중국의 자존심을 지켜냈다. 강남제조총국은 조계에서 샹하이 외곽으로 옮겨 대규모화하여, 1904년에는 13개 공장, 노동자 2만여 명과 관리직을 합해 3만 5천여 명의 직원을 가진 대공업단지가 되었다.

기계와 공장과 같은 물질적인 기반뿐 아니라 양무운동 시기 리훙장을 도와 기업을 경영했던 것은 외국의 근대기술과 회사조직, 경영에 풍부한 지식을 가지고 있던 매판(買辦)상인들이었다. 중국에 진출한 외국상사들의 대반(大班), 즉 외국인 오너 혹은 현지책임자는 중국어도 배우지 않았고 모든 업무를 믿을 수 있는 중국인 고용인에게 위임하여 처리하였는데 이들을 매판이라고 한다. 매판들은 피고용자의 신분이면서도 외국상인과 중국상인을 매개하면서 중개료를 취득하고 독자적으로 자신의 사업을 경영하는 자본가이기도 했다.

---

32) 윤선초상국은 1972년 12월 말에 설립되어 1873년 1월부터 샹하이에서 영업을 시작했다. 그러나 설립 당시는 윤선이 6척에 불과했고, 1877년 기창윤선공사를 매수하면서 비로소 규모에서 외자 윤선회사와 경쟁할 수 있게 되었다. 하지만 기창윤선공사 매입자금 상환은 초기 윤선초상국의 경영에 큰 부담이 되었다.

외국상사들은 개항 이전 꽝져우 시절부터 매판을 고용해서 사업을 했기 때문에, 양행의 매판들은 대개 꽝뚱성 출신이었다. 매판의 직위는 혈연과 동향 관계에 따라 승계되었으므로, 한번 양행의 매판이 된 가문이 줄곧 대를 이어 매판직을 맡았다. 외국상사들이 근거지를 샹하이로 옮기자 꽝뚱에 적을 둔 매판 역시 샹하이로 따라갔는데, 그 때문에 개항 초기 샹하이에는 꽝뚱인의 세력이 컸다. 리훙쟝이 처음 근대식 기업과 공장을 설립할 때 자본과 노하우를 빌려준 것이 바로 양행의 매판으로 자본을 축적한 꽝뚱 출신 자본가들이다.

이들은 관과 유착함으로써 새로운 투자의 기회를 얻을 수 있었고, 관료의 직위를 받아 사회적 명망을 높일 수 있었다. 가장 대표적인 양무기업인 윤선초상국에 자본을 투자하고 경영을 맡은 쉬룬(徐潤), 탕팅수(唐廷樞), 정꽌잉(鄭觀應) 등은 모두 매판 출신이며 꽝뚱성 샹산현(香山縣) 출신이다.

쉬룬(徐潤, 1838~1911)은 덴트사의 매판으로 리훙쟝의 요청으로 윤선초상국에 투자하고 경영에 참가하였다. 1883년 윤선초상국의 총자본금 200만 냥 중에 쉬룬가문의 출자액이 48만 냥, 지인의 출자액은 50만~60만 냥에 달했다. 또 기선운행시 외국 보험회사에 가입하는 보험이 큰 부담이 되자 보험공사를 창설하여 경영을 돕는 한편, 수익금을 초상국에 재투자하였다. 이외에 샹하이기기직포국 및 각지 광산기업에도 투자하였다. 정꽌잉(鄭觀應, 1842~1922)은 덴트사와 스와이어사의 매판이었다. 그는 영국회사인 공정윤선공사(公正輪船公司, Union Steam Navigation Co., 1867년 창업)에 출자하여 합작경영을 하고, 스와이어사의 태고윤선공사(太古輪船公司)의 창립에도 관여하여 윤선업계에 정통한 인물이었다.

정판잉은 기업가로서의 활동에 그치지 않고 저술활동을 통해 '부강구국(富强救國)'의 이념을 제시하기도 했다. 대표적인 저서인 『이언(易言)』(1880)과 『성세위언(盛世危言)』(1894)을 통해, 중국이 강해지고 제국주의와의 경쟁에서 이기려면 군사력보다 경제력이 중요함을 역설하고, 제조업을 부흥시키고 상업활동을 장려하여 '상전(商戰)'에서 승리해야 한다고 주장하였다. 또 그러기 위해서 기술학교 및 직업학교 설립 등의 교육개혁, 의회제의 도입 등 제도적 개혁을 주장했다. 탕팅수(唐廷樞, 1832~92)는 쟈딘 앤 메디슨사의 매판으로 일한 뒤 리훙장의 위촉으로 중국 최대의 탄광인 개평(開平)탄광을 개발하였으며, 조선 정책에도 깊이 관여하였다.

이처럼 초기의 매판자본은 양무운동기 양무파 관료를 도와 중국 최초의 근대적 산업 건설에 일조하였다. 그렇지만 관과의 유착을 통해 사회적 지위의 향상과 투자기회를 청조로부터 구하는 행동양식은 구태의연한 것이었다. 허나 이들을 위해 변명하자면 외국인과의 합작이 아니면 마땅히 관영기업 이외에 투자할 곳이 없었다. 그런데 청일전쟁 후 외국기업의 공장설립이 자율화되면서, 그에 대한 위기감으로 '공장을 세워 나라를 구한다[設廠救國]'는 슬로건이 등장했다.

동시에 민간기업의 설립이 자율화되면서, 소규모이지만 상판(商辦) 즉 민영공장 창설이 샹하이를 중심으로 늘어났다. 1895~1913년 사이에 창업한 중국인 소유의 광공업체 549개 가운데 샹하이에 설립된 회사는 모두 83개로 초기자본금은 387만 9천 위안이었다. 초기자본금으로는 중국 전체의 약 20%를 차지했다.

새로운 환경이 펼쳐지면서 매판자본가의 행동양식도 달라졌다. 위의 세 사람과 차별적인 인물로 위챠칭(虞洽卿, 1867~1945)을 들 수 있다. 그는 1898년부터 독일상사인 노린양행(魯麟洋行)의 매판을 거쳐, 러시아와 합자회사인 화아도승은행(華俄道勝銀行)의 매판, 네덜란드 상업은행 샹하이지점의 매판을 지내면서 무일푼에서 거부를 축적한 인물이었다. 그랬던 위챠칭은 1909년 이래 순수 민간자본의 기선회사(三北公司 등)를 설립하여, 외국 기선회사 및 관영의 윤선초상국과 경쟁하며 성장하였다. 초기 매판이 자본가로 성장했다가 양무운동에 협력해 관료가 되었다면, 후기 매판은 정부보다는 샹하이 부르주아사회──혹자는 시민사회(civil society)라고 평가한다──에 뿌리를 내리고 '민족자본가'로 변신하였다.

　아울러 산업투자가 활성화되면서, 이제 과거에 합격하여 관료자격을 가진 신사층(紳士層)이 상공업에 투자하기 시작했다. 대다수가 지주계층인 신사층의 상공업투자는 토지에만 묶여 있던 중국의 민간자본이 미흡하나마 상공업에 투자되기 시작했다는 점을 시사한다. 이들 신상(紳商)은 신사라는 학위와 신분을 상공업 활동에 유리하게 이용할 수 있었고 샹하이 상공업자본가의 새로운 리더가 되었다.[33]

　청일전쟁 후 샹하이는 민간자본의 증가, 정치참여에 적극적인 신상의 대두와 더불어 싹트고 있던 중국 내셔널리즘의 요람이 되었다. 왕

---

33) 청말에는 청조가 재정부족으로 연납(捐納)이라고 하여 학위를 판매했기 때문에, 매판자본가들은 청조로부터 공로를 인정받아 학위와 관위를 사여받거나 축적된 부로 구입했으므로, 이들 역시 신상층(紳商層)의 일부를 형성했다. 따라서 매판자본가와 신상층의 대두는 뚜렷이 구별되는 현상은 아니다.

성한 출판문화는 이에 박차를 가했다. 샹하이는 중국 최대의 상공업 도시로 일찍이 상업성 출판이 시작되었다. 매일 입항하는 선박과 화물 안내를 주력사업으로 샹하이 최초의 중문신문인 『상해신보(上海新報)』가 1861년에 창간되었다. 1872년에는 중국 최대의 신문사로 발전하게 되는 『신보(申報)』가 설립되었다. 1897년에는 중국자본의 근대적 민영출판사인 상해상무인서관(上海商務印書館)이 개업했는데, 상업광고와 전표, 장부인쇄 등 상업적 기회가 풍부한 샹하이이기 때문에 가능한 일이었다.

샹하이의 출판문화는 상업적 시장이 있었기 때문에 번성할 수 있었지만 청말 격변기 개량과 혁명의 정치언설을 퍼뜨리는 언론의 중심이 되었으며, 샹하이 역시 경제중심에 그치지 않고 정치중심으로 진화하고 있었다.

19세기 말 샹하이에는 『신보(申報)』 『신문보(新聞報)』와 같은 전국적 신문이 발행되고 있었고, 『신보』는 19세기 말에 2만 부를 발행하였는데 독자수와 영향력은 그보다 훨씬 컸다. 1896년 전국적 우편제도가 시행되면서 샹하이에서 발행한 신문과 잡지는 전국으로 퍼져나갔다. 신보의 실제 독자수는 10만 명으로 추산하기도 하고, 역사학자 쟝펑위안(張朋園)은 책 1권마다 15명의 독자가 있었다고 주장했다. 1893년 중국의 도시주민은 2,350만 명으로 중국인구의 약 6%였다. 이 가운데 신문, 잡지와 서적을 읽는 도시의 독자층은 200만~400만 명 남짓으로 중국인구의 1% 가량이었다. 정치의식의 고양과 출판문화의 발전은 국가권력을 상대화하는 도시 공공영역(public sphere)을 형성하였다.

상하이 조계에서는 서양과 중국이 함께 공존하면서 충돌하며 도시의 근대적 공공성이 제고되고 내셔널리즘이 성장하기도 했다. 1905년 상하이에는 그 변화를 알려주는 중요한 사건이 연이어 일어났다. 1905년 미국의 중국인 이민제한에 대항한 반미보이콧이 일어나 각 동향단체가 일치단결하여 처음으로 '중국인' 전체의 이름으로 미국 상품거부를 실행하였던 것이다. 같은 해 리핑수(李平書)를 비롯한 상하이의 주요 상인들은 청조의 허가를 받아 상하이의 행정자치조직으로 총공정국(總工程局)을 설립하는 데 성공했다. 즉 상하이라는 도시의 행정기관이 관료 주도에서 신상 주도의 자치기관으로 전환하기 시작한 것이다.[34]

그해 말에는 회심공해(會審公廨) 사건이 발생했다. 꽝뚱인 부녀자의 불법 구류문제로 불거진 이 사건은 영국 부영사가 중국 사법권을 침해했다는 점에서 중국인들의 분노를 사 항의시위를 불러일으켰는데, 조계경찰이 시위대에 발포하여 30여 명이 사상하는 사태로 발전하였다. 이 사건의 해결과정에서 처음으로 조계의 입법기구인 납세인회의(納稅人會議)에 중국인 참사(參事)를 둘 것을 요구하는 주장이 제기되었다. 즉 중국인의 참정권 요구가 등장한 것이다.[35] 양측 의견을 조율하여 협상타결에 큰 역할을 한 것이 앞서의 위챠칭(虞洽卿)으로, 그는 이 문제를 중국인과 상하이인 전체의 문제로 부각시켜 각

---

34) 후에 1909년 전국적 자치제 도입에 따라 상하이자치공소(上海自治公所)로 개조하였다.
35) 19세기 말에 이미 조계 내 중국인 거주자의 납세총액은 공동조계에서 외국인의 1.5배 이상, 프랑스조계에서는 6배 이상이나 되었으나 여전히 참정권이 없었다.

'방(幇)' 즉 동향단체의 대표들을 아우르고 적극적으로 조계당국과의 협상에 나서, 결국 책임자 해임과 중국에 대한 사죄를 받아낼 수 있었다. 이 사건은 반미보이콧과 더불어 동향의식을 넘어선 조계 중국인의 일치단결을 이끌어내 민족의식의 형성에 큰 자극을 준 것으로 평가된다.

한편 청조권력이 미치지 않은 조계라는 '섬'은 청말 혁명세력이 자유로운 언론·조직 활동을 전개할 수 있는 터전이 되기도 했다. 1903년의 소보사건[蘇報案]은 그 대표적인 사례이다. 1902년 차이위안페이(蔡元培), 쟝삥린(章炳麟) 등 혁명파는 중국교육회(中國敎育會)와 애국학사(愛國學社)를 조직하여 교육을 명목으로 혁명운동을 전개했다. 그 목적은 국내 청년들에게 혁명사상을 고취하고, 학생운동을 지원하는 것이었다.

혁명파 쟝삥린은 1903년부터 『소보(蘇報)』의 주필이 되어 반청혁명선전책자인 쩌우룽(鄒容)의 『혁명군(革命軍)』을 소개하고 혁명을 선전하였다. 청조는 조계 내로 들어가 이들을 체포하려 했으나 조계의 영사단은 이를 거부하고 담판 후에 조계에서 구속, 재판을 받는다는 조건으로 쩌우룽과 쟝삥린의 체포에 동의하였다. 청조는 바로『소보』사의 폐쇄를 요청했지만, 조계당국은 법률절차상 심문절차가 끝나야 폐쇄할 수 있다고 맞섰다. 때문에 체포된 후의 쟝삥린의 기자회견이 버젓이『소보』에 실리기도 하였다. 결국『소보』는 정간되고 쟝삥린은 3년, 쩌우룽은 2년의 징역형을 선고받았지만, 청조가 강력히 요구한 종신형은 받아들여지지 않았다.

청말 어느정도 자유로운 정치공간으로서의 조계의 역할은 1900년대 샹하이를 개량파, 혁명파의 정치무대로 만들어주었다. 1908년부터 량치챠오(梁啓超)는 샹하이로 와서 본격적으로 입헌운동을 전개하였으며, 우챵봉기 수개월 전 쑹쟈오런(宋敎仁), 천치메이(陳其美) 등은 샹하이에 동맹회중부총회(同盟會中部總會) 성립대회를 개최하고 양쯔강 유역의 혁명봉기를 추진했다. 1911년 우챵봉기(武昌蜂起)가 일어났을 때, 샹하이 상인들이 주도하는 행정자치조직인 자치공소(自治公所) 총이사(總理事) 리핑수(李平書)는 청조에 대한 샹하이 독립에 찬동하였고, 역시 매판 출신의 상인지도자 위챠칭은 혁명파를 위해 자금을 조달하였다. 샹하이라는 공간에서 제국주의의 질곡과 유산, 매판, 반제 내셔널리즘은 하나로 융합하여 새로운 중국의 창출이라는 목표로 분출하고 있었다.

동아시아와 샹하이

개항 후 샹하이는 아시아 유수의 무역항으로 중국 최대의 상공업도시로 발전하였고, 그 경제적 번영 위에 건축, 오락, 패션, 신문출판 등 최대의 문화도시가 되었다. 샹하이가 대외무역으로 성장한 것처럼, 이때의 문화는 서구에서 직수입한 근대 즉 '마둥(摩登, modern의 중국어 음차)'문화로, 샹하이는 아시아인에게 가까이 있는 서구문명의 체험장이 되었다. 샹하이는 경제적으로 아시아 네트워크에서 서구상품을 분배하는 쎈터가 되었고, 그 루트를 통해 근대문명을 아시아 각국에 소개하는 역할을 하게 된다.

일본의 경제사가 후루따 카즈꼬(古田和子)는 19세기 후반 샹하이가 담당한 물류중심의 기능, 세계경제와 지역경제를 접합하는 역할에 주목하였다. 그녀는 샹하이를 중심으로 중국 내지와 일본, 조선의 개항장까지 계열화된 물류의 공간을 '샹하이 네트워크'라고 명명하기도 하였다.

샹하이가 아시아무역의 쎈터가 된 것은 두 가지 조건이 있었다. 하나는 서구와 아시아를 잇는 교통의 중추가 된 것이고, 다른 하나는 아시아에 근대적 상품을 생산할 능력이 결여되어 서구상품을 수입해야만 했기 때문이다. 우선 교통의 측면을 보자면, 1850년에 영국 P&O 기선회사가 샹하이-홍콩간 정기항로를 개설하여, 런던-홍콩간 항로와 연결시켰다. 1861년에는 프랑스제국우선(Wervices Martitimes des Messageries Impériale)이 사이공-샹하이간, 1863년에 마르세이유-샹하이간 정기항로를 개설하였다. 그후 미국의 태평양우선(Pacific Mail Steamship Co.)도 1867년에 요꼬하마, 샹하이 등을 기항지로 한 쌘프란씨스코-홍콩간 항로를 개설하였다. 동아시아 내의 항로는 일본 개항 직후인 1859년에 샹하이-나가사끼 항로가 P&O기선회사에 의해 개설되었고, 샹하이-요꼬하마간 정기항로도 1864년과 1865년 각각 P&O기선회사와 프랑스제국우선에 의해 열렸다.

이 네트워크를 움직이는 상품의 주종은 영국산 면포였으나, 그 운반자는 중국인 상인이었다. 아시아에는 1880년대까지 영국면포에 대항할 기계식 면포가 생산되지 못했다. 영국산 면포는 런던에서 일단 샹하이로 수입된 후에 중국 내지의 개항장, 일본의 나가사끼(長崎), 코오베(神戶), 조선의 인천까지 재수출되었다. 이외에도 샹하이로 들어온 상품 중에서 외국상품의 70~80%, 국내 상품의 80%가 타지로 재수출되었다. 네트워크의 말단인 조선의 경우 면포를 비롯한 서구의 근대적 상품은 청조가 조선 문제에 적극적으로 개입하는 1882년 전까지는 샹하이에서 코오베, 요꼬하마를 거쳐서 다시 인천, 부산으로 수입되었다. 1877~82년 사이 일본으로부터 조선이 수입한 물품 중 88% 가량이 일본상품이 아닌 구미상품이었다고 하는데, 그 상당수가 영국산 면포였다. 당시 조선의 무역은 일본상인이 장악하고 있었는데, 이들 일본상인들은 나가사끼에 있는 화교상점에서 샹하이로부터 수입한 서양물품[洋貨]을 구입해 조선에 다시 수출하는 식이었다.

1882년 이후 샹하이와 인천의 직항로가 열리고 조선에 대한 청조의 정치적 영향력이 커지면서, 조선에 화상이 대거 들어오게 되었다. 이때 조선에 들어온 화상들은, 일부는 일본에 근거지를 가진 화상들이었고 일부는 샹하이로부터 왔다. 전자는 주로 부산에 많았는데 대표적인 예가 덕흥호(德興號)이다. 후자의 대표적인 예는 1920년대까지 조선 최대의 화교상사였던 동순태(同順泰)이다. 동순태(同順泰)는 샹하이의 무역상사인 동태호(同泰號)가 조선 현지에 투자한 회사로, 서울과 인천을 중심으로 조선 각지에 지점을 두면서 무역업에 종사하였다. 동순태의 창업주 탄제성(譚傑生)은 동태호의 주인 량룬칭(梁綸卿)의 처남이 되는데, 후에 부동산 및 운수업 투자로 현지화하면서 경영을 독립시켜갔다. 꽝뚱 출신의 화교상인 네트워크(Canton-network)는 꽝져우를 거쳐 샹하이를 거점으로 동향과 인척 관계를 매개로 동아시아 각 개항장으로 뻗어나갔다.

동아시아에서 이러한 샹하이의 축으로서의 역할은 기본적으로 서구상품의 아시아 분배쎈타라는 성격에서 나온 것이다. 그런데 1900년을 전후하여 일본 자본주의가 발전하여 근대적 상품을 생산해 영국제품과 경쟁하게 되고 조선병합 등 일본의 정치침략이 강화되면서, 샹하이의 쎈터로서의 지위는 위협받게 되었다. 린만훙(林滿紅)에 따르면, 특히 1914년 파나마운하가 개통되면서 전통적인 런던-수에즈운하-홍콩-샹하이 루트에 대신해 런던-파나마운하-코오베/요꼬하마 노선이 동서교역로로 부상하면서 샹하이 지위의 상당 부분을 일본의 개항장들이 잠식하게 되었다.

그러나 이후에도 홍콩과 샹하이의 금융과 물류 인프라는 경쟁력을 유지했다. 또 일본 면업자본주의는 원료인 면화와 면사, 면포 시장을 중국에 의존했기 때문에 아시아 내 물류량이 더 늘어나, 샹하이가 처리하는 대외무역량은 지속적으로 증가했다. 나아가 샹하이는 산업도시로 진화하면서, 외국자본과 중국자본을 모두 수용하여 성장하였다. 청말부터 들어서기 시작한 근대적 공장들은 1920년대 제1차 세계대전기에는 폭발적인 증가를 보여 샹하이는 '민족자본의 황금기'를 구가했다. 같은 기간 일본 면방직공업의 중국 현지투자인 재화방(在華紡)의 숫자도 크게 늘어나, 일본자본 역시 샹하이의 산업시설에 집중적으로 투자되었다.

번성하는 경제도시 샹하이의 모던한 풍경은 문화적으로도 아시아인을 압도하였다. 현재의 와이탄, 황푸강 연변에 즐비한 서구식 석조 건물들은 샹하이의 현관으로 그 외관만으로 근대의 상징이 되었다. 1849년 영국영사관이 샹하이현성 안에서 와이탄으로 이전하면서 외국상사들도 줄줄이 건물을 옮겼다. 1870년대 후반 번드(Bund)라고 불리는 와이탄에는 영국영사관, 프랑스영사관을 비롯해 쟈딘 메디슨사, P&O기선회사, 홍콩샹하이은행 등 18개 양행의 석조건축물이 빽빽이 들어서 있었다. 1890년대에 샹하이에는 본격적으로 서구식 건축물이 들어서기 시작했다.

와이탄에 세워진 대청은행(大淸銀行), 강해관(江海關, 샹하이 해관) 건물은 19세기 후반 영국에서 유행하던 앤여왕복고스타일(Queen Ann Revival)로 건축되었다. 고딕양식과 서양 고전양식이 혼합되어 적색과 흑색의 벽돌을 교차해서 쌓는 이 스타일은 일본에 전해져 토오쿄오역(1914년 준공, 적색과 흰색)을 비롯한 근대식 건축에 채용되었다. 샹하이 교외에는 이 스타일의 단독주택이 건설되어 동아시아 최초의 '교외주택(郊外住宅)'이 형성되었다. 샹하이에 석조건물 건축이 많아지자 서양식 건축물의 초보적 설계와 건축이 가능한 중국인 하급 기술자와 노동자가 양성되었는데, 한말에 조선에 세워진 교회는 대체로 이들 중국인 기술자와 노동자들에 의해 건설된 것이 많다. 당시 조선에는 서구식 석조건물을 건축할 수 있는 기술자와 노동자가 부족했기 때문이다. 화공(華工)에 의해 건축된 대표적인 건물로는 서울 명동성당(1898년 축성)과 대구 계산성당(1902년 완공) 등이 있다.

조계에는 중국에 없던 자동차가 통행할 수 있는 길인 마로(馬路), 즉 도로가 건설되어 근대도시 샹하이의 상징이 되었다. 1850년에는 경마장이 건설되어 공원을 겸하면서, 서구식 공원(Park)문화가 중국에 소개되었다. 1864년에는 조계에 가스회사가 설립되면서 이듬해 가스등이 가설되었고, 1865년에는 우체국, 1867년에는 소방서가 설치되었다. 1881년에는 샹하이수도공사(上海自來水公司)가 설립되어 수돗물

공급이 시작되었는데, 1880년대에는 전기와 전화 써비스도 시작되었다. 일본의 가스등 점등이 1872년, 전등의 등장이 1878년, 공용 전화 개통이 1889년, 상수도 개통이 1899년인 것과 비교하면 대체로 일본에 앞선다. 중국의 이러한 공공써비스의 개시는 앞서도 살펴보았듯이 일본에 크게 뒤지지만, 조계를 가지고 있던 샹하이의 경우 근대적 공공써비스를 동아시아에서 가장 일찍 체험할 수 있었던 것이다.

19세기 후반 중국은 경제적으로도 문화적으로도 낙후했으나, 샹하이는 세계적인 메트로폴리탄으로 성장하고 있었다. 이러한 지역간 불균등발전은 근대와 전근대 성패를 국가단위로 논하기 어려운 측면을 말해준다. 미국의 경제사가 포메란츠(K. Pomerantz)는 세계경제로부터 조그만 지역단위까지 연결되는 상호 연관성을 강조하고, 국가간 비교나 국가단위의 역사서술을 상대화하는 대신 경제와 생활단위로서 지역을 분석단위로 취할 것을 주장하였다. 개항을 통해 미치는 국제적 영향은 중국이라고 하더라도 지역에 따라 그 사회경제에 다른 변화를 일으키고, 또다른 대응을 해나갔다.

근대도시로서 샹하이의 성장과정을 보면 서구의 자본과 기술은 기회와 제약으로 모두 작용했다. 샹하이인들은 적극적으로 서구의 문물을 수입하며 매판으로 혹은 민족자본가로 성장하고, 한편으로 외국자본과 제국주의와의 경쟁 속에서 내셔널리즘을 선도적으로 고취해갔다. 일국 차원에서 논할 때, 중국의 한계라면 이러한 샹하이의 근대화를 지역적 현상으로 남겨두고, 샹하이가 가진 물적·인적 자원을 확대 발전시키지 못한 점에 있을 것이다.

제7장
입헌군주제의 시도와 혁명운동

청일전쟁의 패배로 중국에는 일본을 모델로 한 입헌군주제 개혁론이 등장한다. 중국에서 입헌군주제는 성공할 수 있었나? 이 장에서는 무술변법운동의 진행과정을 살펴보고, 그 실패 원인을 분석해보겠다. 아울러 혁명운동의 발생과 세력 확대를 개량운동의 추이와 함께 살펴본다.

캉여우웨이와 쑨원

1895년의 청일전쟁 패배가 중국의 지식인들에게 준 충격은 대단한 것이었다. 아편전쟁과 연이은 패전으로 싹텄던 위기의식은 국내 내란이 진압되고 양무운동기의 정치적 안정으로 접어들면서 희박해졌다. 대내외의 위기가 완화되고 반란의 성공적 진압으로 오히려 '중흥'의식이 등장하면서 전통적 가치가 재건되고 보수주의가 등장했다. 1870년대 대외강경론과 명분론을 주장한 청의(淸議) 언론의 흥기는 그 한 특징이다.

그러나 청불전쟁을 겪으면서 이러한 중흥의식은 한번 좌절하였고, 청일전쟁으로 완전한 파탄을 맞았다. 중국은 중흥은커녕 아시아에서도 무력한 약소국임이 드러났으며, 중국을 패배시킨 일본은 서구문명을 앞서 받아들여 근대화함으로써 강국이 되었다. 청일전쟁의 패배로 이제 누구나 망국의 '위기의식'을 공유하게 되었고, 중국은 변화해야 하며 남겨진 시간조차 별로 없다고 생각하게 되었다. 바로 1895년에 양무운동을 넘어 청말 정국을 양분하는 개량파와 혁명파가 조직화된 것은 우연이 아니었다. 여기에서는 양파의 지도자인 캉여우웨이와 쑨원의 성장배경을 살펴보고 이들이 1895년 청일전쟁을 계기로 어떻게 정치활동을 전개해갔는지를 살펴보겠다.

청말 의회제의 도입을 포함해 전면적인 정치개혁을 주장한 캉여우웨이(康有爲, 1858~1927)는 꽝뚱성 난하이현(南海縣)의 농촌 지주의 아들로 태어났다. 그의 집안은 13대에 걸쳐 신사의 자격을 얻은 독서인 집안으로 어릴 때부터 총명했던 캉여우웨이는 집안의 기대를 모으며 과거급제를 목표로 공부하고 있었다. 꽝뚱성은 중국의 대외창구로 일찍부터 서양문물을 수용해왔을 뿐 아니라, 아편전쟁으로 영국에게 할양된 홍콩은 가까이 있는 서구문명의 전시장이었다. 1879년 22세의 캉여우웨이는 홍콩을 여행하고 큰 사상적 전환을 겪게 되었다. 홍콩을 통해 서구문물의 뛰어남에 눈을 뜬 캉여우웨이는 웨이위안(魏源)의 『해국도지(海國圖誌)』, 쉬지셔(徐繼畬)의 『영환지략(瀛環志略)』 등 서구를 소개하는 책들을 섭렵해서 읽었다. 젊은 날의 캉여우웨이는 유토피아를 꿈꾸며 인습을 타파하는 혁신적 사상가였다. 홍콩여행 뒤 6년 후인 1885년에 저술한 『대동서(大同書)』는 국가와 종족의 차별도 남녀의 차별도 없는 공산주의적 이상향을 그리고 있다. 이 책은 내용의 과격함으로 훗날 그의 사후 1935년에야 전체가 출판되었다.

『대동서』의 찬술 후에 캉여우웨이는 본격적인 저술활동을 펼쳐서 문명(文名)을 떨치게 되었다. 1891년에 출간된 『신학위경고(新學僞經考)』는 송대 학자들이 경전으로 떠받들고 주해를 단 고문(古文)은 모두 위조된 것이고 공자의 저술이 아니라고 주장하는 과격적인 내용이었다. 캉여우웨이는 금문(今文)이 진짜 경전이라고 주장하여, 『춘추공양전(春秋公羊傳)』에서 주장한 거란(據亂), 승평(升平), 대동(大同)의 3단계 발전이론을 펼쳤다. 이 안에는 진화론의 영향이 엿보인다.

캉여우웨이의 저술은 열렬한 추종자를 만들어냈는데, 수제자였던 량치챠오(梁啓超, 1873-1929)도 그중 한 명이었다. 캉여우웨이와 량치챠오는 1890년대 유행한 사회진화론를 수용하여, 국가들끼리도 적자생존을 통해 명멸한다고 보고, 중국이 본받아야 할 성공사례로 뾰뜨르 대제의 러시아와 메이지유신의 일본을 꼽았다. 1897년에는 『공자개제고(公子改制考)』를 발표하였다. 이 책의 요지는 사서삼경은 주대의 기록이 아니라 공자가 개혁을 위해 옛것에 빗대어 찬술한 것이라는 주장이었다. 경전의 내용을 완전히 부정하는 그의 주장은 당시로서는 너무 과격하여 쟝즈뚱(張之洞)과 같은 지지자를 잃기도 했으나,

공자 역시 개혁자였음을 강조하여 개혁론의 이론적 기초를 닦았다.

캉여우웨이의 저술활동은 결국 중국을 개혁해서 자강하게 하겠다는 정치참여적 목적으로 이뤄진 것이었다. 그는 전후 여섯 차례나 제도개혁의 필요성을 강조하는 상소문을 황제에게 올렸다. 제1차 상소는 청불전쟁 후 1888년에 시도되었다. 광범위한 제도개혁의 필요성을 주장하는 캉여우웨이의 상소는 양무파에 비판적이었던 웡퉁허(翁同龢), 쟝즈뚱 등 청류파 인사들에게 주목을 받았다. 제2차 상소가 바로 1895년에 이뤄진 공거상서(公車上書)이다. 당시 과거 최종시험인 회시(會試)를 보기 위해 뻬이징에 상경해 있던 캉여우웨이는 패전과 굴욕적인 패전조약 소식을 듣고, 시험을 치르기 위해 상경해 있던 거인(擧人)들을 선동하여 600여 명의 연명으로 시모노세끼조약의 조인 거부와 광범위한 정치개혁을 청하는 상소문을 올렸다. 이 상소문에서 그는 주전강경론을 지지하고 주화파인 리훙쟝을 처벌하고 대신 쟝즈뚱을 천거할 것을 주장하였다. 이 상소문은 비록 황제에게 전달되지 못했지만, 후에 출판이 될 정도로 인기를 끌었다. 공거상서는 캉여우웨이의 이름을 세상에 알리고 조정 내에 지지세력을 확보하여 이후 청조에 들어가 정치개혁인 무술변법을 시도할 수 있게 한 발판이 되었다.

캉여우웨이가 홍콩여행에서 사상적 전환을 겪었던 같은 해에 14세의 쑨원은 꽝뚱에서 영국배를 타고 하와이로 건너가고 있었다. 쑨원(孫文, 1866~1925)은 꽝뚱성 샹산현(香山縣)에서 농민의 아들로 태어났다. 7세 때 사숙에 들어가 전통교육을 받은 그는 1879년 형을 따라 하와이로 건너가 서구식 교육을 받게 되었다. 청말에 많은 중국인 노동자들이 동남아시아와 아메리카대륙으로 건너갔는데, 일찍이 해외 이주의 역사가 깊은 꽝뚱성 출신이 많았다. 쑨원의 맏형 쑨메이(孫眉) 역시 하와이의 사탕수수농장 노동자로 1871년 이주했다가 천신만고 끝에 자신의 농장을 꾸릴 정도로 성공한 경우였다. 하와이로 간 쑨원은 영국 국교회가 연 영어로 교육하는 이오라니 스쿨(Iolani School)에서 수학하여 1881년에 졸업한 뒤, 당시 하와이의 최고학부인 미국 교회학교 오아후 칼리지(Oahu College)에서 학업을 계속했다. 그러나 형의 뜻을 거역하고 기독교도가 된 쑨원은 1883년 고향으로 돌려보내지게 된다. 고향을 떠난 지 4년 만이었다. 귀국 후 홍콩으로 가 발췌서옥(拔萃書屋)과 중앙서원(中央書院)을 거쳐, 1887년 홍콩서의서원(香港西醫書院, 현 홍콩대학교 의과대학)에 입학하고, 1892년 차석으로 졸업하였다. 27세에 의사가 된 쑨원은 마카오와 꽝져우에서 개업의로 일하기도 했다.

의사로 생을 마칠 수도 있었던 그는 1894년 청일전쟁을 보면서 처음으로 정치활동을 시작하게 되었다. 청일전쟁을 지휘하는 리홍쟝을 만나기 위해 톈진으로 간 것이 결정적인 계기가 되었다. 홍콩에서 의대에 다닐 때부터 반청복명(反淸復明)의 비밀결사에 가입해 정치적 성향이 강한 그였지만, 원래부터 혁명가의 길을 걸을 생각이 있었던 것은 아니었다. 그러나 청일전쟁이라는 '중국의 위기'를 목도하면서 본격적으로 정치가로 변신하게 되었다. 당시 쑨원은 혁명사상이 공고하지 않았다. 리홍쟝에게 올린 정치개혁의 의견서「리홍쟝에게 올리는 글(上李鴻章書)」은 쑨원의 초기 사상을 잘 보여주는데, 여기에서 그는 서구적 모델의 포괄적 정치개혁안을 제시하고 있다.

그런데 과거합격의 학위도 없는 자가 리훙쟝과 같은 고위관료를 만나는 것은 어려운 일이었고, 쑨원은 리훙쟝과의 면담을 거절당하고 말았다. 실망한 쑨원은 그때 비로소 청조 타도의 생각을 굳히고, 그해 11월 하와이로 건너가 흥중회(興中會)를 조직하고, "달로(韃虜, 만주 오랑캐)를 구축하고, 중화를 회복하고, 합중정부를 창립하자(驅除韃虜, 恢復中華, 創立合衆政府)"를 슬로건으로 내걸었다. 이렇게 하여 반청과 더불어 혁명 후의 정치체제로서 민주주의적 공화국을 분명히한 혁명단체가 탄생하게 되었다. 그리고 이듬해 1895년 홍콩으로 건너가 최초의 무장봉기를 준비하게 된다.

1895년 청일전쟁의 패배와 굴욕적인 시모노세끼조약의 내용이 전해졌을 때, 청말 개량파의 영수 캉여우웨이는 뻬이징에서 회시를 준비하고 있었고, 쑨원은 홍콩과 꽝져우에서 혁명사상을 전파하고 있었다. 그리고 이 패전을 계기로 각각 뻬이징과 꽝져우에서 전면적인 정치개혁을 주장하는 개혁운동과 청조 타도를 위한 무장봉기를 일으키게 된다.

광서제와 103일 유신

1895년의 공거상서는 황제에게 올라가지 못했지만, 뻬이징정계에 커다란 파장을 일으켰다. 캉여우웨이는 일약 유명인사가 되었다. 형식상으로도 거인들의 집단상소라는 대중적인 정치운동은 초유의 것이었다. 상서 직후 캉여우웨이는 회시에 합격하여 공부주사(工部主事)

가 되어 그 자격으로 제3차 상서를 도찰원에 올렸다. 이 상소는 처음으로 황제에게 전달되어 호의적인 반응을 얻었으나 구체적인 정책으로 가시화되지는 못했고 제4차, 5차 상서는 상달되지 못했다. 대신 캉여우웨이는 그의 제자 량치챠오 등 자신을 따르는 젊은 지식인들과 함께 정치제도 개혁을 주장하는 변법사상을 선전하는 조직활동에 힘을 기울였다. 1895년 베이징과 상하이에 강학회(强學會)를 조직하고 기관지『중외기문(中外紀聞)』과『강학보(强學報)』를 발간하여 무료로 배포하였고, 챵샤(長沙)·난징(南京)·우창(武昌)·항져우(杭州) 각지에 분회가 설립되거나 추진되었다. 캉여우웨이의 학회활동은 양무파의 견제와 탄압을 받아 강학회는 폐쇄되었는데, 1896년에 상하이에서『시무보(時務報)』를 간행하여 변법사상을 고취하고 정치운동을 계속했다.

서구의 정치제도나 의회제에 대한 관심은 양무파에도 있었고, 캉여우웨이 이전에도 천츠(陳熾), 정꽌잉(鄭觀應), 탕전(湯震), 천츄(陳虯) 등과 같이 서양부강의 근원을 의회제 등 정치제도에서 꼽는 변법론자가 있었다. 그러나 이러한 제도개혁의 구상을 운동으로 끌어올려 실천한 것은 캉여우웨이였다. 그의 변법사상은 마침내 광서제(光緖帝)에 의해 중앙 차원에서 실천될 기회를 얻을 수 있었다. 그 배경에는 청일전쟁의 패배와 연이은 열강의 영토할양 요구로 중국 지식인 전체에 '망국(亡國), 망종(亡種), 과분(瓜分)'의 위기의식이 고조되었기 때문이었다. 그의 6차 상소가 예전에 전달되지 못한 5차 상서와 함께 청류파의 지지 아래 황제에게 상달되고, 일본 메이지유신을 모델로 한 정치개혁을 주장한 캉여우웨이의『일본변정고(日本變政考)』에 크게 감명받은 광서제는 전면적인 개혁을 결심하게 되었다.

1898년 6월 11일 광서제는 서태후의 동의를 얻어 개혁지향을 표명하는 "국시를 정하여 알리는 조서[定國是詔]"를 발표했다. 이때부터 9월 21일 서태후와 수구파의 꾸데따로 캉여우웨이 일파가 축출되고 광서제가 유폐되기까지 103일간의 개혁을 무술변법(戊戌變法)이라고 한다.

캉여우웨이의 개혁구상은 일본의 메이지유신을 모델로 과거를 폐지하고 근대적 학제를 도입하며, 부르주아 의회제를 실시하는 광범위한 것이었지만, 실제 무술변법 시기에 시도된 개혁은 매우 제한적인 것이었다. 행정, 교육, 법률, 군대와 경찰체제의 근대화 등 40여 가지 개혁조칙이 발표되었으나 모두 문서로만 그쳤고, 시행된 것은 과거에서 팔고문(八股文)을 폐지하는 것, 서원을 학당으로 변경하는 것 정도였다. 캉여우웨이와 변법파는 황제의 신임을 얻어 예부상서 등 수구파를 혁직하고, 캉여우웨이 측근인 탄쓰퉁(譚嗣同) 등을 군기장경으로 임명하여 조정에 개혁세력을 확보하는 데 진력하였다. 캉여우웨이는 전반적 개혁을 위한 새로운 정치기구인 제도국(制度局) 개설과 유명무실한 관료기구의 철폐, 친위군 창설을 추진했다.

그러나 이러한 일련의 움직임은 수구파의 반발과 결집을 불러왔고, 서태후에게는 한족에 의한 정권탈취라는 의혹을 불러일으켰다. 결국 캉여우웨이 일파도 개혁의 걸림돌이 되는 서태후를 제거하려는 계획을 세우고 있는 가운데, 서태후와 수구파의 꾸데따가 일어나 광서제는 중난하이(中南海) 호숫가의 영대(瀛臺)에 유폐당하고 변법파들에 대한 체포령이 내려졌다. 캉여우웨이와 량치챠오는 영국인의 도움으로 일본으로 망명했으나 탄쓰퉁 등 6명의 변법파 인사가 처형되면서 최초의 중앙 차원의 정치개혁인 무술변법은 막을 내렸다.

무술변법이 '103일 천하'로 끝난 뒤 2~3년간은 중국 개혁운동의 암흑기였다. 이 시기 일본은 1880년대 면업을 중심으로 제1차 산업혁명을 성공시켜 1890년대에는 기계제사의 생산이 수제사를 능가하고 면사의 수출이 수입을 넘어서면서 본격적인 공업화 단계로 진입했다. 청일전쟁의 배상금과 전시경기로 축적된 자본으로 중공업 투자를 본격화하여, 1897년에는 야하따제철소(八幡製鐵所)의 착공에 들어가 1900년에 가동을 시작했다. 야하따제철소는 가동 1년 만인 1901년에 일본 선철의 53%, 강철의 83%를 공급했다. 러일전쟁을 감당할 수 있었던 경제력은 청일전쟁을 계기로 본격화된 중공업 투자에 있었던 것이다.

젊은 황제 광서제의 마음을 움직였던 것은 일본의 성공이 서구적 정치체제로 전환했기 때문이라는 캉여우웨이의 주장이었다. 경제적 성공을 기반으로 일본은 1889년 대일본제국헌법을 공포하여 아시아 최초의 입헌군주국이 되었다. 1894년 청일전쟁은 서구식으로 탈바꿈한 입헌군주국과 아시아 전통적인 전제국의 전쟁으로 해석되었다. 캉여우웨이는 광서제에 대해 입헌군주제와 의회제를 명확하게 주장하지는 않았지만, 청 황제가 일본의 메이지천황과 같은 지도력을 발휘할 수 있을 것으로 기대했을 것이다.

그러나 캉여우웨이와 광서제는 모두 개혁주체로서 취약했다. 캉여우웨이는 정치적 기반이 일천한 하급관료의 신분으로 개혁을 시작했고, 초기 그의 정치적 후견인이었던 웡퉁허, 쟝즈뚱 등도 캉여우웨이의 공자개제설에 반감을 품고 무술변법이 본격화될 때 이미 거리를 두거나 반대입장으로 선회하였다. 그런 캉여우웨이가 기댈 수 있었던 유일한 권력은 광서제였다.

광서제는 동치제의 사촌으로 어머니가 서태후의 누이였던 관계로 동치제의 뒤를 이어 1875년 5세의 나이로 제위에 올랐다. 서태후가 사실상의 섭정으로 정치를 좌우하다가, 1898년 무술변법을 추진할 때 그는 친정을 시작한 지 얼마 안된 28세의 젊은 군주였다. 실질적으로 권력의 막후에 있는 서태후의 적극적인 동의를 얻지 못한 이상 위로부터의 개혁은 애초부터 한계를 노정하고 있었다. 개혁파 역시 캉여우웨이의 사상적 성향에서 나타나듯 이상론에 치우쳐 현실정치 경험은 미숙한 급진적 지식인의 집단에 불과했다. 조정에서 끝까지 변법을 지지한 그룹은 캉여우웨이와 그를 개인적으로 추앙하는 급진적 소장관료가 전부로 조직적으로 취약했다. 변법운동은 무술변법에 가서도 정치가 아닌 운동에 그친 감이 있다.

무엇보다도 가장 중요한 것은 변법파가 그린 대안적 정치체제의 문제점이다. 서구사상을 수용하고 경전을 대담하게 비판할 지적 감수성을 가진 캉여우웨이였지만 근본적으로 과거제를 통해 관료가 된 전형적인 엘리뜨였다. 그런 그는 기존체제를 정면 부정하는 데까지는 나아가지 못했다. 개량파의 대외 위기의식 역시 청조를 부정하는 혁명은 열강에 의한 중국의 과분을 도울 것이라고 생각했기 때문에, 청조 보위의 입장을 강화하는 논리로 연결되었다.

그렇지만 과연 만주족 황제가 일본의 메이지천황이 했던 것과 같은 국민국가의 통합의 구심점이 될 수 있을 것인가. 일본의 메이지천황은 사무라이 정권인 막부체제하에 각 번(藩)으로 나눠져 있던 일본을 지역의식을 넘어서 일본인으로 묶어주는 중요한 역할을 수행했다. 그것이 가능했던 것은 천황제야말로 정치권력이 바뀌어도 변하지 않은 '만세일계(萬世一系)'의 통치자로서 '일본'의 상징으로 만들 수 있는 유산이었기 때문이다. 그러나 캉여우웨이의 개혁을 좌절시킨 서태후와 수구파의 가장 큰 의구심이 '한족에 의한 정권찬탈'이었던 것처럼, 이민족 정권인 청조는 그러한 역할을 맡기가 곤란했다. 메이지유신 후 천황의 신성불가침의 권위는 메이지정부에 의해 교육되고 만들어진 것이긴 하지만, 그것이 가능했던 것은 통합의 구심으로 천황이란 존재가 충성심을 극대화할 수 있는 역사적·문화적 자산을 가지고 있었기 때문이다. 그러나 이민족 지배자인 청 황제는 태생적 약점이 있었다. 그럼에도 불구하고 캉여우웨이와 같은 진보적 지식인도 청 황제의 권위를 부정하지 못한 것은 그들도 여전히 과거제 내부의 인물로 청조가 관할하는 제도 내의 기득권층이었기 때문이다.

혁명운동의 전개

과거 학위가 없다는 이유로 리훙장에게 면담을 거절당한 쑨원은, 최고의 고등교육을 받은 엘리뜨이되 청말 중국사회에서는 입지가 없는 인물이었다. 톈진에서 쑨원이 겪고 깨달은 것은 청조체제에서는 자신의 뜻을 펼 수 있는 희망이 없다는 것이었을 것이다. 쑨원은 하와이에서 흥중회를 발족한 후 바로 홍콩으로 건너와 흥중회 홍콩분회를 결성하고 회원을 모집하였다. 이때 주로 쑨원과 결합한 이들은 비밀결사(會黨), 군인, 반청적 지식인으로, 홍중회 최초의 반청무장봉기인 꽝져우봉기(廣州蜂起)는 천샤오빠이(陳少白), 정스량(鄭士良), 양취윈(楊衢雲) 등이 주도한 보인문사(輔仁文社)와 연합하여 조직하였다.

그러나 1895년 겨울 꽝져우봉기는 사전에 누설되어 다수의 회원들이 체포되고 쑨원은 탈출해 해외망명의 길에 올랐다. 꽝져우봉기는 비록 실패했지만 꽝뚱성을 무장점령하려는 최초의 반청봉기로 청말 혁명운동의 실제적 출발점이라는 점에서 의의가 크다. 이 사건에 대해 청조가 크게 경각심을 가진 것은 예전의 반청(反淸)을 외치는 비조직적인 농민반란이나 회당의 봉기와 달리, 교육을 받은 지식인들로 이뤄진 혁명적 집단이 근대식 무기로 무장하여 정권탈취를 꾀한 조직적 운동이었기 때문이었다.

이듬해(1896) 쑨원은 런던체류 중에 체포되어 청조의 주영공사관(駐英公使館)에 감금당해 본국으로 송환당할 처지에 놓였다. 이 사건은 영국 여론에 크게 보도되어 청조는 쑨원을 석방할 수밖에 없었는데, 오히려 세계적으로 쑨원의 명성이 높아지는 계기가 되었다. 쑨원이 영국 여론의 지지를 받은 데는 기독교도에 서구식 교육을 받은 의사라는 점이 크게 작용했는데, 이 일이 있고 난 후 쑨원은 『런던수난기』(*Kidnapped in London*, 倫敦蒙難記)를 수개 국어로 출판하기도 했다. 이러한 명망은 향후 쑨원이 동남아시아와 미국의 화교를 상대로 혁명자금을 모금하는 데 큰 도움이 되었다.

쑨원의 혁명관은 청조 타도를 위해서는 어떤 세력과도 타협할 수 있다는 대단히 실용적인 것이었다. 이 점은 이상론에 철저했던 캉여우웨이와는 대조를 이루는 부분이다. 쑨원은 일본에 망명해 있던 캉여우웨이, 량치챠오 등 개혁파와 연합을 모색하기도 하고, 1900년 의화단운동이 일어났을 때는 홍콩총독 블레이크(H. A. Blake)와 량꽝총독 리훙쟝의 막료를 통해 리훙쟝을 황제로 추대하고 량꽝(兩廣)지역을 독립시키려는 구상을 하기도 했다. 1900년까지 흥중회의 총리는 쑨원이 아니라 양취윈(楊衢雲)이었는데, 공화주의에 대해서는 쑨원보다 그가 더 적극적이었다.

1900년 홍콩흥중회가 전력을 다한 후이져우봉기(惠州蜂起)가 일어났다. 후이져우봉기에는 2만 명이나 되는 흥중회 회원과 회당 등이 참가해 청군을 대파하는 군사적 승리를 거두기도 했지만 외부지원이 끊겨 스스로 해산하고 말았다. 이 후이져우봉기의 처리과정에서 양취윈과 쑨원, 졍스량이 대립하고, 이듬해(1901) 양취윈과 졍스량이 홍콩에서 피살되면서 홍콩흥중회를 중심으로 한 쑨원의 혁명활동은 일단락되었다. 조직력을 상실한 쑨원은 새로운 혁명세력의 터전을 찾게 되었다.

1900년 의화단운동 이래 중국에는 민족주의가 고조되고 국내에도 흥중회와 마찬가지로 반청혁명을 분명히하는 혁명조직이 등장하기 시작했다. 1902년 샹하이에서는 차이위안페이(蔡元培), 쟝삥린(章炳麟) 등이 중국교육회(中國敎育會), 애국학사(愛國學社)를 조직하여 반청혁명 선전활동을 시작하였고, 1904년 겨울에는 쟝삥린, 타오청쟝(陶成章), 츄진(秋瑾), 쉬시린(徐錫麟) 등 쟝쑤·져쟝 지방 지식인이 중심이 되어 "한족을 광복하고 우리 산하를 돌려받자[光復漢族, 還我山河]"는 구호 아래 반만 혁명조직인 광복회(光復會)가 결성되었다.

후난성 챵샤에는 1903년 11월 황싱(黃興), 쑹쟈오런(宋敎仁), 류쿠이이(劉揆一) 등 일본유학생들이 중심이 되어 "만주오랑캐를 내쫓고 중화를 부흥하자[驅除韃虜, 復興中華]"를 구호로 화홍회(華興會)를 결성하여 챵샤에서 무장봉기를 계획했다. 후뻬이성에는 1903년 5월 우루전(吳祿貞)의 화원산기관(花園山機關)이 설립되고, 1904년 우챵(武昌)에서 과학보습소(科學補習所, 1905년 日知會로 재조직)가 조직되었다. 쑨원의 활동은 이러한 국내 혁명운동이 본격화되기 전에 선도적으로 반청 혁명조직 활동을 전개하여 자극을 준 것에 그 의의가 있다. 이제 쑨원은 1900년 이후 등장한 새로운 세대에 착목하게 되었다. 이들 세대와의 결합과정에서 그의 공화주의 사상도 보다 확고한 것으로 되어간다. 1905년 동맹회의 결성은 바로 그러한 결과였다.

지금까지 쑨원 혁명운동의 기반이 된 것은 중국사회에서 이질적 계층, 이질적 공간이었다. 쑨원 자신도 '화교'라고 할 수 있었고 혁명자금을 공급하여 그를 지지해준 것도 해외 화교사회였다. 활동공간 역시 하와이·홍콩·동남아시아로, 봉기를 일으킨 곳은 중국의 변경인 꽝뚱성이었다. 1900년 이후 새롭게 형성되어간 국내의 혁명자원과는 연계가 없었다. 통합적 지도력 역시 부재했다. 다만 쑨원에게는 혁명파의 선구자로서 상징성이 있었다. 후이저우봉기 후 주로 해외에서 조직과 자금모집 활동을 하던 쑨원은 1905년 유럽여행에서 국내에서 혁명활동을 전개하다 유럽으로 유학온 젊은 학생들로부터 전국적인 혁명조직의 필요성을 듣게 되었다. 1905년 6월 토오쿄오에 도착한 쑨원은 황싱(黃興), 천톈화(陳天華), 쟝지(張繼) 등을 만나 성단위를 넘어선 단결과 조직이 필요하다는 점을 역설하였다. 쑨원의 발의는 혁명파들의 호응을 얻어 각지 혁명파 대표로 70여 명의 회의를 거쳐 1905년 8월 20일 토오꾜오에서 전국적 혁명조직인 중국동맹회가 결성되었다. 여기에서 쑨원이 총리로 추대되고, 1903년 이래 쑨원이 사용한 '만주오랑캐를 내쫓고 중화를 회복하고 민국을 건립하며 토지권을 평등하게 한다(驅除韃虜, 恢復中華, 建立民國, 平均地權)'의 16자 강령이 채택되었다.

이때 쑨원의 발의에 호응한 황싱, 쑹쟈오런, 천톈화, 쟝지 등은 모두 국내에서 반청활동에 가담했다가 이러저러한 사정으로 일본에 유학와 있었던 재일유학생들이었다. 동맹회는 쑨원의 화흥회, 광복회, 흥중회가 연합해서 조직되었다는 것이 정설이지만, 동맹회 결성 당시 화흥회와 흥중회는 활동이 정지된 상태였다. 광복회는 독자적 활동을 계속하여 동맹회의 통합적 지도력에는 한계가 있었다. 이러한 점이 향후 쑨원의 지도방침과 리더십에 대한 불만으로 내부분열을 겪게 되는 원인이 되기도 했으며, 신해혁명 후 위안스카이와 개량파에게 정권이 넘어가게 되는 결과를 가져왔다. 그렇지만 이제 중국의 혁명운동이 명확한 강령하에서 전국적 네트워크를 가진 혁명조직의 지도하에서 추진되게 되었다는 점은 홀시할 수 없다. 동맹회가 성립된 지 불과 6년 만에 청조는 무너지게 되었던 것이다.

제8장

밖으로의 흐름
화교

중국의 근대화를 이끈 변화의 동력은 어디에서 나왔을까? 변혁의 주체는 청조 정부와 엘리뜨 지식인만이 아니었다. 개항은 서구 근대 문명이 중국으로 유입되는 일방적인 과정이 아니라 쌍방향의 과정이었다. 중국인은 세계로 자유롭게 뛰쳐나가 서구와 세계경제를 바꾸었다. 그리고 다시 중국을 바꾸었다. 화교를 통해 중국의 근대를 다시 바라보자.

해외로의 인구이동

개항은 기술과 상품의 이동 외에도 대규모의 인적 이동을 낳았다.

개항 이전 중국은 '해금(海禁)'이라고 하여 명대 이래로 중국인의 해외 도항을 엄금했다. 명 태조 홍무제(洪武帝)는 1371년 왜구와 반명(反明)세력의 결탁을 막기 위해 "널빤지 하나라도 바다에 띄울 수 없다[片板不准入海]"는 금령을 내렸는데, 이로부터 해금의 역사가 시작된다. 명말 1567년에 해금은 일시 완화되었지만, 17세기 명을 정복한 청조는 반청(反淸)세력에 대항하기 위해 해금을 강화하였다. 1661년 강희제는 타이완에 근거지를 둔 정청꿍(鄭成功) 집단의 경제적 기반을 약화시키기 위해 꽝뚱, 푸젠성의 연해 30리(15km) 이내를 아예 무인지대로 만들어버렸다.

이 천계령(遷界令)은 타이완을 복속시킨 후 1684년에 폐지되었는데 여전히 무역은 샹하이(江海關), 닝뽀(浙海關), 샤먼(閩海關), 꽝져우(粵海關)의 4개 해관에만 한정되었다. 후에 무역항은 꽝져우 한 곳으로 제한되었다. 중국인의 해외 도항은 철저히 금했다. 1717년에는 중국인이 동남아시아에서 거주할 수 없고, 중국으로 귀국하는 것도 금지되었다. 중국의 형법에 해당하는 『대청율례(大淸律例)』에는 해금을 범하고 출국하여 무역, 거주, 경작하는 자는 적과 내통한 자로 간주하여 참수를 규정하고 있다. 청조의 도항자에 대한 시선 역시 적대적이었는데, 청의 공문에서 해외 도항자는 '해도(盜賊)' 혹은 '한간(漢奸)'으로 불렸다.[36]

하지만 1740년 인도네시아에서 네덜란드 식민당국이 중국인 1만

---

36) 이하 해외로의 인구이동 내용은 安井三吉(2005)가 1장에서 정리한 화교 발생과정을 주로 참고하고, 필립 퀸의 연구(2006)로 보충했다.

명 이상을 학살한 홍계사건(紅溪事件)이 발생한 것처럼, 동남아시아에는 개항 전에 이미 적지 않은 중국인들이 이주해 있었다. 19세기에 들어오면 중국인의 해외이주는 더 늘어난다. 내적으로는 중국의 인구 급증으로 경작지가 부족했다. 1700년에 1억 5천만이던 중국 인구는 1850년에는 4억 3천만으로 3배나 증가했다. 푸젠성 인구는 1791년에 1,280만 명에서 1890년에는 2,500만 명으로, 꽝뚱성은 1,645만에서 2,980만 명으로 늘어났다.

토지에 대한 인구압의 증가는 해외로의 이주를 촉진하는 요인이 된다. 외적 요인은 해외시장의 노동수요 증가였다. 동남아시아를 식민지화하고 플랜테이션농장을 조성한 구미열강은 물론이고, 미국·오스트레일리아 등 신대륙에서도 인프라 건설과 근대공업 건설이 시작되면서 세계 각지에서 대량의 노동력을 필요로 했다. 1833년 영국의 흑인노예제 폐지를 시작으로 각국에서 노예제가 폐지되면서 대체노동력이 필요해진 것이다. 더욱이 증기선의 도입과 원거리 정기항로의 개설로 대량으로 싼값에 노동자들을 운송할 수 있게 되어, 세계 노동시장은 지리적 한계를 뛰어넘어 통합되어갔다.

19세기에 노예제를 대신해 세계노동시장에 인력을 공급한 것이 바로 중국이었다. 그 방식은 이른바 계약이민이라는 것인데, 1845년 푸젠성 샤먼(廈門)에서 시작되어 꽝뚱성 꽝져우, 샨터우(汕頭)로 확산되었다. 해금이 있는 이상 해외도항은 불법이었으나 자발적으로 도항하기도 하고 유괴나 인신매매도 드물지 않았다. 이들 계약이민 노동자에 대한 처우는 매우 가혹하여 "돼지새끼무역[豬仔貿易]"이라 불릴 정도로 비인간적인 것이었다. 1859년 10월 량꽝총독(兩廣總督) 라오

츰꽝(勞崇光)이 영국·프랑스·스페인 3국에 쿨리(苦力, 2차 세계대전 전 중국과 인도의 노동자) 모집기관인 '초공공소(招工公所)'를 개설하도록 하고 대신 인신매매를 단속한 것은, 이미 불법적이지만 해외도항이 이뤄지는 상황에서 현실을 추인한 것이라고 볼 수 있다. 후에 청조는 1860년 뻬이징조약, 1866년 속정초공장정조약(續定招工章程條約), 1868년 미국공사 버링게임(A. Burlingame, 중국명 蒲安臣)과 체결한 일명 버링게임조약(天津條約續增條約)을 맺어 중국인의 해외이주를 용인했다. 19세기 중반부터는 전통적인 동남아시아 이민 외에 미국이민이 크게 늘었는데, 1848년 캘리포니아 금광 발견과 1865년 미국 대륙횡단철도의 건설 개시로 서부대개발이 본격화되면서 중국인 노동자들이 탄광과 철도건설 현장에 대거 투입되었다.

서구와의 접촉이 증가함에 따라 청조 안에도 해외 중국인을 '기민(棄民)'이 아니라 자국민(自國民)으로 보는 관점이 등장하기 시작했다. 1875년 청조는 최초의 정식 주재외교관으로 꿔쑹따오(郭嵩燾)를 주영공사로 파견하였다. 꿔쑹따오는 이듬해 영국 런던으로 부임하러 가는 길에 싱가포르에 들렀다가 수십만의 중국 상민이 있는 것을 보고, 이들의 보호와 관리를 주장하여 청조에 영사 파견을 주청하였다. 이리하여 1877년 10월에 싱가포르에 사상 처음으로 해외 거주민의 보호와 관리를 목적으로 영사가 파견되었다.

1884년 량꽝총독 쟝즈뚱(張之洞)의 명으로 동남아시아를 시찰한 정꽌잉(鄭觀應)은 홍콩, 사이공, 방콕을 둘러보고 화교의 열렬한 환대와 불우한 처지에 깊은 감명을 받았다. 그는 보고문에서 "모든 화교가 있는 항구에는 영사를 두어 보호하고 상업활동을 유지하도록 해야 합니다[凡華僑之埠均設立領事保護, 維持商務]"라고 건의하였다. 이 즈음부터 화인(華人)이나 화민(華民)을 대체하여 화교(華僑)가 재외 중국인을 가리키는 말로 널리 쓰이게 되었다. 재외 중국인을 가리키는 용어가 한간(漢奸)에서 한인(華人), 화교로 변화해간 것은 중국에 재외국민의 보호라는 초보적인 주권국가 의식이 싹트고 있었음을 알려준다.

공식적인 해금의 폐지는 일반적으로 도항자에 대한 참수를 규정한 대청율례가 수정된 1893년을 꼽는다. 양무파 개명관료이자 외교관이었던 쉬에푸청(薛福成, 1838~94)은 공식적으로 해금철폐를 선포하지 않아 지방관들이 귀국하는 이주노동자들을 위협·갈취하는 현상을 지적하고 해금의 철폐를 요청하였다. 청조는 이에 1893년 8월 21일과 9월 13일 조칙(詔勅)를 내려, "금후로는 정직한 상인이라면 해외에 오래 있었든 짧게 있었든 간에 그들의 처자와 더불어 해외 주재하는 청국(淸國)의 공사나 영사로부터 여권을 발급받아 고향으로 돌아와 정착하고 장사를 할 수 있다. 또한 이들은 언제든지 사업차 해외에 다시 나갈 수 있도록 허락한다"(『大淸歷朝實錄』, 光緖朝 3271b, 1893년 9월 13일)고 해금철폐를 공식적으로 선언하였다.

이러한 변화에 따라 해외로 도항하는 중국인의 수는 비약적으로 늘었다. 아편전쟁 이전에 이미 해외로 나간 중국인의 수는 약 100만 명이었다고 하는데, 1884년 남양 시찰을 했던 정꽌잉은 동남아시아의 화교가 200만을 헤아린다고 보고하고 있다. 1869년과 1939년 사이에 화교를 배출하는 세 곳의 주요 항구(厦門, 汕頭, 홍콩)에서 동남아시아로의 이주인구는 대략 1,470만을 헤아렸다.

중국 근대경제에서 화교의 역할

화교는 청조에게 '버려진 신민'이었지만, 청말 해외이주가 자율화되고 중국의 경제적 근대화가 자강(自强)을 위해 절실하게 요청되면서, 청조의 화교에 대한 시각도 적극적인 동원과 이용으로 바뀌게 되었다. 화교 역시 청말 내셔널리즘의 고조 속에서 동향의식을 넘어선 '중국인' 의식이 초보적으로 싹트고, 중국 개항장에서의 경제적 기회를 찾아 조국에 대한 투자에 관심을 갖게 되었다. 화교들은 서구의 선진적인 기술과 경영을 중국에 도입하는 데에도 큰 역할을 하였다. 화교의 중국투자는 1860~70년대부터 시작되었는데, 주로 화교의 고향인 중국 남부 꽝뚱, 푸젠 두 성(省)과 중국 상공업 중심지인 샹하이에 집중되었다. 샹하이, 꽝뚱성의 꽝져우, 샨터우(汕頭), 하이커우(海口, 현재는 海南省), 쟝먼(江門), 푸젠성의 샤먼 6곳에 대한 화교투자가 전국 화교투자 회사의 68%, 투자자본의 70%를 차지했다.

개항 이래 1949년까지 통계를 보면 전체 화교투자는 약 7억 위안 가량으로, 화교투자 기업수와 투자자본에서 꽝뚱성이 2만 천여 개, 3억 8,600만 위안, 푸젠성이 4천 개, 1억 4천만 위안, 샹하이가 167개, 1억 7백만 위안의 순이었다. 샹하이의 경우 투자회사의 수는 적지만 자본규모가 큰 투자가 이뤄졌음을 알 수 있는데, 화교 중에 대자본가는 거의 샹하이에 집중 투자하였다. 투자항목을 보면, 꽝뚱과 푸젠은 화교투자 중 부동산이 45~50% 내외를 차지했지만, 공업은 15%에 불과했다. 1949년 이전 꽝져우시의 부동산 중 4분의 1이상이 화교 소유였다고 한다. 이에 반해 샹하이는 공업투자가 수위로, 다음이 상업과 금융업이었고, 부동산투자는 거의 없었다. 화교가 샹하이에 투자한 공업은 50개 공장, 공업 투자액은 5,100만 위안으로 화교 샹하이 총투자의 47.43%를 차지한다.

화교투자 중에 중국의 경제적 근대화에서 큰 의미를 가지는 것은 많은 화교자본들이 중국에 처음 기계화된 근대적 공장을 도입했다는 점이다. 5장에서도 소개한 천치위안(陳啓源, 1825?~1905?. 혹은 陳啓沅)은 꽝뚱성 난하이현(南海縣) 사람으로 1854년에 동남아시아로 이주했는데, 1872년에 고향인 난하이현에 계창융제사공장(繼昌隆繰絲廠)을 건설하였다. 외자를 제외하고 중국 최초의 민간 기계제사창이다. 이 공장은 프랑스식 증기기계 제사법을 도입하였고, 여공수가 600~700명에 이르러 규모도 컸다. 생산성이 수공 제사의 6~10배나 되고 질도 좋아 판매가는 수공 제사보다 1/3이 더 높았기 때문에 수익이 좋았다. 중국자본의 최초 성냥공장은 1879년 일본화교 웨이셩쉬안(衛省軒)이 꽝뚱성 포산(佛山)에 세운 교명성냥공장(巧明火柴廠)이다. 일본인 자본이 포함되었기 때문에 중일 합작기업이라고도 하지만, 조계에서 외국인이 세운 성냥공장을 제외하고는 중국인에 의해 처음 만들어진 성냥공장이다.

신해혁명 이후이기는 하지만 중국 최초의 고무공업 역시 1917년 꽝져우에서 화교에 의해 일어났다. 말레시아화교 천위보(陳玉波) 등이 설립한 꽝뚱형제고무공사(廣東兄弟橡膠公司)가 그것인데 실제 생산은 1919년부터 시작되었다. 꽝져우에서 고무공업이 일어난 후 샹하이, 톈진, 션양(沈陽), 츙칭(重慶) 등 중국 전역으로 퍼지게 되었다. 꽝져우에서 고무공업이 가능했던 것은 1910년에 중국 최초로 하이난도(海南島, 당시 廣東省 瓊崖縣)에서 고무나무 재배가 시작되었기 때문이다. 화교 허린슈(何麟書)는 경안공사(瓊安公司)를 세워 동남아시아에서 고무나무 종자를 가지고 와서 하이난도에 3,200그루를 조영했다. 당시 국내에는 고무공장이 없어서 싱가포르로 수출했는데 이 사업이 이익이 많이 남자, 유사한 고무농장이 해남도에 연이어 들어서 국내 고무산업이 일어날 수 있는 바탕이 되었다.

샹하이의 화교기업 중에 가장 유명한 기업은 1905년 꽝뚱성 출신으로 홍콩과 일본에서 사업을 하던 젠쟈오난(簡照南)·젠위제(簡玉階) 형제가 설립한 남양형제연초공사(南洋兄弟烟草公司)이다(휴업 후 1909년 재개업). 당시 중국의 담배시장은 영미연초공사(英美煙草公司, British American Tobacco)가 장악하고 있었다. 1905년 반미 보이콧 운동 이래 국산품 애호 열풍이 번지는 가운데, 이 회사는 '민족자본'의 대명사로 영미연초공사와 경쟁을 펼쳤다. 처음에는 홍콩에 본사를 두었으나 이후 샹하이로 옮기고 자본을 1,500만 위안으로 늘리고 주식회사로 개조하였다. 남양형제연초공사는 제국주의 자본에 맞선 대표적인 민족자본으로 칭송되고 있으나 엄밀히 말하면 화교자본이다.

20세기 초반 경쟁력을 지녔던 이른바 '민족자본'의 근대적 회사들은 화교회사가 많았다. 역시 일본 재화방(在華紡, 일본이 중국에 건설한 면업공장)과 경쟁한 대표적인 '민족자본'으로 중국 면방공업 규모 제2위였던 샹하이영안방직공사(上海永安紡織公司)는, 1921년 오스트레일리아 화교 꿔뚱(郭東)·꿔슌(郭順) 형제가 자본 600만 위안으로 창설한 기업이다(1930년까지 1,200만원으로 증자). 근대 샹하이의 도시 소비문화를 대표하는 상징이었던 샹하이영안백화공사(上海永安百貨公司)

역시 이들 형제가 창설했다. 20세기 초에는 다중 국적 소지가 가능했기 때문에 화교들은 상업적 리스크를 최소화하기 위해 두세 개 이상의 국적을 획득했다.

화교들의 근대적 공업에 대한 선도적인 투자는 중국 내 민간투자를 활성화시키는 역할을 했다. 선통연간(1909~12)에 출판된 『남해현지(南海縣志)』에 따르면, 천치위안의 기계제사공장이 가동한 후, "3~4년 사이에 난하이(南海)와 순떠(順德) 두 곳에 연이어 설립된 기계제사공장이 많을 때는 수백 개에 이르렀다"고 하며, 1901년에 이르면 "성 전체가 제사에 기계를 사용하게 되었으며, 부녀 중에 이에 고용되어 생계를 꾸리는 자가 십수만 명이었다"고 한다. 천츠위(陳慈玉)의 연구에 따르면, 1880년대 후반부터 꽝뚱기계사의 수출은 수제사 수출을 초과하였으며, 1906년에 꽝뚱성 전역에는 176개의 기계제사 공장이 있었다.

화교투자는 교통운수, 도시개발 등 경제인프라 방면까지 이어졌다. 인프라 투자는 주로 화교의 고향인 꽝뚱성, 푸젠성에 집중되었다. 화교가 꽝뚱 교통운수업에 투자한 최초의 사례는 1902년 꽝뚱성 쟝먼(江門)에서 개업한 기선회사인 사읍윤선공사(四邑輪船公司)이다. 신해혁명 후의 도로와 자동차운수, 전차회사 등도 대부분 화교자본이었다. 특히 주목할 만한 것은 철도부문이다. 1945년까지 꽝뚱성에 부설된 철도는 월한철로(粵漢鐵路), 광구철로(廣九鐵路), 신녕철로(新寧鐵路), 조산철로(潮汕鐵路) 4개에 불과했다. 이중 월한철로와 광구철로는 정부 관영기업이었고, 신녕철로과 조산철로는 청말 화교가 세운 민간철로이다. 조산철로공사와 신녕철로공사는 각각 1903년, 1905년에 조직되었는데 이 시기는 한창 철도와 광산 등 이권 회수운동이 벌어지고 있던 시기였다. 조산철로공사는 1903년 '실업구국(實業救國)'의 영향하에 1903년 꽝뚱성 메이현(梅縣) 출신의 인도네시아 화교 쟝위난(張煜南)·쟝훙난(張鴻南) 형제가 조직 경영한 중국 최초의 화교투자 상업철도이다. 300만 냥 정도가 투자되었고, 1905년에 공사가 시작되어 1906년 11월에 36km가 전장 개통되었다. 신녕철로는 미국 화교 천이시(陳宜禧)가 "우리나라의 철도가 거의 다 외국인의 손에 조정되는 것에 분노하여" 1904년 청조의 허가를 얻어 이듬해 미국과 캐나다 등지의 화교자본을 초모하여 세웠다. 초기자본은 275만 위안 가량으로 1909년 3월에 부분 개통되어 기차의 운행이 시작되었고, 1920년까지 61km가 전장 개통되었다.

이외에 초기 근대적 도시 공공시설의 도입에는 화교투자가 독보적이다. 1890년 미국화교 황빙창(黃秉常)이 꽝져우에서 전등(電燈)회사를 설립한 것을 시작으로 1900년대와 1910년대에 꽝져우, 샨터우(汕頭), 샤먼(廈門) 등 주요 화교 배출 도시에 전기, 전화, 전등, 상수도회사가 설립되었다. 대다수가 화교투자였다. 조계에서는 외국인들이 자신들을 위해 공공써비스를 설립했지만, 중국 국내에서는 해외에서 근대적 공공써비스 영업을 경험하고 경영지식이 있는 화교들에 의해 본격적으로 도시 공공써비스가 도입되었던 것이다.

이상을 살펴보면 화교투자의 시작은 1860~70년대이지만, 1900년 이후 급격히 증가했음을 알 수 있다. 그 배경은 청조의 화교와 상공업에 대한 달라진 태도에서 찾을 수 있다. 1870년대 양무운동 시기부터 동남아시아 화교들을 대상으로 기업 투자자금 초모가 시작되었다. 하지만 청조의 상공업에 대한 태도가 근본적인 변화를 보이고, 화교자본 유치를 절박한 현실의 요구로 인식하게 된 것은 1900년대 신정(新政)이 시작되면서부터라고 할 수 있다. 1901년부터 청조는 신정을 실시하여 교육, 경제, 군사, 사회 전반에 걸친 서구화 정책을 추진하였다. 경제면에서는 1903년 3월에 상부(商部)를 설립하고, 『공사례(公司例)』『장려공사장정(獎勵公司章程)』『공사주책시판장정(公司注冊試辦章程)』 등을 반포하여 근대적 기업의 설립과 등록을 장려하였으며, 해외 화교자본의 국내 유치에도 깊은 관심을 쏟았다.

청조는 두 차례에 걸쳐 특사를 동남아시아에 파견하여 화교자본의 국내 투자유치를 선전했다. 1904년에는 동남아시아 화교상인인 장전쉰(張振勳)을 상무대신(商務大臣)으로 삼아 동남아 각지를 돌며 투자유치를 하게 했으며, 1907년에는 농공상부(農工商部) 우시랑(右侍郎) 양스치(楊士琦)를 동남아에 파견하여 대규모 투자를 하는 화교에게는 학위나 관위를 수여하는 한편 사업체에 대한 지방관의 보호를 약속했다. 이는 청조가 지방관의 귀국화교에 대한 착취와 지역사회의 근대적 공장 유치에 대한 반대가 화교자본 유치의 걸림돌이라는 것을 알고 있었기 때문인데, 1905년에는 푸젠성의 일부 지현(知縣)들이 화교투자를 철저히 보호하지 못했다는 이유로 면직당하기도 했다.

이어지는 9장에서 상세히 논하겠지만, 1900년대는 1903년의 거아운동(拒俄運動, 반러시아운동)과 1905년 반미 보이콧운동으로 내셔널리즘이 고조되고, 상인과 신사층의 정치조직화가 진전되면서 철도와 광산을 중심으로 이권회수운동이 열렬히 벌어지던 시대였다. 해외 화교 역시 이러한 사상적 조류의 영향을 많이 받았다. 반미 보이콧운동은 미국 내 화교에 대한 차별과 인권문제가 발단이 된 것으로 샹하이를 비롯해 전국 주요도시가 반미 보이콧운동(미국상품 배척운동)을 전개했는데, 그 과정에서 미국 내 화교사회의 '중국인' 아이덴티티도 크게 강화되었다. 1905년을 전후하여 화교자본 투자가 철도와 광산에 집중되었고 미국 화교의 투자가 많았던 것은 이러한 주권회복운동의 이념적 영향과 반미 보이콧으로 고양된 미국 화교의 내셔널리즘 때문이었다.

화교의 민족의식

1900년대 청조는 신정을 추진하면서 근대화를 위한 재원을 조달하기 위해 화교사회에 대해 적극적인 조직화와 동원을 시도하였다. 청조는 1902년 『흠정학당장정(欽定學堂章程)』 반포와 함께 각 성에 신식학당 설립을 추진하고, 화교들의 교육을 위한 학교 설립도 추진하였다. 중국 국내에서 1902년의 학제는 실행되지 못했으므로, 1904년에 가서야 학당 설립이 본격적으로 탄력을 받게 되는데, 청조의 화교학교 설립도 국내의 진행상황과 발맞추면서 지속적으로 추진되었다. 동남아시아 각지에 특사가 파견되는 한편, 학교를 세우는 화교에게는 관위와 작위를 수여해주었다. 그 결과 1907년까지 동남아시아, 쌘프란씨스코, 일본 각지에 화교학교가 연이어 문을 열었다. 자바 한 곳에만 50여 개의 화교학교가 설립되었으며, 학생이 4천여 명이었다.

화교학교를 통해 화교 후예들의 '중국인' 정체성을 고취하는 한편,

유력 화교상인들을 조직화하기 위해 각지에 중화총상회(中華總商會)를 설립하였다. 이 역시 국내의 상회(商會) 설립정책과 맞물려 시행되었는데, 동향의식이 강했던 화교사회의 경우 지역, 혈연, 방파(幇派)를 넘어선 화교 전체의 조직체로서 중화총상회의 건립은 동향의식에서 한 발 더 나아간 국가의식의 형성에 큰 작용을 했다. 청조가 1903년 반포한 『상회간명장정(商會簡明章程)』을 보면, 해외 각지에 중화총상회를 조직하고 그 조직활동은 청조의 관리를 받으며, 임원은 공천을 거쳐 청조 상부(商部)의 비준을 받아 임명하도록 되어 있었다. 청조의 적극적인 정책적 노력으로 1900년대에 화교의 조직화는 크게 진전되었다.

청조의 화교 조직화 정책은 일본을 모델로 한 근대 국민국가로의 전환을 위한 것이었지만, 화교에게 중국인으로서 '국가의식' 혹은 '민족의식'을 불어넣은 것은 청조의 탄압으로 해외에 망명해 있던 개량파와 혁명파였다. 넓은 의미에서 청조, 개량파, 혁명파는 화교라는 '과실'을 서로 쟁취하기 위한 경쟁을 벌였다고 볼 수 있다. 각 세력이 제시하는 중국의 이상적 미래상은 청조가 지도하는 위로부터의 개혁, 보다 신속한 입헌군주제로의 이행, 청조의 타도와 공화국의 건설 등으로 저마다 달랐지만, 궁극적으로는 '중국과 중국인의 자강'을 설득함으로서 화교에 대한 교육효과는 같았다.

중국에서 정치운동을 벌이던 개량파와 혁명파는 청조의 박해를 받아 해외로 망명하는 처지가 되면서, 양파의 지도자들은 운동을 지원해줄 재원을 해외 화교사회에서 찾았다. 그 과정에서 화교사회에도 입헌운동과 혁명운동이 전파되었다. 게다가 개량파의 지도자였던 캉여우웨이(康有爲)와 량치챠오(梁啓超), 혁명파의 지도자 쑨원(孫文)이 모두 꽝뚱성 출신이었다는 점이 결정적이었다. 중국은 청말에 서구와 일본을 통해 '국민'과 '국민국가'의 이념이 수입되기 전까지는, 막연한 문명적 의미에서 중화주의적 우월의식이 공유되었을 뿐, 현실의 사회공동체에서 가장 중요한 준거집단은 동향집단(同鄕集團)이었다. 중국의 내셔널리즘은 동향의식을 뛰어넘어 '중국인'을 상상하는 데서부터 시작되었다. 청말 개량파와 혁명파는 바로 꽝뚱(廣東)이라는 동향의식을 바탕으로 화교집단에 접근해 그것을 뛰어넘는 국가의식의 씨앗을 뿌렸던 것이다.

량치챠오는 그의 글 「국가사상의 변천과 차이를 논함(國家思想變遷異同論)」(1901)에서 "옛날의 정부는 일개 군주가 주체였으므로 제국이란 전제군주의 제국이었다. 오늘날의 정부는 전국민이 주체가 되므로 그 제국이란 민족제국이다. 무릇 국가가 민족주의 단계를 거치지 않는다면 국가라고 부를 수 없다. … 그러나 우리나라는 이른바 민족주의가 아직 배태되지도 못했다. … 타인이 제국주의로 침략해오기를 무서워한다면, 우리 고유의 민족주의를 속히 양성하여 이를 막아야 하니, 이것이 오늘날 우리 국민이 급하게 서둘러야 할 일이다"라고 주장했다. 그는 나아가 중국의 세계로의 팽창, 즉 제국주의의 선구자이자 선발대로 화교를 높이 치켜세웠다. 캉여우웨이가 1899년 캐나다에서 보황회(保皇會)를 창립한 이래, 수년 내에 세계 각지에 보황회 분회가 170개나 생겨나 회원이 수십만에 이르렀다.

혁명파 중에서도 쑨원의 혁명운동은 화교사회에 깊이 뿌리박혀 있었다. 그 자신이 사실상 화교나 마찬가지였거니와 홍중회(興中會)의 초기멤버 325명 가운데 화교가 70%를 차지했다. 쑨원의 배만혁명(排滿革命)을 해외에 선전하는 신문, 잡지는 흥중회 시기에는 11종, 동맹회 시기에는 41종으로 늘어났다. 1900년대는 청조, 개량파, 혁명파 모두에 의해 화교사회에 급격하게 출신지역을 넘어 '중화(中華)'란 두 글자가 등장했던 것이다.

그러나 해외 화교들은 피동적인 동원의 대상이기만 했을까? 해외 화교들 사이의 내셔널리즘은 중국과 화교의 이해관계가 일치하는 접점에서 탄생했다. 해외에 거주하는 화교 역시 소수자로서 생명과 재산의 안전을 보장해줄 모국이 필요하다는 점을 점차 느끼게 되었다. 개량과 혁명을 통해 고양된 중국의 장래에 대한 희망은 중국이 약소국의 지위에서 벗어나 자강할 수 있고, 강한 중국은 화교사회에 자긍심을 심어주고 든든한 배경이 되어줄 수 있다고 믿었다.

인도네시아의 네덜란드 지배자들은 종래 원주민을 효율적으로 지배하기 위해 중국인들을 중간관리자로 이용하여 일종의 이등시민으로 대접해주었다. 그러나 19세기에 들어와 네덜란드는 화교들을 인도네시아 원주민과 같은 사법적 대우로 격하하고, 주거와 여행을 제한하는 정책을 폈으며, 중국인을 주요 사업인 세금청부와 대부업에서 배제하였다. 예전에 중국인들에게 유럽인 아래의 제2계급 비슷한 지위를 주었던 인종구분은 이제 이들의 지위를 제3계급인 원주민에 더 가까운 것으로 격하시켰다. 서구인이 되고 싶었으나 좌절한 화교들에게 개량과 혁명으로 거듭날 중국과 중국인 아이덴티티는 차선의 선택이지만 충분히 매력이 있었다.

미국 화교의 경우 반미 보이콧운동을 진행하면서 동향단체를 넘어선 '중국인'으로서의 단체행동이 나타나고 조국인 중국에서까지 전국적인 반향이 나타나자 특히 급격하게 정치화되었다.

한편 화교집단이 개량파와 혁명파의 요람이 될 수 있었던 것에는 화교사회 내부의 인적 구성의 변화와도 관련이 있다. 화교는 19세기 중반 이전에도 동남아시아 사회에 100만 명 이상이 있었다고 하는데, 중국이 열강과의 조약을 통해 해외이주를 실질적으로 승인한 1860년대부터 해외이주가 대폭 늘었다. 이 새로운 이민자들은 중국에서 교육을 받았으며 가족이 중국에 있고 대체로 현지에서 돈을 모아 언젠가는 돌아갈 것이라고 생각하는 노동이민자였다. 따라서 중국의 정치적 문제에 대해 내국인과 마찬가지로 관심이 높았으며, 해외에 있었기 때문에 더 자유롭게 정치적으로 적극적 선택을 할 수 있었다. 1891년에 이르면 싱가포르의 경우 신이민자의 수는 17만 5천 명으로 토착화한 구이민자의 수인 5만 명을 훨씬 능가하였다.

근대 중국에서 화교라는 요소는 앞에서 살펴본 것처럼 서구의 기술과 정보의 수입에 적지 않은 역할을 했으며, 화교 역시 충분히 중국의 내셔널리즘에 합류할 동기를 가지고 있었다. 19세기 말 중국의 근대화 과정에서 아쉬운 것은 이러한 자원이 충분히 활용되지 못했다는 점일 것이다. 아편전쟁 이전 해외에는 이미 100만 명이 넘는 중국인이 활동하고 있었으나, 청조는 서구에 대해 체계적인 정보도 수집하지 못했고 하려고도 하지 않았다. 개항 후 청조의 화교관은 변화하여 관리와 활용의 자세는 갖춰졌으나 적극적으로 정책으로 드러난 것은 1900년 이후, 개항으로부터 60년이나 지난 후였던 것이다. 그리고 이미 청조의 붕괴는 목전에 있었다.

|참고자료|
량치챠오, 「중국 식민지 개척의 8대 위인전」(1906)

　나는 우연히 명사(明史)의 외국전(外國傳)을 읽다가 스리비자야, 보르네오, (말라야), 자바의 이들 네 왕을 발견하였다. 나는 놀람과 기쁨으로 뭐라고 말할지 모를 정도였다. 그리고 비로소 우리나라의 이와같은 위대한 인물이 케케묵은 책 속에 이처럼 깊숙이 묻혀 있었음을 탄식했다. 게다가 그중 두 사람은 성씨조차도 후세에 전해지지 못했다.

　(중략)

　신사씨(新史氏, 량치챠오 자신을 이르는 말—인용자)가 또 말하기를, 내가 이 전기를 다 쓰고 난 뒤 시대정신에 대한 감상 이외에, 세 가지 생각이 머릿속에 더 떠올랐다. 첫째는 해사사상(海事思想)과 국민의 원기(元氣) 사이의 관계이다. 9인 중(8명의 동남아시아 식민지 개척 위인의 전 이외에 필리핀 화교 潘和五가 附記되어 있음—인용자) 일곱은 꽝뚱성 출신이고, 두 명은 푸젠성(福建省) 출신이다. 장래에 우리나라가 제국주의를 대외로 확장시켜 가려고 한다면, 이들 두 성의 백성들이 유용할 것이다. 그러나 다른 연안 성들이나 내지 성들 역시 크게 부족할 이유가 어디 있겠는가, 다만 그들의 자질을 키우기에 달렸을 따름이다. 오늘날 미국의 해양세력을 발달시킨 것이 어찌 오로지 두(대서양과 태평양의—인용자) 연안지역에만 있겠는가.

　둘째로 식민사업과 정부의 장려 사이의 관계이다. 열강의 식민은 직접적이든 간접적이든 정부의 힘으로 장려하지 않은 것이 없다. 우리나라는 상호의심과 질시가 지배하였기 때문에 모든 사람들이 각자 다른 방향으로 갔다. 그 결과 비록 어떤 이는 뛰어난 능력과 정력을 가지고 있었지만 결국 지원이 부족하여 실패했다. 이것이 바로 최근 몇십년 동안 미국, 오스트레일리아, 아프리카에서 많은 화교들이 비참한 경험을 한 원인이다.

세번째는 정치력과 국제경쟁 사이의 관계이다. 고대에는 중국정부의 도움 없어도 우리 백성들이 여러 나라에서 점포를 열고 사업을 후손들에게 물려줄 수도 있었다. 그러나 그들이 강력한 문명을 가진 나라들과 만났을 때, 그들은 이들 나라들의 지배에 복종해야 했다.

(중략)

슬프도다! 남양(南洋)의 백수십의 왕국들은 그 백성 대부분이 모두 황제(黃帝)의 후손이다. 지세로 보아도 역사로 보아도 실로 원래부터 우리 종족의 식민지이다. 그러나 지금 그 땅에 의탁해 사는 중국인들은 스스로를 소와 말에 비견할 수 있을 따름이다. 슬프도다! 누구의 죄인가? 누구의 죄인가? 우리가 황제로부터 물려받은 자신의 땅조차 지켜내지 못하는데 어찌 남양(南洋)을 논할 수 있겠는가.

출전: 梁啓超 「中國植民八大偉人傳」, 『飮冰室合集』 8, 中華書局 2003, 1~5면.

제3부

새로운 시작

제9장
혁명으로 가는 길
중국 내셔널리즘의 형성

중국에는 부국강병을 위한 통합적 이데올로기가 만들어졌는가? 근대적 내셔널리즘은 중국에서 어떻게 나타났는가? 중국 내셔널리즘의 형성과정은 서구로부터의 사상 수입과 동아시아의 지(知)의 유통구조, 중국 국내외의 정치변동이 결합된 복합적 과정이었다. 여기에서는 오늘날에도 문명적 중화주의와 함께 중국인의 국가관·대외관에 깊은 영향을 미치고 있는 중국 내셔널리즘의 배태과정을 추적한다.

의화단운동과 반제 민족주의의 등장

1900년 청조가 외국열강과 벌인 다섯번째 전쟁이자 마지막 전쟁인

의화단운동이 일어났다. 의화단운동은 화북을 중심으로 일어난 반기독교 민중운동이었는데, 청조가 이 배외운동에 동조한 결과 열강 8개국 연합군의 무력간섭을 받은 사건이다.

1844년 미국과 맺은 망하조약(望廈條約)과 프랑스와 맺은 황푸조약(黃埔條約)에서 교회 건립과 청정부의 교회 보호의무가 규정되면서 중국에서의 선교는 사실상 자유화되었다. 1846년에는 다시 프랑스와의 조약에서 기독교 포교를 공식적으로 인정해, 100여년에 걸친 금교(禁敎) 즉 기독교금지 원칙이 폐기되었다. 나아가 1860년 베이징조약 제13조에 의해 중국 어디에서나 선교할 수 있는 자유가 보장되고, 교회가 토지와 건물을 임차할 수 있게 되었다. 이제 선교활동은 중국 내지까지 침투하게 되었다. 1894년 중국에는 750명의 유럽인 신부, 400명의 중국인 사제, 50만 가량의 신도가 있었다. 같은 시기 개신교는 1,300명이 넘는 선교사가 350여개 도시와 마을에 분포해 1900년이 되면 신도수가 10만을 넘었다.

그런데 내지에서 선교사와 중국인의 잡거는 지역사회에 갈등을 일으켰다. 토지와 건물의 조매권(租買權)을 인정하자, 교회는 신도수를 증가시키며 토지 보유를 늘려가 중국인 지주에 위협이 되었다. 또 선교사들은 때때로 영사재판권을 확대 해석해서, 중국인 신도까지도 치외법권을 적용하라고 지방당국에 요구해서 마찰을 빚었다. 지방관헌에 대한 영향력을 이용해 신도와 비교도 사이의 소송에 개입하기도 했다. 초기 교회의 신도들은 사회의 하층계층이 많았기 때문에 지역사회에서 청조의 교회 보호의무를 이용해 권세를 부렸다.

전통적으로 중국의 지역사회를 지배하던 관신층(官紳層)은 선교사가 신사의 상징인 유복(儒服)을 입고, 임의로 지방관을 접견할 수 있는 것에 불만을 가졌다. 외국인의 치외법권은 신사의 면책특권보다 더 강력한 것이기 때문에 은연중에 지역사회에서 신사의 위상과 권위는 도전받았다. 예전부터 신사들의 사업인 구휼사업도 교회가 자선사업을 벌이며 잠식해갔다. 비교도인 일반민중은 기독교를 중국을 침탈하는 서구세력의 첨병으로 파악했다. 교회세력을 등에 업은 교민의 비행이 이런 반감을 더욱 고조시켰다. 쌍방간의 갈등은 1870년대부터 선교사를 살해하고 교회를 공격하는 각종 교안(敎案, 반기독교사건)을 불러일으켰다. 교안의 처리과정에서 서구 열강은 더 많은 이권을 청조에 요구했기 때문에, 교회와 제국주의 간의 유착관계가 선명하게 부각되었다.

의화단운동이 시작된 샨뚱성(山東省)은 카톨릭교단이 공격적으로 선교를 펼치던 곳이었다. 산뚱지역에만 1,100개의 교회에서 300여 명의 외국선교사가 활동하고 있었다. 이 지역은 신사층의 지배가 약해 토비가 많아 향리의 자위조직이 예부터 발달해 있었다. 샨뚱은 교안이 빈번히 발생하던 곳으로 반기독교 감정이 지역사회에 만연해 있었는데, 전국적 동란으로 폭발한 데에는 1898년의 황허의 범람 등 자연재해로 난민이 대량 발생한 것이 중요한 원인이었다.

반란을 선동한 의화단(義和團)은 권법과 샤머니즘이 결합한 의화권(義和拳)을 수행하는 집단으로, 주문을 외우면 칼이나 총알로도 상처를 입지 않는다는[刀槍不入] 주장으로 민심을 현혹했는데, 이들은 "청조를 도와 양귀를 몰아내자[扶淸滅洋]"는 구호를 내걸고 화북지역에 점차 세력을 확산시켰다. 1898년에 반기독교운동이 일어난 뒤 서양 열강은 강력한 진압을 청조에 요구했지만 소요는 좀처럼 진압되지 않았다. 1900년 6월에는 의화단원이 베이징과 톈진으로 쳐들어가 기독교인을 학살하고 베이징 공사관 구역의 외국인을 8주간이나 포위하는 사태가 일어났다. 화북 전역에서 250명의 외국인이 살해되었다.

반란세력의 강력함을 본 서태후는 의화단에 2만 석의 쌀과 2만 냥을 지급하고 한때 열강에 선전포고를 했다. 그러나 리훙장 등 지방의 양무파 관료들은 선전포고를 무시하고 열강에 중립을 표했다. 열강은 8개국 연합군을 결성해 톈진을 함락시키고 8월에는 베이징을 함락시켰다. 급하게 된 서태후는 시안(西安)으로 몽진을 가면서 리훙장을 의화전권대신에 임명하고, 관병은 다시 대대적인 토벌로 돌아서 반란을 진압하였다.

의화단의 배상문제로 1901년 9월 7일에 신축조약(辛丑條約)이 체결되었다. 신축조약으로 100여 명의 중국관리가 처벌되었다. 배상금으로 중국은 4억 5천만 냥을 4리로 39년 동안 분할지급해야 했는데, 원금과 이자를 합치면 9억 8,200여만 냥이나 되었다. 재정이 고갈된 청조는 해관세, 통상구안상관세(通商口岸常關稅), 염세 등 주요 세원을 열강에 저당잡혔다. 또 배외사건이 발생한 지방의 신사들은 향후 5년간 과거 수험자격이 정지되었다. 이 사건으로 청조의 타협성과 나약함이 단적으로 노출되면서, 열강을 물리치려면 청조를 먼저 타도해야 한다는 주장이 사회적 영향력을 넓혀갔다. 굴욕적인 신축조약은 청조 타도 없이는 열강을 물리칠 수 없다는 분위기를 조성했다.

보다 분명하게 반제국주의와 반만을 결합시키게 된 계기는 거아운동(拒俄運動, 1901~1903)이었다. 러시아는 의화단 출병 때에 동삼성

(東三省, 만주지역)에 출병한 뒤 1902년 청조와 철병조약을 맺었음에도 이를 무시하고 이 지역을 세력권 안에 편입시킬 것을 요구했다. 이에 격분하여 1903년 4월 29일 일본유학생 500여 명이 집회를 갖고 러시아에 대한 개전을 요구하면서 거아의용대(拒俄義勇隊, 곧 拒俄學生軍으로 개명)를 조직하여 군사훈련을 하는 한편 주전을 촉구하여 국내에서도 큰 반향을 일으켰다.

그러나 청조는 이 운동을 "거아(拒俄, 반러시아)를 구실로 혁명을 꾀한다"고 보고 일본에 단속을 요청했다. 청조의 탄압조치에 격분한 유일유학생 쟝지(張繼)가 "나는 이후로는 배외(排外)를 얘기하지 않겠다. … 외환(外患)의 여하를 막론하고 우선 배만(排滿)을 과업으로 삼겠다"라고 이야기한 데서도 알 수 있듯이, 청조의 탄압조치는 지식인계층이 반제를 위한 반만혁명으로 전환하는 데 중요한 계기가 되었다. 청조는 거아(拒俄), 즉 반제(反帝)를 할 수 없는 존재이므로, 반제를 위해서는 청조의 타도가 선행되지 않으면 안된다는 것이 그들의 생각이었다.

그 영향은 이 시기를 즈음하여 집중적으로 반만혁명을 지향하는 단체가 각지에서 조직되기 시작한 것에서도 알 수 있다. 1903년 5월 11일 황싱(黃興), 천톈화(陳天華), 친위류(秦毓鎏) 등 급진분자들은 군국민교육회(軍國民敎育會)를 조직하였고, 이 군국민교육회의 참가자들이 화흥회(華興會, 1903년 11월 결성), 광복회(光復會, 1904년 겨울) 등 국내 혁명단체 조직에 관여했다. 거아운동이 반제와 반만을 결합하여 국내 혁명운동의 진정한 출발점이 되었다고 평가할 수 있는 대목이다.

거아운동에 이어 2년 뒤에는 중국 내셔널리즘 형성에 중요한 사건인 반미 보이콧운동이 일어났다. 잘 알다시피 '중국'은 한번도 국명이었던 적이 없었다. 당시 중국의 국명은 청(淸)이었고 그 국민은 청인(淸人)이었다. 본래 '중국인'이라는 용어가 빈번하게 사용되기 시작한 것은 20세기 들어와서이며, '중국인'이라는 단어가 널리 사용되고 일반화된 것은 바로 1905년 반미 보이콧운동 과정에서였다. 이때의 청인이 아닌 '중국인'이라는 어휘는 지역적 구분을 뛰어넘어 하나의 국민이라는 아이덴티티를 표상하는 것이었다.

1848년 캘리포니아 금광이 발견되어 '골드러시'가 시작된 이래 서부 대개발이 이뤄지면서 막대한 노동력 수요가 미국 서부에서 발생했다. 노예무역이 폐지된 후 세계시장에 노동력을 공급한 것은 화공(華工) 혹은 쿠리(Coolie, 苦力)라고 불리는 중국인 육체노동자였다. 1868년 버링게임(Burlingame)조약으로 미국과 청 양 국민의 자유로운 왕래와 거주가 보장되면서 1869년 이후 미국이민이 급증하게 되었다. 당시 미국으로 건너간 화공의 대부분은 꽝뚱성 출신이었다. 그러나 비숙련 노동시장에서 중국노동자와 경합을 벌이던 카톨릭계 이민자들이 백인임을 내세워 화공에 대한 배척과 폭행을 가하면서 미국사회에서 화공 문제는 골칫거리로 떠오르게 되었다.

결국 미국은 중국인의 이민을 제한하려는 움직임을 보이는데, 당시 청조는 류우큐우 귀속문제로 청일 사이의 교섭에 미국의 조정을 필요로 했기 때문에 이민문제에 대해 양보하여, 1880년 미국과 맺은 조약에서 이민제한 조항이 삽입되게 되었다. 1882년에는 향후 10년간 화공의 이민을 금지하는 법안이 미국에서 가결되었다. 1894년 재차 진행된 양국 교섭에서도 다시 10년간 화공 이민이 금지되었고, 화교가 많은 필리핀, 하와이가 1898년에 미국령이 되면서 이들 지역도 이민금지법이 적용되게 되었다. 1904년은 1894년의 조약이 만기가 되는 시점으로, 중국인들은 이민금지법을 폐지할 것을 요구했으나 미국은 재차 연장할 것을 고집하였다.

이 문제는 미국에서 만연한 중국노동자에 대한 폭행과 인종적 차별에 대한 민족적 공분이 더해져 '꽝뚱인'의 문제를 넘어서서 일파만파로 퍼지게 되었다. 이듬해 1905년 5월과 6월경부터 꽝져우, 샹하이, 톈진 등 대도시를 중심으로 조약연장에 반대하는 대규모 반미운동이 벌어졌다. 그 운동의 거점이 된 것이 샹하이를 비롯한 대도시의 상회와 신식학제로 설립된 학교였다. 상인들과 학생들은 대중집회를 열고 미국상품 불매를 선전했다. 운동을 선도한 샹하이의 경우 상회가 조직적으로 미국상품에 대한 불매운동을 벌여, 보이콧기간 동안 미국 면포[花旗布]의 수입이 크게 줄고 국산화가 진전되었다.

1905년의 반미 보이콧운동은 최초로 중국의 부르주아가 독립적 정치역량으로 등장한 사건이었으며, 중국사회에 가장 뿌리깊은 동향적 연대를 뛰어넘어 '중국인'으로서 새로운 국민의식을 자각하게 된 큰 사건이었다. 이와같은 근대적 대중운동이 발생할 수 있었던 것은 청일전쟁 이래 자라나던 반제의식과 국민의식, 보이콧을 가능하게 하는 중국 민족산업의 발전, 상회와 학교 등의 새로운 정치공간의 등장 등 다양한 요인이 있었다.

20세기 초 토오꾜오의 중국인들

중국 내셔널리즘의 형성과 혁명운동에는 중국인 일본유학생 사회가 중요한 역할을 했다. 중국인의 일본유학은 청일전쟁 이후 비로소 본격적으로 시작되었다. '동양귀(東洋鬼, 일본인의 멸칭. 청말까지 동양은 주로 일본을 뜻했다)'라 부르며 무시하던 일본이 근대화를 통해 중국을 능가하는 아시아의 패자(覇者)로 거듭난 것을 목도하면서, 일본에 대한 관심이 고조되었다. 최초의 1896년에는 유학생이 13명에 지나지 않았지만, 급속히 증가하여 중국에서 온 유학생들의 임시학교로 요꼬하마대동학교(橫浜大同學校)가 설립되었다. 1904년에는 1,300명까지 증가했다.

1904~1905년의 러일전쟁과 1905년 청조의 과거폐지는 일본유학이 폭발적으로 증가하는 기폭제가 되었다. 황인종에 아시아국가인 일본이 백인종의 서방국가인 러시아를 물리친 러일전쟁은 중국뿐 아니라 세계적으로 큰 충격을 준 사건이었다. 터키와 같은 먼 비유럽 국가에서도 일본의 승리는 대서특필되었고, 러시아에서는 황화론(黃禍論)이 재등장했다. 한편 러일전쟁이 정신적인 동기부여를 했다면, 청조의 과거폐지는 실질적인 유학의 동기를 제공했다. 유일한 출세의 사다리였던 과거제도가 폐지됨에 따라 학교와 유학이 새로운 신분상승의 루트가 되었다. 그 결과 1905~1906년에는 일본의 중국 유학생 수가 8천여 명에 이르렀다.

청일전쟁 이전에도 관비와 사비로 미국과 유럽에 유학하는 경우가 있었지만 간헐적이고 개인적 유학으로 숫자도 미미했다. 일본유학이

성황을 이룬 것은 앞서와 같은 배경 외에 여론지도층의 일본유학 장려도 역할을 했다. 청일전쟁 이전 중국에는 일본론이 이미 30여 종이나 간행되어 있었다. 청말 유력 양무파 관료 쟝즈뚱은 한자를 공유하고 있고 지리적으로 가까워 경제적이며 풍속과 습관이 비슷하다며 일본유학의 이점을 설명했다. 초대 주일공사의 수행원으로 『조선책략(朝鮮策略)』의 저자이기도 한 황쭌셴(黃遵憲)은 『일본국지(日本國志)』를 저술하여 일본의 국가통합을 선전했다. 젊은이들에게 문필로 영향력이 컸던 개량파 량치챠오는 일본은 유신 이래 30년 동안 서구의 지식을 앞서 받아들여 번역서가 수천 종에 이르는데, 영어의 학습은 5~6년 걸리지만 일본어 학습은 며칠 정도면 읽을 수 있다면서, 서구지식을 손쉽게 빨리 체득할 수 있는 점을 일본유학의 장점으로 선전했다. 즉 일본유학은 궁극적으로 극복대상인 서구문명을 학습하는 데 간접적이지만 수월한 방도였던 것이다.

유학의 이유야 어찌되었든 대량의 중국엘리뜨들이 집을 떠나 타국으로 유학하는 집단적인 현상은 다양한 정치적 결과를 낳았다. 이 시기 일본까지 유학할 수 있었던 학생들은 대체로 고등교육을 사전에 경험했으며 경제적으로도 부유하고 중국사회에서 상층의 지위에 있는 집안 출신이었다. 20대를 넘지 않는 젊고 영민한 엘리뜨들이 봉건적 속박이 강한 고향을 떠나 아무 간섭도 없는 외국땅에 집단적으로 모여 있었다. 타향에서 이들을 작은 범위에서 먼저 묶어준 것은 동향공동체였다. 그리고 나아가서는 일본인에 대비되는 소수자로서 중국인이라는 정체성이었다. 외세의 침략을 받는 약소국의 젊은 엘리뜨로서 국내와 다르게 가족에 대한 의무나 정치적 억압이 없는 상태에서 의화단운동과 신축조약, 러시아의 동삼성(東三省) 점령과 같은 민족적 위기를 목도한 이들은 급격히 과격화되었다.

그 과격화를 부추기고 정치세력화한 것은 같은 또래 동향집단이라는 사회적 공동체였다. 유학생들은 국내 정치상황에 관심을 기울이며 잡지를 발간하고 토론을 주도했는데, 이 시기 일본에서 출간된 잡지로『호북학생계(湖北學生界)』『강소(江蘇)』『절강조(浙江潮)』『유학역편(游學譯編)』 등이 있다. 모두 동향조직을 기반으로 지역명을 표제로 내세우거나 필진이 동향으로 이루어진 잡지들이다. 이들은 과분의 위기를 근심하며 무기력한 청조를 중국을 망국과 멸종(滅種)의 위기로 내몬 원흉으로 지목했다. 일본의 국민국가 건설을 의식하여, 유학생들은 국민으로 자각하지 못하는 중국인들을 질타하며, 민족주의를 고취하여 '노예'에서 '국민'으로 각성할 것을 요구했다. '민족', '국민'으로서의 자각은 혁명파와 개량파 모두의 사상적 기초가 되었다.

토오꾜오에는 정치적 참여의지에 충만한 젊은 중국엘리뜨들 외에도 캉여우웨이, 량치챠오 등의 개량파와 쑨원 등의 혁명파가 청조의 탄압을 피해 망명해 있었다. 국내에서 조계(租界)가 자유로운 정치활동의 섬으로 존재했던 것처럼, 토오꾜오가 중국 밖에서 그러한 역할을 했던 것이다. 개량파와 혁명파는 이들 젊은 역량을 서로 쟁취하기 위해 치열한 논쟁을 벌였다.

량치챠오는 한때 혁명파와의 합작을 고려하기도 했으나, 1903년 미주여행을 계기로 다시 개량진영으로 돌아왔다. 1903년 이후 입헌군주제의 주장을 본격화하면서, '혁명'을 하면 그 기회를 틈타 외세가 중국을 '과분(瓜分)'할 것이며, 중국의 민중은 민주주의를 할 자질을 아직 갖추지 못했으므로 적어도 10~20년의 '개명전제(開明專制, 개명된 군주의 전제정치)'의 과도기가 필요하다고 주장했다.

개량파는 일본에서 『신민총보(新民總報)』『청의보(淸議報)』 등의 잡지를 발행하여 입헌군주제를 선전했다. 한편 혁명파는 쑨원의 발의로 1905년 8월 토오꼬오에서 전국적 혁명조직인 중국동맹회를 결성하고, 11월에 기관지 『민보(民報)』를 창간했다. 개량파와 혁명파의 논쟁은 1902년 캉여우웨이의 혁명론에 대한 공격부터 시작되었지만, 동맹회 성립과 『민보』 발간으로 본격화되었다.

논쟁의 쟁점은 반만(反滿) 여부, 무력혁명 여부, 혁명이 과분을 낳을 것인가로 집약될 수 있다. 량치챠오는 한족민족주의를 비판하고 만주족을 포함한 정치혁명을 주장하여, 권고와 요구로 입헌군주제 국가로 이행해야 한다고 강조했는데, 그 이유는 청조를 타도하는 무력혁명은 반드시 열강의 간섭을 불러일으켜 중국을 과분시키는 결과를 낳을 것이기 때문이었다. 이 논쟁을 통해 혁명파는 개량파의 문제제기에 대해 열강의 개입 문제와 혁명 후의 민족문제에 대해 모색하게 되었다. 또 양파의 논쟁은 독자층인 유학생 집단의 정치에 대한 관심을 높이고 중국을 자강(自強)으로 이끄는 방도에 대해 고민하게 했으며, 젊은이들을 이론적으로 단련하고 정치적으로 성숙시켰다.

이러한 일련의 과정을 통해 일본의 중국인 유학생 집단은 '국민'으로 각성하면서 성(省)이라는 지역의 틀을 벗어나 중국을 본격적으로 구상할 수 있었다. 1901년 유일유학생 잡지로는 최초로 반청혁명을 고취한 『국민보(國民報)』가 출간되었고, 거아운동을 거친 뒤 출간된 유학생 잡지의 제호도 『이십세기지지나(二十世紀之支那, 20세기의 중국)』『한치(漢幟)』등 성(省)을 넘어서 중국을 대상으로 하는 제호로 바뀌었다. 혁명파와 개량파의 논전 속에서 유학생들은 정치적 참여의 식을 갖게 되고, 그중 일부는 '혁명'이라는 뚜렷한 목표를 지향하는 조직화 과정을 경험하게 되었다.

가족제도의 구속에서 벗어날 수 있는 유학이라는 특수한 환경, 소수자로서 지역의식을 넘어 중국인임을 느끼게 해주는 외국이라는 특수공간, 동아리집단이 준거집단이 되는 연령적 조건이 20세기 초 토오꾜오의 중국유학생 사회를 혁명집단으로 조직화시켰다. 전통적인 과거제도 아래에서 가족과 종족 내에서 교육과 생활을 고립적으로 영위하는 씨스템에서는 불가능한 조직화가 가능했던 것이다. 특히 토오꾜오라는 밀집된 공간에서 집중적으로 혁명의 세례를 받은 젊은이들은, 귀국해서는 전국 각지에서 혁명활동을 조직하고 그 상위의 전국적 인적네트워크로 연결될 수 있었다. 집중과 확산이라는 조직화의 힘은 1910년대 후반 국내 정치형세의 격변과 만나 신해혁명으로 분출되었다.

1906년 여름 청조는 단계적으로 입헌제를 도입하겠다는 방침을 밝힌다. 이후 국내 정세는 빠르게 바뀌어갔다. 헌정 논의가 물꼬를 트면서 전국적으로 광범위한 정치적 공간이 펼쳐졌다. 량치챠오 역시 청조가 입헌을 밝히자 개명전제 주장을 바꾸어 즉시 입헌추진으로 입장을 바꾸고, 정문사(政聞社)를 일본에서 조직하고 『정론(政論)』지를 발간하는 한편, 국내의 입헌운동과 연대하기 위해 1908년 샹하이로 본부를 옮겼다.

혁명파의 주력도 토오꾜오를 떠났다. 1906년 말 동맹회 회원으로 귀국한 일본유학생들이 지도한 평유례봉기(萍瀏醴蜂起)의 영향으로 쑨원과 측근들은 일본에서 국외추방되어, 베트남과 중국 남방의 변경지대로 가 본격적으로 국내 봉기를 지도하였다. 동맹회의 다른 주력들 역시 귀국하여 양쯔강 유역을 중심으로 조직활동을 본격화하였다. 바야흐로 혁명은 토오꾜오에서 중국으로 회귀하고 있었다.

사회진화론과 민족주의의 형성

19세기 말 동아시아 지식계를 지배한 사회진화론은 중국의 민족주의 형성에도 자극을 주었다. 진화론은 다윈이 1859년 『종의 기원』을 출판한 뒤, 1860년대 유럽 학술계를 달구었다. 1870년대가 되면 생물의 진화원리를 인간사회에 적용해서 사회발전을 설명하려는 사회진화론이 등장하게 된다. 생물학의 '적자생존'의 원리와 마찬가지로 인간사회도 열등한 문명은 도태되며 이는 자연의 원리라는 것이다. 영국의 스펜서가 주장한 사회유기체설(social organismic theory)은 사회는 개인들이 결합한 유기체와 같으며, 이기적 목적에서 나오는 경쟁에 의해 진보한다고 보았다.

일본에서는 1877년 모스(E. S. Morse)가 토오꾜오대학 동물학교수로 부임하면서 생물학적 진화론이 소개되었는데, 그 이전에 '우승열패(優勝劣敗), 적자생존(適者生存)'이라는 개념이 제국주의시대의 세계를 이해하는 과학적 사회인식으로 수용되었다. 일찍이 1875년 후꾸자와 유끼찌(福澤諭吉)는 『문명론의 개략(文明論の概略)』에서 인간사회를 야만(野蠻), 반개화(半開化), 문명(文明)으로 구분하고 국가간의 생존경쟁을 사회진화론적 사고로 파악하였다. 그 영향을 받은 유길준이 미개화(未開化), 반개화(半開化), 개화(開化)의 구분으로 비슷한 주장을 『서유견문(西遊見聞)』(1895)에서 펼쳤다. 중국은 무술변법이 실패로 돌아간 1898년에 옌푸(嚴復)가 헉슬리(T. Huxley, 1825~95)의 『진화와 윤리』(Evolution and Ethics, 1894)를 『천연론(天演論)』으로 번역 출판하여 본격적으로 진화론을 중국 지식인에게 소개하였다. 동아시아 지식인들은 국가와 종족 간의 경쟁을 생물학적 진화론에 입각해 '자강(自强)'하지 않으면 필연적으로 '망국(亡國)' '망종(亡種)'하게 될 것이라고 인식하였고, 그러한 위기감을 기반으로 '망국'과 '망종'을 피하기 위한 경쟁력있는 국가와 국민의 창출을 외쳤던 것이다.

일본에서 '국민(國民)'이란 단어는 1871년(명치 4년) 호적법을 공포할 때 처음 공식적으로 사용되었다. 그리고 '민족(民族)'이란 개념은 1880년대 후반 만들어져, 일본어로 정착된 것은 청일전쟁부터 러일전쟁 사이인 1900년 전후였다. 이 두 개념은 일본에서 만들어졌으나 중국 내셔널리즘의 형성에도 동원되었다. 량치챠오는 1901~1902년 일본망명 중에 이 '민족(民族)' 개념을 이용해 한족뿐 아니라 청조 영토 내의 소수민족까지 포괄한 새로운 민족 개념으로 '중화민족'을 상상해냈다. 마찬가지로 혁명파와 달리 만주족을 포섭하려 했던 입헌개량파 양뚜(楊度)는 1907년에 '오족합일(五族合一)'을 주장했다. 만주족 정권인 청조의 타도를 외치며 개량파와 대립했지만, 쑨원은 혁명 성공 후 개혁파의 구호를 받아들여, '중화민족(中華民族)'과 '오족공화(五族共和)'론을 펼쳤다. 이 두 개념은 오늘날 중화인민공화국의 변경 소수민족 통치와 국민국가 이념에 핵심적인 구호로 계승되었다.

량치챠오는 캉여우웨이의 공양삼세설, 다윈과 옌푸의 진화론, 루쏘의 천부인권설, 벤자민 키드(Benjamin Kidd, 1858~1916)의 사회진화론, 카또오 히로유끼(加藤弘之, 1836~1916)의 국가주의를 조금씩 받아들였지만, 궁극적으로는 중국이 '망국'과 '망종'을 면하려면 경쟁에 살아남을 수 있는 국가를 위해 헌신할 '국민'을 창출하고 '국민국가'로 거듭나는 것이 가장 중요하다고 주장했다. 량치챠오의 이러한 발상은 후꾸자와 유끼찌와 일맥상통하는 것으로 당시 동아시아 지식인들의 세계인식을 대표한다. 제국주의의 압도적인 그늘 아래에서 이러한 인식은 어쩌면 당연한 것이었을지 모른다.

그러나 만약 '약육강식'을 거역할 수 없는 자연의 법칙으로 받아들이고 만다면, 쉽게 강자로 변신할 수 없는 아시아 약소국가의 지식인들에게는 절망밖에는 없게 된다. 일본에서 사회진화론은 위기의식을 고취하고, 서둘러 압축적인 근대국가로 탈바꿈하는 동력이었으며, 나아가 적극적으로 타이완, 조선, 중국으로 아시아 침략을 추진하는 사상적 토대가 되었다. 하지만 사회진화론은 강자의 논리이기도 했기 때문에, 그것을 무비판적으로 수용하면 현실을 수용하고 안주해버리는 사상적 '마약'이 될 수도 있었다. 식민지 조선의 지식인들 중 개화파가 사회진화론의 영향을 깊이 받고 '자강(自強)'에 노력했으나, 한일합방이 기정사실화하자 망국을 '진화'의 필연적 결과로 논리적·심리적으로 수용해버리고 다수가 친일의 길로 갔던 것은 바로 그러한 예이다.

중국에서는 일본과도 조선과도 다른 사상적 모색이 나타났다. 대표적 혁명파 논객인 쟝삥린(章炳麟)은 진화의 주체를 국가가 아닌 민족과 인민으로 보고, 일본의 국가주의와 같이 생존에 적합한 '국가'를 창출하기 위해 개인을 국가에 종속시키는 것이 아니라, 개인의 주체성에 기반한 진보를 주장하였다. 리따쟈오(李大釗, 1889~1927)는 크로뽀뜨낀의 상호부조론을 수용하여, 진화의 길은 우승열패 약육강식의 생존경쟁이 아니라 약자와 피압박자의 '호조(互助)'에 의해 가능하며, 강권에 반대하는 약자의 대동단결과 호조야말로 역사발전의 원동력이라고 주장했다. 이처럼 논리적으로 사회진화론을 극복함으로써 중국의 지식인들은 약소국 중국이 도태되지 않고 근대적 국가로 거듭날 수 있다는 희망을 가질 수 있었다. 20세기 초 일부 중국 지식인의 선택은, 장기적으로는 중국이 제국주의시대를 살아남아 종국에 도달한 곳이 왜 사회주의혁명이었는가에 대한 시사점을 제공한다.

중국이 근대국가로 재탄생하기 위해서는 일본에서 천황중심의 국가주의가 했던 역할처럼 부국강병을 위한 통합적 이데올로기가 필요했다. 그렇지만 지금까지 중국을 묶어주던 중화주의와 중화제국은 국민국가에 필요한 동원을 충족시킬 만한 통합성이 약해졌다. 국민국가가 주는 강렬한 소속감은 배타성에서 나오지만, 제국은 배타적이기보다는 포괄적이었고 그만큼 느슨했다. 서구의 국민국가는 프랑스인, 영국인, 독일인을 창출한 근대적 민족의식과 함께 발전했다. 그러나 청조는 이민족 정권이라는 태생적 한계가 있었다. 지금까지 압도적 다수의 한족을 지배해온 '중화문명의 체현자'라는 지배의 정당성을 버리고 대체할 통치이데올로기를 찾기는 쉽지 않았다. 몇년 사이에 '중화민족'이 만들어지기도 어려웠다.

이러한 상황에서 제국주의의 침략이라는 자극을 받으며 '중국인', '중국'이라는 국가의식이 형성되었다. 처음에 반제로 시작된 초보적인 국가의식은 만주족 정권과 모순되지 않았으나, 제국주의의 침략에 무력하고 반제운동을 탄압하는 과정에서 반만의식이 강화되었다. 의화단운동과 거아운동, 반미 보이콧운동은 지금까지 분리되어 자라왔던 반제 국가의식과 반만 민족주의가 결합하는 계기가 되었다. 중국은 동향의식이 강한 사회였으나, 제국주의를 거울로 동향의식을 압도하는 더 큰 '중국'이란 국가의식이 싹텄으며, 그 '중국'과 '중국인'의 범주는 한족으로 한정되었다. '중국'을 구하고 제국주의를 몰아내기 위해서는 제국주의와 야합한 '이민족' 정권의 타도가 선행되어야 했다. 1905년까지 이러한 의식의 전환은 일부에서부터 서서히 일어났다. 의화단운동에서 반미 보이콧운동까지 1900년에서 1905년 사이에 일본유학생 사회는 가장 선도적으로 사상의 전환을 경험했으며, 다수의 혁명적 엘리뜨를 탄생시켰다. 일본유학생들은 쑨원 등 해외혁명파와 달리 중국의 명문가 자제로 국내에 기반이 있었고, 이후 해외혁명파와 국내혁명파를 이어주는 역할을 했다.

|참고자료|
동아시아 근대 수용의 네트워크

20세기 초 중국인의 일본유학은 동아시아 사회의 근대 수용에서 하나의 순례와 같다. 중국인뿐 아니라, 조선인 베트남인이 아시아국가 가운데 근대문명을 앞서 수입한 일본에 가장 많이 유학했다. 한국의 근대 수용도 마찬가지이지만, 중국도 20세기 초기 일본유학생들이 귀국하여 중화민국 초기의 엘리뜨층을 형성함에 따라 일본식으로 바뀐 근대문화를 중국에 수입하게 되었다. 가장 대표적인 사례는 근대적 용어의 수입이다.

중국에서도 유럽유학생들에 의해 서양서적의 직접번역이 이뤄지면서 독자적인 번역용어가 없었던 것은 아니지만, 일본의 근대서적 번역 역사가 길고 양적으로 다수인 일본유학 출신 지식인들이 일본식 번역어(日譯漢語, 新造漢字라고 한다)를 그대로 사용함에 따라 중국어 속에 정착하게 되었다. 예를 들어 society의 중국어 번역어는 '군(群)' 또는 '군체(群體)'였으나, 일본식 번역어인 '사회(社會)'와의 경쟁에서 도태되었다. 일본의 서양어 번역은 어떻게 이루어졌을까. 대체로 중국에서 수입한 영중사전, 서양서적 번역본의 용어 채용, 그리고 국내 난학(蘭學)에 의한 용어 번역 등 두 개의 루트로 크게 나눌 수 있다. 이처럼 일본식 번역어라고 해도 앞선 중국의 번역어를 받아들여 정착시키거나, 중국 고전에 있는 한자를 서양어 번역어로 새롭게 차용하기도 하고, 한자를 조합해서 완전히 새로운 한자를 만들거나 하는 것이었다. 일부에는 없는 한자를 창안한 경우도 있다(예를 들어 腺, 癌 등).

일본식 번역어는 크게 세 부류로 나눌 수 있는데, 첫째는 선교사나 옌푸, 량치챠오 등이 중국에서 번역한 책에서 차용한 한자이다. 특히 미국선교사 마틴과 띵웨이량(丁韙良)이 번역한 『만국공법(萬國公法)』(1864)을 막말 일본인이 수입하여 그대로 사용한 용어들이 많은데, 자주자치(自主自

治), 야만(野蠻), 민주(民主), 권리(權利), 의무(義務) 등의 단어가 이에 속한다. 그러나 책은 중국에서 번역되었지만 널리 유통되지 못하다가 일본인이 『만국공법』 수용과정에서 받아들여 사용한 뒤, 중국으로 역수출되었다. 두번째는 중국의 고전에 있는 한자를 영어번역에 차용하는 경우로, 문명(文明), 문학(文學), 상대(相對), 인도(人道), 자유(自由), 공화(共和), 국체(國體) 등이 있다. 세번째로 일본에서 한자를 조합하여 새롭게 만든 글자인데, 과학(科學), 사회(社會), 공산(共産), 간부(幹部) 등이 그러하다.

하지만 이러한 구분도 아직 확실하지는 않은데, 지금까지 일본인의 창안으로 알려졌던 많은 번역어들이 앞서 출간된 동남아시아와 중국 남부지역 개항장에서 제작된 중영·영중 사전의 중국어 번역어와 일치하기 때문이다. 앞으로 연구가 더 필요하지만, 중국인이 창안했으나 일본에서 정착하여 중국으로 역수입된 단어는 적지 않을 것으로 보인다(일부 중요 일역한어와 20세기 초 중국식 번역어를 대조한 목록은 山室信一『思想課題としてのアジア: 基軸·連鎖·投企』, 岩波書店 2001, 468~81면에서 이용할 수 있다).

일본의 역사학자 야마무로 신이찌(山室信一)는 중국에서 내셔널리즘의 형성과 '국민국가' 창출이란 목표가 등장하면서 일본식 번역어가 동원되고, 내셔널리즘이 고양되면서 다시 일본식 번역어를 배척하는 여론이 형성되는 역설을 지적하였다. 일본식 번역어가 대량으로 출판물에 범람하자 장즈뚱, 캉여우웨이와 같은 일본유학을 장려했던 지식인들도 크게 염려하여 사용을 반대하고 있었다. 일본유학생이었던 펑원쭈(彭文租)는 『맹인할마지신명사(盲人瞎馬之新名詞, 장님이 눈먼 말을 타고 벼랑에 가는 듯 매우 위험한 신어휘)』를 저술하여 일본에서 새로운 어휘의 대량유입이 기존의 언어질서를 문란하게 하고 중국의 고유문화와 사회도덕을 파괴하는 것으로 배척하였다.

그럼에도 불구하고 청말 중국의 지식인들이 만들어내고자 했던 국민국가 형성에서 가장 중요한, '국민' '민족' '국어' '헌법'이 모두 일본에서 만들어진 어휘였던 것처럼, 민족주의의 고양과 동원에 일본식 한자를 매개로 한 근대용어가 갈수록 더 활용되었던 것이다. 한 통계에 따르면 현재 중국어에서 일본에서 수입된 한자는 두 자로 된 단어만 800여 개가 넘는다.

후꾸자와 유끼찌의 국민론

어떤 사람은 "무지한 민중이 명령을 따르게 할 수는 있으나, 그 명령이 정치적으로 어떠한 의미를 가지고 있는가를 이해시킬 수는 없다. … 그러므로 지혜로운 자가 민중을 지배하고, 상부의 의지에 따르게 하는 것이 좋다"고 말한다. 이 논의는 공자님의 방식이지만, 그 실태는 대단히 그릇되어 있다. … 가령 여기에 인구가 100만 명이 되는 나라가 있다고 치자. 그 가운데 1천 명은 지배자인 지자(智者)이고 나머지 99만 9천 명은 무지한 평민이다. 지자의 재덕으로 이 평민을 지배하고, 혹은 아이처럼 사랑하며, 혹은 양처럼 돌보아… 평민 역시 자신도 모르는 사이에 저절로 상부의 명령에 따르게 되고, 도적이나 살인사건도 없어져서, 나라를 안정되게 다스릴 수가 있을 것이다. 그러나 이 나라의 국민은 지배자와 평민 두 종류로 나누어져, 주인이 된 자는 1천 명의 지자뿐으로 바람직하게 지배하며, 그밖의 사람들은 모두 아무것도 모르는 손님이다. … 국내 문제라면 이것만으로도 별걱정이 없겠지만, 일단 외국과 전쟁이 벌어지면, 그 불편함을 뼈저리게 느낄 것이다. 전쟁이 벌어지면, 무지하고 무력한 평민들은… 우리들은 나라의 사정 따위는 전혀 모르는 손님이다. 그러므로 목숨을 버리고 나라에 충성하는 일은 과분하다면서 도망치는 자가 많을 것이다. 그렇다면 이 나라의 인구는 명목상으로는 100만 명이지만, 나라를 지켜야 할 상황이 오면 1천 명의 지자밖에 싸울 사람이 없다. 이래서는 도저히 한 나라의 독립을 이루기 어렵다.

출전: 福澤諭吉『學問のすすめ』, 오구마 에이지『일본이라는 나라』, 한철호 옮김, 책과함께 2006에서 재인용.

제10장

최후의 근대화
청말 신정

의화단운동과 러일전쟁의 충격을 겪고 청조는 사회 전반에 걸친 근대적 개혁을 시도하였다. 만주족 정권이 주도하는 근대 국민국가로의 탈바꿈은 가능했을까? 청조가 멸망하기 직전의 신정은 바로 그러한 탈바꿈을 지향했고 실패로 끝났다. 그러나 신정이 중국 사회와 정치에 미친 영향은 다른 어떤 정치운동보다도 심대한 것이었다. 이 장에서는 그 마지막 시도에 대해 살펴보자.

청말 신정의 시작

의화단운동이 진압된 후 열강이 개혁을 강요함에 따라, 조정에서는 양무파가 재등장하고 전반적인 제도개혁을 의미하는 신정(新政)이 시작되었다. 계기는 외압에 의해 주어졌으나, 신정은 청조가 주도적으로 '위로부터의' 제도개혁을 통해 근대국가로 탈바꿈하려는 마지막 시도였다고 할 수 있다. 무술변법이 광서제라는 1인에 의존했고 단명에 그친 점을 감안하면, 신정은 청조가 개혁의 필요성을 절감하고 주동적으로 10년에 걸쳐서 추진했다는 면에서 유일하고 실질적인 개혁 시도였다고 볼 수 있다.

신정의 직접적 계기는 의화단운동의 패배였다. 정치적 입지가 좁아지고 있던 서태후는 의화단운동 실패 이후 더욱 거세진 열강의 개혁 요구를 거절할 수 없었던 것이다. 무술변법 이후 수년간 이어졌던 개혁운동의 암흑기는 여기에서 끝이 나고, 일거에 전국적으로 변법이 논의되는 상황이 벌어졌다. 밖으로부터의 피동적인 압력 이외에도, 안으로부터의 변화에 대한 일치된 요구가 있었다. 1900년 의화단 당시 변법파(變法派) 탕차이챵(唐才常)의 자립군(自立軍) 봉기, 혁명파의 후이져우봉기(惠州蜂起)가 일어나면서, 개량적인 조치로 청조가 변화하는 모습을 보이지 않는다면 혁명이 일어날 것이라는 위기감이 서태후를 비롯한 만주족 수뇌부에도 생겨났다.

신정은 1901년 1월 29일의 신정상유(新政上諭)로 시작되어 신해혁명(辛亥革命)이 일어난 1911년까지 지속되었다. 이 기간 동안에 교육·군사·재정 개혁 및 관제의 개혁, 법전 편찬, 악습 폐지, 만한 구별의 철폐와 같은 혁신적인 개혁조치가 취해졌다. 민법과 회사법의 편찬 및 형법의 개정 등 법률정비는 모두 치외법권 폐지를 위한 개혁방안으로 중화민국 시대에까지 이어졌다. 서구 열강이 치외법권을 요구한 논리는 아주 단순했다. 즉, 중국의 법률이 서구와 달리 비합리적인 조항이 많고 법조항의 정비가 되어 있지 않아 따를 수 없다는 것이었다. 따라서 치외법권 폐지를 위해서는 법률정비가 필수였던 만큼, 서구 법률을 모델로 한 법률제도의 정비가 추진되었다. 또 악습철폐의 일환으로 여성의 발을 묶는 전족과 아편흡연이 금지되었고, 만주족과 한족의 차별을 철폐하여 근대적 사회를 지향하였다. 특히 사회적으로 영향을 크게 미친 것은 교육·군사·재정 개혁이었다.

청조는 무술변법 때 철폐되었다가 다시 복구한 팔고문(八股文)을 폐지하고, 일본을 모델로 한 신식학제를 채용하여 학교제도를 도입하였다. 그에 따라 신식교육을 관할할 행정기구로 학부(學部)가 창설되었다. 이어 1905년에는 과거제를 폐지하였다.

군사에서는 서구식 장비를 갖추고 서구식 군사훈련을 받는 신군이 창설되었다. 그와 함께 청일전쟁 직후 위안스카이의 신건육군(新建陸軍)과 쟝즈뚱의 자강군(自强軍) 등 개별적으로 육성되던 신군을 전국적으로 확충하여 중앙에서 통솔할 계획이었다. 그 첫 단계로 중앙에 연병처(練兵處)를 두어 신군의 훈련과 충원을 통제하고, 후에 연병처와 종래의 병부를 통합하여 육군부(陸軍部)를 창설하였다. 이를 계기로 청조는 위안스카이와 쟝즈뚱의 병권을 박탈하여 병권을 중앙으로 집중시켰다.

또한 화폐와 재정의 일원화가 추진되었다. 중국의 화폐는 은화와 동전의 이중본위제였는데, 은과 동전의 비교가격이 시장에 따라 변동되어 경기에 영향을 주었고, 은화 내에도 칭량화폐단위인 냥과 개수화폐단위인 원이 병행되어 환율이 변동하고 있었다. 청조는 재정처

(財政處)를 설립하고, 냥과 위안을 표준으로 한 은본위제를 채택하고 지폐를 발행하려 계획하였다. 그러나 이 안은 실행되지 못하고 옛 호부(戶部)와 재정처를 통합하여 재정부(財政部)를 만드는 데 그쳤다. 이후 재정부를 중심으로 중앙집권적인 재정정책을 펼치는데, 첫 사업으로 각 성과 각 부의 1908년도 수지조사 및 1911년도 예산편성을 시도하였다. 이는 근대적 재정국가로 가기 위한 획기적인 조치였으나, 수입을 중앙에서 파악하는 데 한계가 있었고 예·결산을 실행하기 전에 청조가 붕괴하고 말았다.

신정의 실행동기가 청정부의 체제보존을 위한 보수적 의도에서 나왔기 때문에 혁명사관의 입장에서 신정은 평가절하되었지만, 정치·교육·군사·사회문화 전반의 근대화에서 신정은 커다란 진보를 낳았다. 그러나 결과적으로 청조의 서구식 개혁추진은 각계각층의 청조에 대한 불만을 고조시켜 청조로부터 이반하도록 함으로써, 청조 멸망을 재촉하는 결과를 낳았다.

신정은 청조 보위를 위한 것이었기 때문에 중앙집권적 정책을 펼치는 가운데 지방을 터전으로 성장한 한족 대관들을 견제하는 방향으로 진행되었다. 특히 1908년 서태후와 광서제가 사망하고 선통제가 즉위한 뒤 실권을 장악한 섭정왕(攝政王) 짜이리(載灃, 1883~1951. 2대 醇親王, 宣統帝 溥儀의 생부)은 소수 만주귀족 중심의 집권화를 꾀했다. 때문에 분권적인 경향의 한족 지방관들은 신정이 진행될수록 불만을 갖게 되었다.

또 교육개혁과 군사개혁으로 새로 탄생한 지식인들, 고등교육을 받은 학생과 신군의 장교들은 청조 보위보다는 량치챠오나 쑨원과 같은 진보적 정치가들의 언설에 더욱 매혹되었다. 새로운 학교교육제도는 비판적 지식인들을 양산하고 조직화시켰으며, 신군은 젊고 진취적인 한족 지식인들에게 무기를 쥐여주었던 것이다.

아울러 농민과 일반민중들 사이에도 신정에 대한 불만은 커졌다. 학교, 경찰 제도를 시행하면서 인원을 확충하고 건물을 짓는 데 막대한 경비가 들었는데, 그 비용을 충당하기 위해 농민에 대한 수탈을 강화할 수밖에 없었던 것이 원인이었다.

마지막으로 가장 중요한 것은 입헌제의 도입이다. 청조가 의회제 도입을 결정하게 된 데에는 1904년 러일전쟁에서 일본의 승리가 큰 영향을 미쳤다. 일본의 승리를 청조는 전제국에 대한 입헌군주제의 승리로 받아들였기 때문이다. 문제는 이러한 입헌운동이 청조의 강화로 가기보다는 혁명파와의 결합으로 나아갔다는 점인데, 이는 후술하도록 하겠다.

새로운 정치공간의 등장 : 교육·군인·신사·상인

신정은 저변에서 중국의 엘리뜨층의 구성을 변화시키고 새로운 정치공간을 창출했다. 청말 전통적인 지배엘리뜨층은 관료와 과거에 합격한 학위소지자층인 신사층이었다. 『광서대청회전(光緖大淸會典)』에 따르면 청말 순무·총독·포정사 등 고위지방관의 수는 전국에 100명 미만이고, 부(府)와 현(縣)을 다스리는 지부(知府)와 지현(知縣)이 각각 188명, 1,314명이었다. 중앙과 지방의 문무관을 다 합하면

문관이 2천여 명, 무관이 4천여 명이었다. 과거제하에서 가장 하급의 학위소지자(원시 합격생)인 생원은 125만 명, 진사와 거인은 10여만 명이었다.

관료들의 급여는 총소득의 7% 가량에 지나지 않았고, 소득의 90% 이상은 급여 이외에 징세과정, 토지매매, 고리대 등 다양한 방법으로 얻었다. 최고위 지방관인 총독의 본봉은 180냥에 불과했으나, 최하위 지방관인 지현은 매년 3만 냥을 징세과정에서 자기의 소득으로 취했다는 추계도 있다.[37] 신사층은 면세와 형사면책 등의 특권으로 지방을 경제적으로 정치적으로 문화적으로 지배하는 특권층이었다. 이러한 엘리뜨층의 생산은 송대 이래 체계화된 과거를 통해 이뤄졌는데, 과거는 처음부터 끝까지 모든 출세의 시작이며 '성공의 사다리'였다. 의화단운동의 진압 후 맺은 신축조약에서, 열강이 청조에게 배외사건이 발생한 45개 도시에 대한 징벌로 5년간 과거시험을 중지시켰던 점에서도 지배층에게 과거제가 얼마나 중요했는지 알 수 있다. 신정은 이러한 800여년의 역사를 가진 과거제를 폐지했던 것이다. 1912년에 생원(生員)에 상당하는 소학 졸업생은 280만 명 정도로 생원층에 비하면 2배가 넘게 늘었으나 여전히 전체 인구에 비해서는 소수에 불과했다.

과거의 폐지는 변혁의 동력이 될 새로운 엘리뜨층의 탄생을 예고했다. 중국은 원래 일본과 같은 엄격한 신분제 사회가 아니었다. 사(士)·농(農)·공(工)·상(商)은 직업의 구분이었고, 신사층은 문화

---

37) 이상의 관직수 및 급여에 관해서는 森正夫 編(1992), 150~51면 참조.

적·정치적 권력을 가지지만 과거합격이라는 후천적 노력으로만 획득할 수 있는 신분이었으며 세습이 아니었다. 원칙적으로 천민을 제외한 평민은 모두 과거에 응시할 수 있었으며, 청대에 이르면 천민은 소수에 불과했다. 또 상속에 적서의 차별이 없고 균분상속이었기 때문에 한 대에 부를 축적해도 다음 대에 이르면 부가 분산되었다. 따라서 가문이 계속해서 부와 명예를 유지하는 방법은 대대로 과거합격자를 배출하여 관료가 되는 길뿐이었다. 사회적 부와 명예의 분배가 과거와 관료제를 통해 이뤄지고, 그 과거를 통해 국가의 이데올로기가 복제되는 씨스템은 매우 안정적이고 혁명에 대한 면역력이 강했던 것이다.

그런데 과거의 폐지로 신식학교에서는 유교이데올로기에 구속을 덜 받는 자유로운 교육이 이루어질 수 있게 되었다. 그리고 신사층은 과거를 통해 관료가 될 수 있는 기회를 더이상 주지 않는 청조에 대해 충성심을 덜 가지게 되었다. 대신 자제들을 학교로 보내고, 자신들은 지방에서의 위신과 권력을 유지할 수 있는 제도적 방법을 새롭게 강구하였다. 신정 이후 거세진 의회의 개설과 지방자치의 주장은 이러한 신사층의 의식변화를 반영한 것이다.

학교에 진학할 수 있기 위해서는 상당한 재산이 필요했으므로 대체로 신식학교의 학생들은 지방 신사층 이상의 상층 집안 자제들이었다. 이들은 고향을 떠나 각지의 중심 도시에 설립된 학교에서 또래들과 교육을 받으며 샹하이에서 발신되는 개량파와 혁명파 지식인들의 언설에 큰 영향을 받았다.

1904년 학제개혁 이전에도 중국에는 선교사들이 세운 미션스쿨을 비롯해 민간 교육기관이 적지 않게 등장했다. 후에 대학으로 발전한 학교로는 1879년 미국 성공회 선교단이 샹하이에 설립한 쎄인트존스학원(聖約翰學院, 뒤의 聖約翰大學)이 최초이며, 정식 관립대학으로는 무술변법의 일환으로 1898년 뻬이징에 설립한 경사대학당(京師大學堂, 뒤의 뻬이징대학)이 최초이지만, 셩쉬안화이(盛宣懷)가 1895년 톈진, 1896년 샹하이에 세운 톈진북양서학학당(天津北洋西學學堂, 이후 北洋大學, 현재의 天津大學), 남양공학(南洋公學, 현재의 上海交通大學)이 이미 정규 대학수준의 교육기관으로 문을 열었다.

신정으로 이러한 고등교육기관이 대폭 확충되어, 민간자본의 사립학교 수도 크게 늘었다. 1910년에 중국 전역에는 5만여 개소 이상의 학교가 있었고, 재학생 수는 150만 명 이상이었다. 각급 학교와 신식 교육을 받은 학생들은 개량운동과 혁명운동의 요람이 되었다.

신군은 신정이 청조의 보위를 위해 만든 기관이었지만 거꾸로 청조를 결정적으로 멸망시킨 세력이 되었다. 청조는 1진(鎭)에 12,512명의 병사를 편제하여 전국적으로 36개 진을 설치하려는 계획을 가지고 있었다. 신해혁명까지 실제 편성된 진은 14개였는데, 청조는 신군에 모병제를 채택하여 병사의 연령, 체력 및 교육수준에 엄격한 기준을 적용하여 선발하였다. 따라서 일반 병사도 문자를 해독할 수 있을 정도로 교육수준이 높았다. 중하급 장교는 전국 각지의 무비학당(武備學堂) 졸업생으로 충원했는데, 일부 귀국 유학생들도 임용하였다. 무비학당은 청말의 육군사관학교로, 1885년 리훙장이 세운 톈진무비학당이 시초이다. 후에 청조는 각 성에 무비학당을 증설하였다. 학생으로는 군대의 우수한 무관 이외에 20세 전후의 체격과 교육조건이 구비된 관원 자제 및 신사층 자제도 초모하였다.

이에 따라 신군의 장교들은 이전의 군대와 달리 문관의 소양을 가진 무관이었으며, 교육수준이 높고 정치 참여의식이 높은 젊은 엘리뜨들로 일찍이 무비학당이나 학교교육을 통해 개량파와 혁명파의 지적 영향하에 있는 자가 많았다. 일반 병사들의 교육수준도 높아 청말 지방까지 유포되던 혁명 저작들에 노출되어 있었다. 결국 신군은 혁명화될 가능성이 높은 젊은 한족 엘리뜨들에게 무기를 맡긴 셈이었던 것이다.

청조는 사회에 대한 동원력과 장악력을 높이기 위한 조치도 취하였다. 개항 이후 중국사회는 급격한 변화를 겪으면서, 도시를 중심으로 새롭게 전문 엘리뜨층이 등장하고 있었다. 양행을 도와 거부를 축적한 매판, 자본가, 교육자, 법률가 등은 중국이 근대화되는 과정에 새롭게 등장한 직업군이었다. 이러한 새로운 엘리뜨의 전문활동을 규제하고 통제하기 위해 청조는 준행정기능을 수행하는 전문단체를 조직하였다. 일종의 조합주의(cooperatism) 정책이라고 볼 수 있는데, 이렇게 설립된 각 전문단체를 법단(法團, 법정단체)이라고 한다.

1904년에 상회(商會)를 시작으로, 교육회(敎育會, 1906), 농회(農會, 1907), 율사회(律師會, 변호사회, 1912)가 만들어졌다. 법단은 지방엘리뜨를 조직하여 정부에 종속시켜 통제하기 위한 기구로 만들어졌으나, 오히려 청말 새롭게 등장한 전문직 엘리뜨들에게 조직화와 여론수렴의 장을 마련해줌으로써 지방자치 계획, 이권회수, 입헌운동 등에 참여하여 정치세력화하는 결과를 가져왔다.

법단의 등장은 민간의 자발적 단체 조직도 자극하였는데, 전문직 엘리뜨의 등장과 법단 조직이 가장 활발했던 샹하이의 경우, 쟝즁리(張仲禮)의 연구에 따르면 1853~1911년까지 샹하이에 설립된 주요 동업단체 43개 가운데 20개가 1905년 이후에 세워졌다.

입헌으로의 길

신정의 시작은 1901년이지만 신정의 핵심이라고 볼 수 있는 의회제 개혁은 1905년에 본격적으로 시작되었다. 해외에서 혁명파 내부의 통일조직인 동맹회가 탄생한 것과 같은 해이다. 동맹회 결성과 국내 입헌개혁의 시작은 명백하게 러일전쟁(1904~1905)의 영향을 받았다. 러일전쟁으로 자강(自强)을 위해서는 일본의 경우처럼 의회제를 도입해 입헌국가로 나아가야 한다는 인식이 만주족 조정에서 일반 신사층까지 광범위하게 공유되었다. 그런데 해외의 보황파(保皇派), 특히 량치챠오의 언론활동은 국내 입헌운동의 기반을 넓히는 데 많은 영향을 주었지만, 1905년 당시 토오꼬오의 량치챠오는 당장의 의회제 도입은 무리라는 보수적인 입장으로 선회해 있었다. 따라서 국내 입헌운동의 진전은 러일전쟁 이후 청조의 변화된 인식과 양무파 관료들의 입헌 주장이 직접적인 계기가 되었다고 보아야 한다.

러일전쟁 이후 1905년의 과거제 폐지가 단행되면서, 국내에는 입헌운동이 활성화되었다. 그 선봉에 선 인물이 쟝졘(張謇, 1853~1926)이다. 그는 과거에 장원으로 급제하여 청류파의 일원으로 청말 정계에 이름을 날린 관료이자 실업구국을 외쳐 민간 설립의 근대적 제사공장인 대상제사공장(大生絲廠)을 설립한 실업가이기도 했다. 쟝젠은 일찍이 1901년 『변법평의(變法平議)』를 저술하여 일본을 모방한 지방의회의 설립을 주장했었다. 1904년 주불공사 쑨빠오치(孫寶琦)가 입헌을 주청한 후 청조 내부에도 입헌 주청의 바람이 부는 가운데, 쟝젠은 친분이 돈독했던 쟝즈뚱, 위안스카이 등 청조의 유력 한족 대관에게 입헌을 주청하도록 계속해서 권유했다. 결국 위안스카이와 쟝즈뚱이 연명으로 입헌을 주청하였고, 청조는 입헌을 전향적으로 검토하게 된다.

1905년 6월 청조는 다섯 대신을 유럽과 일본에 파견해 헌정을 고찰하게 하고, 각국의 헌정을 연구하는 고찰정치관(考察政治館)을 설립하였다. 일본에 도착한 고찰대신들은 량치챠오, 양뚜 등 개량파 인사들과 접촉하고, 국내에서 쟝젠 등으로부터 자문을 받아 귀국 후 입헌의 필요성을 주장하였다. 헌법 반포에는 준비기간을 두되, 먼저 지방의회를 개설한 뒤 중앙의회를 개설할 것을 건의하였다. 이를 받아들여 1906년 9월 1일 청조의 역사적인 예비입헌 방침이 선포되었다.

한편으로 청조는 이와 동시에 관제개혁을 실시하여 지방의 총독, 순무직 대신에 도독(都督)을 임명하되 예전에 지방장관이 장악하던 군사권과 재정권을 중앙정부로 회수하려 하였다(신해혁명까지 실시되지는 못함). 그리고 만한 구별을 철폐한다는 명목으로 중앙 각 부의 상서(尚書)에 만한(滿漢) 대신을 각각 1명씩 임명하던 것을 1명으로 줄이되 만주인 대신을 다수 임명하였다. 11부의 장관인 상서를 포함한 13명의 대신 중 만주족이 7명이었는데(1906년 丙午改制), 그중 2명이 재정과 군사를 담당하는 탁지부와 육군부 상서에 임명되었다.

청조의 의도는 중앙집권화와 만주 황실의 권력강화로, 입헌론의 역시 신사층의 불만을 잠재우고 혁명의 위험성을 막아 아래로부터 청조 권력을 뒷받침하려고 했던 것이었다. 1907년 8월에 발표된 '흠정헌법대강(欽定憲法大綱)'에서는 황제의 신성불가침을 규정하여 헌법은 황제의 권력을 제약할 수 없다는 점을 명백히하였다. 헌법대강의 발표와 함께 고찰정치관을 헌정편사관(憲政編査館)으로 개조하고, 지방의회와 국회 역할을 할 자정원과 자의국의 장정을 작성하도록 했다.

1907년에 9년의 준비기간을 두고 입헌이 구체화되자 과거제 폐지 이후 정치참여의 기회를 주장하던 신사층들은 크게 고무되었다. 원래 입헌을 주장했던 사람뿐 아니라 그렇지 않았던 사람들까지 대거 입헌을 준비하는 기관을 조직하고 대대적으로 정치활동을 벌이기 시작했다. 전국 각지의 신사층이 실질적으로 입헌운동에 직간접적으로 참여하게 된 것이다. 각지에서 예비입헌공회(豫備立憲公會, 上海, 張謇, 1906), 헌정공회(憲政公會, 토오꾜오, 湖南, 楊度, 1907), 자치학사(自治學社, 貴州, 張百麟, 1907), 월상자치회(粤商自治會, 廣東, 黃景棠, 1907), 헌정주비회(憲政籌備會, 湖北, 湯化龍) 등의 입헌단체가 다투어 조직되었는데, 변경인 꾸이져우에서 조직된 자치학사가 회원이 10만 명이었던 것에서도 그 열기를 짐작할 수 있다. 이들은 기관지를 발행하는 한편, 『시보(時報)』『국민공보(國民公報)』『동방잡지(東方雜誌)』 등의 신문, 잡지를 통해 입헌을 널리 선전하였다.

입헌단체의 기반은 각 지역의 신사층으로 이들은 신권(紳權)의 제도화를 주장하여, 그 방법으로 지방의회 개설 및 지방자치를 요구하였다. 청대의 지방 신사층은 지역에 토착화한 지배엘리뜨였으므로, 무엇보다도 지역사회에서 기득권을 유지하는 것이 최대의 관심사였고, 자연히 지방분권적 성향이 강했다. 따라서 청조의 신정과 입헌 추진이 중앙집권적 성격을 강화할수록 입헌파 신사층과는 충돌이 생겼고, 장기간 지방장관으로 세력을 쌓아온 한족 대관들의 이해와도 저촉되었다. 위안스카이, 쟝즈뚱을 비롯한 한족 대관들이 입헌운동과 신사층이 참여하는 지방자치를 지지한 것에는 지방분권을 통해 자신의 세력기반을 공고히하려는 의도가 있었다. 중앙집권을 추구하는 청조의 지방분권파에 대한 견제는 만주족과 한족 간의 민족모순으로 치환될 수 있었다. 태평천국운동과 양무운동 때 청조를 지지했던 한족 지배엘리뜨층은 이제 청조와 입장을 서서히 달리하게 되었던 것이다.

1908년 11월 광서제와 서태후가 연달아 사망하고 3세의 선통제(宣統帝, 1906~67)가 즉위하면서 만주족 황실은 위기의식이 더욱 고조되었다. 섭정왕에 오른 친부 짜이리(載灃)은 군부에 세력이 컸던 한족 대관 위안스카이를 '양병(養病)'을 구실로 고향으로 돌려보냈다(回籍). 한족에 대한 견제가 심해지는 가운데, 1909년 11월 선거가 실시되어 성단위 예비적 지방의회인 자의국(諮議局)이 개설되었다. 당시 유권자는 170만 명으로 재산 및 학위소유 등의 제한이 있어 인구의 0.4%에 지나지 않았으나 그 의의는 컸다. 자의국 개설을 계기로 각지에서 개별적으로 활동하던 입헌단체들은 전국적 규모로 연합하게 되었다. 이들은 자의국의 자문기능에 만족 못하고 예비기간 단축 및 국회소집 청원운동을 조직하였다. 이들의 요구는 전통적 신사의 권리를 제도화하고 지방자치를 실현하는 것이었다.

1909년부터 1910년에 걸쳐 청원운동은 3차례 진행되었다. 1차 청원운동(1909. 12) 때 각 성 자의국 의원들 다수가 청원속개국회동지회(請願速開國會同志會)를 조직해 정부에 입헌예비기간 단축을 요구하는 청원서를 제출했으나 거부당하고 만다. 2차 청원운동(1910. 5) 때는 자의국 의원에 더해서 학교, 상인단체, 화교단체 등 각계의 단체들이 결합하고 지역적으로도 전국으로 확대되었다. 2차 청원운동 역시 받아들여지지 않지만, 운동을 진행하는 과정에서 자의국의 전국적 연합체인 각성자의국연합회(各省諮議局聯合會)가 결성되어 조직상의 커다란 진보를 보게 되었다.

2차 청원운동이 벌어지고 넉 달 뒤인 1910년 9월, 3차 청원운동이 조직되었다. 이때는 막 성립한 예비국회인 자정원(資政院, 1910년 9월 성립)에 청원서를 제출하여, 자정원이 다시 국회의 즉시 소집(즉 1911년 개설)을 청정부에 공식 요청하였다. 이때는 지방 독무급 고관들도 동조하는 상소를 올렸다. 청조는 결국 예비입헌기간을 9년에서 6년으로 단축하여 1913년에 국회를 소집하고 책임내각도 바로 조직하겠다고 결정하고, 대신 더이상의 청원운동을 금지하고 국회청원 대표들을 뻬이징에서 추방하였다. 이 결과에 일부 입헌파들은 만족했지만 일부는 탄압에 불만을 품으며 1911년 신해혁명의 해를 맞게 된다.

신정과 청말의 입헌운동은 청조의 마지막이자 제대로 된 근대화 시도였다고 볼 수 있지만, 결과적으로 그렇게 해서 만들어진 근대적 공간과 근대적 인재들은 청조를 멸망으로 이끌었다. 교육개혁으로 태어난 학생계층, 군사개혁으로 태어난 신군의 군사 엘리뜨들은 청조에 대한 충성보다는 개혁과 혁명에 더욱 경도되었다. 민의의 수렴을 통해 통치의 정당성을 인정받고자 했던 입헌 추진과 법단 조직은 중국에 근대적 여론의 장을 열고 공공영역(public sphere)을 확대시킴으로써 정권에 대한 비판능력과 조직적 대응능력을 키웠다.

다른 한편으로 정치적 관점에서 볼 때 신정은 태평천국운동 이래 밀월관계에 있었던 한족 지배엘리뜨층과 청조의 관계를 결정적으로 분열시킨 계기였다고 볼 수 있다. 태평천국운동 이래 한족 지배엘리뜨층이 청조를 지지하면서 얻은 것은 결국 공치(共治)였다. 태평천국운동을 진압하면서 등장한 양무파 한족 대관들은 지방의 군사와 재정을 장악하고 그 기반으로 중앙정책에도 간여할 수 있었다. 지방의 한족 신사층들은 현질서를 파괴하는 과격한 반란으로부터 보호를 받으면서, 중앙권력의 약화에 따라 지역의 통치에 더욱 적극적으로 개입할 수 있었다. 공치의 바탕은 태평천국운동 이래 지속된 분권화 경향이었던 것이다. 신정으로 과거제가 폐지되면서, 한족 지배엘리뜨들은 의회개설과 지방자치가 그들에게 새로운 제도적 정치참여의 장이 되길 바랐다. 반면 청조는 헌정 실시로 통치의 정당성을 보장받아 중앙집권화를 추진하여 권력을 공고화하려 했다. 입헌을 통해 혁명을 저지할 수 있다는 점은 양자가 모두 공감하는 바였지만, 입헌을 통해 얻고자 하는 바에 있어서는 동상이몽이었던 것이다.

신정은 태평천국운동 이래 심화되어가는 분권화를 저지하고 만주족 정권의 지배를 확고히하려는 최후의 중앙집권화 시도라고도 볼 수 있다. 신해혁명은 청조의 멸망이기도 했지만, 중앙집권화 시도의 실패라고도 볼 수 있는데, 신해혁명 이후 중국은 근대적 국가건설이 아니라 분권화가 가속화하여 군벌 할거시대로 접어들었던 것이다.

제11장
중화민국의 성립
미완의 혁명, 미완의 자립

 1911년 신해혁명은 2천년에 걸친 황제지배질서를 무너뜨리고 아시아 최초의 공화국을 탄생시켰다. 신해혁명은 중국이 근대화에 성공하고 '자립'할 수 있게 했는가?

철도 국유화조치와 쓰촨보로운동

 1911년 10월 10일 후뻬이성 우창(武昌)에서 신군에 의한 반란이 일어나, 이튿날 시가전에서 승리한 반란군은 후뻬이군정부를 수립하고 청조로부터 독립을 선포했다. 바로 우창봉기이다. 이 봉기의 성공을 기폭제로 중국 각 성에서 유사한 봉기가 연이어 발생하여 각 성이 독립을 선포하였다. 1912년 2월 청조 선통제가 퇴위함으로써 약 270년간에 걸친 만주족의 중국 지배는 종식되었다. 나아가 2천여년간 지속되던 황제지배체제가 무너지고, 아시아 최초의 공화국 중화민국이 탄생하게 된다. 이것이 신해혁명이다. 개항 후 70년 만의 정체 혁신이었다. 각 성 독립이라는 특이한 형태의 이 혁명은 어떻게 일어날 수 있었던 것인가. 그리고 그 혁명은 개항 후 중국이 추구해온 자립과 자강을 위한 답이 되었을까.

청조 붕괴로 나아간 혁명정세의 고조에 처음 불을 당긴 것은 청조의 철도 국유화조치였다. 1900년대 중반 이후 반제 내셔널리즘이 고조되고 여론공간의 조직화가 진전되면서, 외국에 빼앗긴 이권을 회수하자는 운동이 전국적으로 일어났다. 한말 국채보상운동과도 유사한데, 중국의 경우 외국에게 빼앗긴 이권, 그중에서도 광산채굴권과 철도부설권을 되찾자는 운동이 주축을 이뤘다(鑛權 회수운동과 路權 회수운동). 교안이나 의화단운동과 같은 감정적인 배외로는 중국의 자립을 이끌 수 없으므로, 합법적인 방법으로 자금을 초모하여 회사를 설립하고 채굴권과 부설권은 되찾겠다는 것이었다.

특히 철도는 당시 제국주의의 중국 침략의 대명사였다. 1894년에 중국의 철도 영업거리는 447km에 불과했으나, 청일전쟁 후 철도수송의 군사적 중요성을 청이 깨닫고, 중국 진출을 꾀하는 열강이 철도 건설을 제안하고 정부 차관에도 응하면서, 외국자본에 의해 본격적으로 철도 부설이 시작되었다. '노권(路權)' 회수운동은 청조의 입헌 추진 과정에 조직화된 지방 신사층이 주도했으며, 이들이 지역의 이익을 대변하면서 정치에 참여하는 좋은 기회이기도 했다. 1902년의 철도 영업거리는 3,330km로 그중 외국경영이 58.5%를 차지했는데, 노권 회수운동이 활성화되면서 1912년에는 영업거리 9,468km 중에 외국경영의 비중이 39.3%로 떨어졌다.[38]

1911년 5월 8일 '황족내각(皇族內閣)'이 구성되었다. 청조는 입헌파의 국회청원운동의 압력을 받아 군기처를 없애고 13명의 국무대신으로 조직된 새로운 책임내각제를 실시했다.

그런데 총 13명의 국무대신 중에 만주 귀족이 9명이고, 한족 관료는 4명에 지나지 않았으며, 만주 귀족 중에도 황족이 7명이나 차지하고 있었다. 입헌과 정치개조를 통해 정치참여를 갈망하고 있던 신사층들은 이 내각을 '황족내각', '친귀내각(親貴內閣)'이라 부르며 실망을 나타냈다. 더구나 이 내각은 성립 하루 만에 서둘러 영국, 프랑스, 독일, 미국 4개국 은행단과 월한철로(粤漢鐵路), 천한철로(川漢鐵路)를 담보로 차관계약을 맺고, 모든 철도의 국유화를 선포했다. 이미 상판(商辦), 즉 민영화를 한 천한·월한철로를 다시 국유로 회수한다는 것이다.

철도의 민영화는 반제운동이라는 측면 이외에 지역에 뿌리를 둔 한족 엘리뜨층의 분권주의와 정치운동이라는 측면을 동시에 가지고 있었다. 신정의 실시로 재정이 쪼들리던 청조는 철도부설권을 지방과 민간 철도공사에 넘겨주면서 예전과 같이 철도부설권을 넘겨주고 차관을 공여받을 수 없게 되었다. 따라서 1911년의 철도 국유화는 '국익을 열강에 팔아넘기는 매국적 조치'라는 측면 외에도, 지방분권에 대

---

[38] 久保亨(1991), 55면의 표 II-1-1.

한 중앙집권의 재강화, 한족 엘리뜨의 정치세력화에 대한 만주족 집권세력의 견제라는 다양한 얼굴을 가지고 있었다. 그렇지만 이권회수운동이 입헌, 지방자치, 종족, 내셔널리즘 모두에 연관되어 성장한 대중운동이었던 만큼, 철도 국유화조치는 결정적으로 한족 지배엘리뜨가 청조로부터 이반하는 계기가 되었다.

가장 치열하게 반발한 곳은 개명적 신사층의 주축이 되어 천한철로공사(川漢鐵路公司)를 세웠던 쓰촨성이었다. 쓰촨성은 1904년 자성 출신의 일본유학생 수가 321명이었고, 이후 2~3천 명까지 늘어날 정도로 유학생 수가 많았던 곳이다. 가장 유학생 수가 많았던 후난성, 후뻬이성을 이어 세번째로 많았다. 이들은 상당수가 일본에서 보황회나 동맹회에 가입했고, 귀국 후에도 입헌파와 혁명파로 나뉘어 각각 정치조직 활동을 활발히 펼쳤다. 천한철로의 민영화 운동에 참가하고 천한철로공사의 주주가 되었던 이들 중에는 입헌파가 많았다.[39] 철도 국유화조치가 발표되자 공사의 일부 주주들은 이를 거부하고, 6월 17일 쓰촨보로동지회(四川保路同志會)를 발족하여, 철도권의 보호, 즉 쓰촨보로운동(四川保路運動)을 주도하였다. 초기에 보로운동을 지도한 것은 바로 이 보로동지회와 천한철로 특별주주회(川路特別股東會)였다.

처음에는 포정사(布政使)였던 왕런원(王人文), 총독(總督)인 쟈오얼펑(趙爾豊) 등 최고위 지방관마저도 청조의 탄압 명령을 무시하고

---

39) 쓰촨보로동지회의 주요 간부 13명 중 7명이 자의국(諮議局) 의원 및 의장, 부회장이며, 나머지도 지방 주요 관직 보유자였다. 또 8명이 일본유학 출신이고 1명이 신식학당인 경사대학당(京師大學堂) 출신이다.

은연중에 보로운동을 지지하였으므로, 운동은 더욱 거세졌다. 결국 청조의 독자 파병으로 중앙의 압력이 거세지는 가운데, 지방당국도 어쩔 수 없이 탄압에 나서 9월 7일 운동의 주모자로 쓰촨보로동지회 및 자의국의 정·부의장이었던 푸뎬쥔(蒲殿俊)과 뤄룬(羅綸) 등을 체포하고 철로공사와 쓰촨보로동지회를 폐쇄하였다. 그런데 이들의 체포에 항의해 석방을 외치는 청두(成都) 민중의 집회가 열리자, 총독 쟈오얼펑이 발포를 명령하여 30여 명의 사망자를 내는 사태가 발생했다(成都慘案). 이후 쓰촨보로운동은 주도권이 입헌파에서 혁명파로 넘어가 각지의 무장봉기로 발전되어간다.

무장투쟁은 9월 8일 청두에서 시작하여 쓰촨성 각 현으로 번졌는데, 9월 28일에는 룽현(榮縣)에서 동맹회 회원이 지도한 최초의 혁명정권인 룽현군정부(榮縣軍政府)가 탄생하였다. 이후 쓰촨의 각 주현(州縣)은 연이어 청조로부터 독립을 선포하고 군정부를 건립한다. 이러한 쓰촨성의 각 지역 독립이라는 혁명방식은 이후 신해혁명에 그대로 재현되게 되었다.

운동이 무장투쟁으로 발전해 걷잡을 수 없이 쓰촨 전역으로 번지자, 청조는 진압을 위해 꽝뚱, 후난, 꾸이져우, 윈난, 샨시(陝西), 후뻬이 6개 성에서 군대를 모집해 쓰촨으로 파병했다. 그 때문에 파병한 성들의 방위전력은 약화되어 혁명에 유리한 국면을 형성하게 되는데, 양쯔강을 거슬러 바로 쓰촨성으로 진입 가능한 후뻬이성의 병력 차출이 가장 많았다. 후뻬이 신군 가운데에서 최신식의 병기로 무장한 약 2천여 명의 최정예부대가 쓰촨성으로 이동하였다. 그리고 10월 10일 우창봉기가 일어난다.

우창봉기와 중화민국의 성립

동맹회 성립 후 1906년 첫 봉기인 핑류리봉기(萍瀏醴蜂起)가 일어난 이래 동맹회의 영향을 받은 지방 회원들의 봉기가 줄을 이었다. 쑨원은 하노이와 홍콩을 전전하면서 남방 변경에서의 무장봉기를 주도하였으나, 1911년 4월 800여 명의 회원을 동원하여 심혈을 기울인 꽝져우황화강봉기(廣州黃花岡蜂起)가 86인의 희생자를 내며 실패하자 쑨원을 구심점으로 한 동맹회는 와해분위기가 역력했다. 대신 쑨원의 지도력과 '변경혁명' 노선에 회의를 품은 지방의 동맹회원들은 독자적인 활동을 해나갔다.

황싱(黃興)과 후한민(胡漢民)은 회당이 아닌 신군에 대한 공작에 중점을 두기 시작했고, 남방 변경이 아닌 양쯔강 유역 중심도시에서의 봉기를 주장하는 '장강혁명'을 추진하는 쑹쟈오런(宋敎仁) 등은 1910년 중반 중부동맹회를 결성하고, 1911년 7월 31일 상하이에서 동맹회중부총회를 성립시켰다. 이러한 장강혁명으로의 경사 경향 속에서, 양쯔강 중류에 면한 후뻬이성의 성도 우창에서 혁명파는 착실히 신군에 침투해 조직화 사업을 벌이고 있었다.

쓰촨보로운동 진압을 위해 대규모 병력이 차출되자, 혁명파는 무장봉기 준비를 시작한다. 그러나 10월 9일 한커우(漢口) 러시아조계에서 폭발사고가 나는 바람에 봉기 준비와 신군 내의 혁명파 명단이 고스란히 청군에 넘어가는 사태가 발생했다. 이에 이튿날 10월 10일 우창(武昌)의 일부 혁명파 신군장교와 병사에 의해 독단적으로 무장봉기가 발생하는데, 이 봉기에 각 신군이 호응하면서 시가전에서 청측 군사를 패퇴시키고 11일과 12일에는 한커우와 한양(漢陽)까지 접수해 우한(武漢) 3진(鎭)을 완전히 장악하게 되었다. 후뻬이 신군 사병의 1/3 이상인 5~6천 명 정도가 혁명에 가담하였다.

후뻬이성의 봉기가 성공하여 후뻬이군정부가 수립되고 청조로부터 독립을 선포하자, 전국 각 성에서는 일제히 이에 호응하여 혁명정권의 수립하려는 움직임이 나타났다. 우창봉기 후 단 1개월 만에 샨시(陝西)성, 샨시(山西)성의 북방 2개 성과 후난, 윈난, 꾸이져우, 쟝쑤, 져쟝, 꽝시, 푸졘, 안후이, 꽝뚱 등 대부분의 남방 각 성, 그리고 중국의 최대 상업도시인 샹하이가 독립을 선포하여 혁명에 가담했다.

여기에서 주의해야 할 점은 이렇듯 단기간에 혁명이 전파될 수 있었던 배경에는 자의국을 중심으로 한 입헌파 신사층들이 성에 따라 적극성은 다르지만 혁명을 지지하여 청조가 임명한 지방 최고장관을 불신임하고 나섰고, 일부는 지방 최고장관인 총독 역시 혁명을 지지했기 때문이라는 점이다. 즉 반청(反淸)의 대중적인 정서가 이미 한족 지배엘리뜨들 사이에 광범위하게 공유되어 정권교체의 조건이 성숙되어 있었다는 점이 중요하다. 그렇기 때문에 혁명과정에서는 혁명파 신군의 무력이 중요한 역할을 했지만, 일단 혁명이 성공해서 군정부가 조직된 이후의 과정에서는 입헌파나 구세력이 정권을 장악한 성이 더 많았다. 그리고 이들은 상당수가 지방의 이익과 기득권 확보를 우선하는 분권주의자였다.

혁명군은 1911년 11월에 샹하이에서 혁명에 성공한 성들의 임시회의기관으로 각성도독부대표연합회를 결성하고 임시정부 수립을 추진했다. 그런데 다급해진 청이 다시 불러들인 위안스카이(袁世凱)의 청군이 한양을 점령하자, 혁명군의 위세는 크게 꺾이게 되었다. 한커우 주재 영국영사의 중재로 혁명군과 청군, 즉 남북 쌍방은 정전기간을 갖고 타협을 모색했다. 12월의 남북화의에서는 이미 위안스카이가 반정(反正)하여 혁명군에 합류하는 조건으로 그를 임시대총통으로 추대하는 안이 모색되었다. 위안스카이는 가장 대표적인 한족 대관이었을 뿐 아니라 군부 실력자였고, 선통제 즉위 후 청조가 보수화되면서 제일 먼저 숙청당한 인물이기도 했다. 영국 등 열강이 중국의 혼란을 수습할 인물로 위안스카이를 높이 평가한 것도 위안스카이 대세론이 등장한 한 원인이었다.

하지만 12월 25일 구미를 여행하며 열강에 혁명에의 불간섭과 지지를 호소하던 쑨원이 중국으로 귀국하자 혁명파는 다시 쑨원을 구심점으로 재결속하기 시작했다. 이어 쑨원이 17성 대표의 선거로 난징 임시정부의 임시대총통에 선출되고, 1912년 1월 1일 역사적인 중화민국의 성립이 정식으로 선포되었다. 그러나 난징임시정부는 혁명을 위한 재원조달과 내부의견의 분열 등 한계를 극복하지 못하고, 독자적으로 청조를 타도할 내부역량을 여전히 창출하지 못했다. 기기에 임시정부의 수립으로 다급해진 위안스카이가 직접 담판에 나서고 공화제를 기정사실화하자, 다시 한번 남북 사이에 타협이 모색되었다.

결국 쑨원의 사직과 위안스카이의 임시대총통 취임, 난징 참의원이 제정한 임시약법의 준수, 난징 천도와 새 총통의 난징취임, 청 황제의 퇴위 후 우대와 안전보장이 합의가 되어 1912년 2월 12일 선통제는 공식적으로 퇴위하고 약 270년간의 청조 통치와 2천여년의 황제지배 체제는 막을 내렸다.

이렇게 중국은 전제권력을 타도하고 공화국이란 근대적 정치체제로 이행하였다. 그렇지만 혁명 이후 공화제의 길은 순탄하지 못했다. 1913년 1월과 2월 중국은 최초의 국회선거를 치렀다. 동맹회가 개조한 국민당은 의석의 과반수를 넘기며 대승을 거두었다. 그러나 3월 22일 국민당 지도자 쑹쟈오런이 샹하이에서 암살당하고, 위안스카이는 국회를 해산했으며, 이에 대항한 혁명파의 봉기인 제2차 혁명은 진압당했다. 이때부터 1916년 위안스카이가 사망할 때까지 중국은 위안스카이 독재체제하에 있었다. 그리고 그의 사후에는 군벌의 지방 할거가 본격화하면서 중국에는 이름뿐인 중앙정부가 뻬이징에 있을 뿐, 사실상 심각한 분열국면으로 접어들었다. 아시아 최초의 공화국은 사분오열되었고, 중국의 재통일은 1928년 국민당의 북벌 성공과 난징 국민정부의 수립을 기다려야 했다.

신해혁명은 형식상 공화제로의 변혁은 이뤘지만 민주주의를 정착시키지 못했고 근대 중국사회에 구조적 변화를 가지고 오지 못했다는 점에서 실패한 혁명 내지 불철저한 혁명이라는 평가가 내려지는 것이 일반적이다. 그럼에도 불구하고 개방 70년 만에 중국은 2천년이나 되는 역사의 무게를 내려놓고 근대국가로 자기변신에 성공했으며, 불평등조약체제를 당장에 벗어나지는 못했지만 독립국가로서 식민지로의 길에서도 과분의 길에서도 벗어날 수 있었다. 군벌 할거와 취약한 중앙정부를 가지고도 1910년대와 1920년대 중국은 서구와의 관계에서 관세자주권의 점차적 회복, 주권과 영토 보장 등 중요한 진전을 이룰 수 있었다. 경제적으로도 1차 세계대전 시기 동안 '중국경제의 황금기'라 불릴 정도로 경공업을 중심으로 산업화가 크게 진전되었다. 장기적으로 정치권력의 교체와 근대적 정체의 수립은 자립과 자강의 가장 핵심적인 요소였다. 중국의 근대화 과정은 신속하지도 않았고 때맞춰 이루어지지도 못했지만, 마지막 해내야 할 과제만은 놓치지 않은 셈이다.

제12장
중국 근대로의 여행을 마치며

19세기 제국주의의 역사에서 동아시아는 특이한 위치를 차지하고 있다. 전세계가 모두 제국주의 국가와 그 식민지로 양분되었을 때—태국과 아프리카 수개 국이 서구 열강의 타협에 의한 독립을 보존한 것을 제외하고—중국은 불평등조약 체제하에는 있었지만 유일하게 자력으로 제국주의도 식민지도 아닌 상태에서 주권을 보존한 대국이었으며, 일본은 유일하게 비서구 국가로 식민지를 영유한 제국주의 국가가 되었고, 조선은 가장 뒤늦게 비서구 국가인 일본에 의해 식민지가 된 국가였다. 모든 변화는 서구문명과 국제질서의 공세에 의해 시작되었다. 그때부터 요동친 동아시아의 지정학적 지도는 1910년의 한일합방, 1911년의 신해혁명으로 비슷한 시기에 결착되었다. 그렇지만 동아시아 지역 전체로는 지역 내부의 역관계가 전도(顚倒)되는 결과로 나타났을 뿐, 여전히 세계에서 유일하게 서구 열강에 의한 식민화가 발생하지 않은 지역이었던 것이다.

서세동점의 시대에서 중국은 삼국 중에 가장 처음 서구와 전면적으로 접촉한 국가였다. 1842년 패전과 개항으로부터 중국에 새로운 정권이 들어서기까지는 70년이 걸렸다. 일본이 개항 10여년 만에 정권을 교체하고, 조선이 30여년 만에 외래정권이 토착정권을 무너뜨렸던 것과 비교하면 중국의 경험은 무엇을 말하는가? 쉽게 일본은 왜 성공했는가, 조선은 왜 실패했는가로 근대 경험을 정리해왔던 것과 달리, 중국의 경우는 어떤 호흡으로 근대의 경험을 설명하는가에 따라 성공과 실패가 달라질 수 있다.

우선 1911년까지 70여년 사이에 일본에 비해 근대화에서 큰 격차를 가질 수밖에 없었다는 점은 상대적으로 실패라고 볼 수 있다. 그 점을 명확하게 하기 위해서는, 근대적 국가건설에 대한 모색이 왜 이렇게 늦게 시작되었는가, 청조가 근대국가 건설의 주체가 될 수 없었던 원인은 무엇인가 등을 해명해야 한다.

첫번째로 이민족 정권이라는 청조의 성격상 입헌군주제 등 정치적 변혁을 포함한 주체적 혁신은 매우 힘들었다. 두번째로 중국의 '중화주의'가 가지는 문화주의는 종족적 배타성을 포함한 '민족주의'의 양성과 기존 정권의 타도도 어렵게 만들었다. 엘리뜨층은 과거를 통해 이민족 정권인 청조와 공동의 '문화'적 생산자, 수호자로 맺어져 있었다. 청말 쑨원 등의 혁명운동이 완전히 새로운 지식인층에서 생산되었던 것처럼, 양무운동과 무술변법은 끝까지 만주족 왕조와의 공동전선을 포기할 수 없었다. 세번째로 중국사회의 신분이동과 유연성이 오히려 철저한 계급투쟁이나 정치적 대립전선의 형성을 방해한 측면이다. 혁명 이외에는 신분상승의 기회가 없었던 일본이나, 반상의 차별이 심했던 조선과 달리, 중국은 과거를 통한 신분이동은 물론 청대 상업혁명을 통해 신분의 융합(신사이면서 상인인 '紳商' 등), 그리고 신분의 상승이 가능했던 사회였다. 일본에서 난학이 발전했다고 하나, 개항장을 통해 들어온 서구서적과 그 한역사업은 중국이 더 많았다. 하지만 그 사회적 영향력은 전혀 달랐다. 그것은 외부로부터 충격을 바라고 선동하는 내부적 수요가 더 적었기 때문이다.

이처럼 여러 원인들로 인해 70여년이라는 긴 시간을 필요로 했지만 또 불평등조약의 족쇄를 물려받았지만, 결과적으로 중국은 주권의 완전한 상실 없이 아시아 최초의 공화국을 탄생시켰다. 변혁의 동력은 변경에서 먼저 시작되었다. 개항 당시 중국은 해외에 대한 정보와 인재라는 면에서 일본과 비교해도 못지않은 자원이 애초부터 있었다. 그 자원이 집중된 것은 개항을 전후하여 서양과의 접촉이 가장 빈번하고 대량의 화교를 배출한 중국 남부지역이었다. 청말 변혁운동인 태평천국운동 지도자 홍슈취안(洪秀全), 개량파 운동의 영수 캉여우웨이(康有爲)와 량치챠오(梁啓超)가 모두 꽝뚱성 출신이고, 혁명운동을 최초로 조직화된 운동으로 이끈 쑨원(孫文)이 꽝뚱성 출신의 화교였다는 것은 이를 잘 말해준다.

다시 이야기하자면, 세계화된 변경지대에서 변혁의 최초 동력이 나타났던 것이다. 이들의 힘만으로 중국 전체를 바꾸기에는 역부족이었으나, 변경지대에서의 역동적인 활동은 국내 엘리뜨들에게 선도적인 모범과 대안을 마련해준 것이었다. 변경으로부터 발신된 자극으로 거대한 중국이 움직이기 시작했다. 지배구조를 떠받들던 기둥은 한족 신사층이었다. 청말 신정에서 신해혁명에 이르는 청조의 마지막 10년을 살펴보면, 근대 중국의 향로를 결정지은 것은 결국 중국 사회구조의 중핵을 이루는 신사층의 향방이었다.

70여년간의 중국의 우회와 답보 내지 실패는 1911년으로 막을 내렸다. 신해혁명 이후 중국사회는 여전히 정치적인 혼란을 거듭했지만, 1911년 이후 중국사회는 이전과 달리 변화의 동력이 넘치는 사회였다. 완전한 주권회복은 시간이 걸렸으나 식민지의 가능성은 사라졌으며, 청말과 같은 문화적 수동성은 사라졌다. 전면적 서구화론(全面西化論)과 같은 폭발적인 문화운동과 반론, 논전과 대립, 새로운 모색이 지식인들 사이에서 진행되었다. 새로운 상업적 기회를 찾아 민족자본이 발전하고, 밖으로의 거대한 인적 유동이 발생했다. 정치적 혼란 속에서도 1920년대가 되면 미국의 지원으로 주권과 영토의 보장, 관세권 회복 등 불평등조약의 개정을 이뤄냈다. 1920년대 말에는 뚜렷하게 근대국가 건설을 지향하는 중앙권력이 등장했다.

1911년까지를 실패라고만 보면, 이후의 성장은 설명할 수 없다. 이후의 성장이 좌절된 것은 결정적으로 1930년대 일본의 대륙침략이었다. 긴 호흡에서 보자면 중국이 70여년이나 '시간과의 경쟁'에서 뒤처진 것은 이민족 지배라는 특수성과 중화제국의 특성——권력의 문화적 지배, 사회신분이동의 유연성, 영토와 인구의 거대함——때문이지만, 장고 끝에 맞은 20세기의 중국은 활력에 찬 모색의 시기였다. 15년 전쟁(중일전쟁)으로 이 동력은 좌절되고 사회주의혁명으로 대체된 뒤에는 다시 전혀 새로운 기반에서 방향모색을 해야 했다. 이 두번째

'시간과의 경쟁'에서 뒤처지게 만든 요인은 중국 자체적 문제가 아니라, 일본제국주의라는 존재였다.[40]

마지막으로 일본의 근대 경험과 중국의 근대 경험을 비교해서 평가해보고자 한다. 일본은 아시아 국가 중에 가장 앞서서 서구문명을 학습하였는데 그중 약육강식의 사회진화론을 가장 열심히 학습했다. 서구로부터 배웠지만 서구 열강보다 더 철저한 포함외교와 팽창주의를 견지했다. 중국의 경우 개항 당시의 경제적·정치적 조건은 일본보다 못하지 않았으나 전통적 중화주의적 세계관을 버리지 않고 대외적으로도 문화의 다양성과 간접지배를 유지하려고 했다. 일본은 사회진화론을 도입해 '국민국가'로의 변신을 위해 존망(存亡), 즉 죽느냐 사느냐의 위기의식을 최대한으로 고취했고, 위기의식은 발전의 원동력이 되었다. 중국은 일부 지식인을 제외하고는 위기의식의 전반적인 확산도 늦었지만, 1890년대와 1900년대에 와서야 사회진화론과 '국민국가'론을 함께 받아들이게 되는데, 이때 일본식의 공격적 국민국가론의 영향도 적지 않게 받았다. 량치챠오의 경우 가장 대표적이지만, 중국 지식인들은 그럼에도 불구하고 '국민국가론'에 함몰되지 않는 문명론과 보편적 가치에의 추구가 꾸준히 있었다는 점이 주목된다. 이러한 문명론과 보편론은 사실 중국 우월적인 중화주의적 문명관의 사상적 영향하에 있었다고 생각하는데, 20세기에 들어와 무정부주의와 사회주의가 중국 지식인사회의 주류가 되는 배경이 되었다.

---

40) '시간과의 경쟁'이란 용어는 고 민두기 선생이 동아시아 근대를 파악하는 핵심어로 사용한 용어이다(민두기 2001).

단기적으로 보면 일본의 근대화는 성공인 것처럼 보이지만, 그 대가 역시 만만치 않았다. 러일전쟁 전까지 일본의 자본주의와 경제력은 상당한 궤도에 올라 있었다. 1900년대 중반에 일본의 경제력은 이미 세계 10대 국가 안에 포함되어 있었고, 1920년대 중반에는 군사력에서 미국·영국과 함께 세계 3대 해군강국으로 꼽혔다. 그러므로 일본은 이미 존망의 선택에서는 안전지대로 피했으며, 아시아의 인국(隣國)을 침략하는 제국주의의 길로 가지 않았어도 충분히 '자립(自立)'할 수 있었다.

그렇지만 19세기 중반 이래 사회진화론적 위기의식과 결합한 일본식 국민국가주의는 일본 지배엘리뜨와 기층사회에 침투해 뿌리를 내리고 있었다. 위기의식과 팽창주의에 중독된 일본은 결국 수백만의 자국민과 수천만의 아시아인을 희생시킨 전쟁으로 자멸했다. 일본은 제국주의의 '막차'를 탔는데, 20세기에 들어와서 세계는 서서히 미국 주도의 신질서, 즉 인권과 민주의 문화지배, 민족자결에 근거한 독립국=독립시장의 보장, 비용 많은 직접 식민지 경영을 피한 자본지배로 넘어가고 있었다. 일본은 막차를 탔기 때문에, 본국 영토에 대한 식민지 영토 비율에서도 영국 99배, 네덜란드 61배, 프랑스 24배, 독일 5배인 데 반해 일본은 0.7배에 지나지 않았다. 이에 만족하지 못하고 전후 시대의 변화를 못 읽고 만주와 중국으로 제국주의적 팽창을 시도한 결과 일본은 오늘날까지도 그 혁혁한 경제적 성취에도 정치적으로 존경받지 못하는 짐을 지고 있다. 19세기 중반에서 20세기 초까지의 성공이 21세기에 부담이 되고 있는 것이다.

반면 중국은 느리게 적응해갔지만 침략의 주체가 아니라 침략의 대상으로 근대를 견뎌냄으로써, 일본과 같은 과거사의 부담을 면할 수 있었고, 1950년대 이후 동남아시아, 아프리카 등 제3세계 외교에서도 리더십을 발휘할 수 있었다. 어떤 면에서 중국은 동아시아 지역질서를 주도할 대국으로서 정통성을 지켰다고 보아야 한다. 서구와 일본의 국민국가론의 도입은 중국의 통치사상에도 변화를 가져와 번부의 경우 전통의 존중과 민족자결을 무시한 무리한 통합으로 나아갔지만, 조공국에 대해서는——능력이 부족해서이기도 했지만——간접지배의 원칙을 유지했다. 중국이 20세기의 시대흐름을 미리 읽어서 그렇게 된 것은 아니었을 것이고 읽을 수도 없었겠으나, 중일의 사례 비교는 19세기 끝물을 따라잡기에 급급한 것만이 시대를 앞서가는 것은 아니라는 점을 보여준다.

21세기 중국은 기로에 서 있다. 중국의 전통적 중화지배와 조공질서는 어느정도는 상대방의 동의와 자발성에 기초한 것이었다. 근대 이후에 배타적 국민국가론의 영향을 받았던 중국은 사회주의혁명으로 그 구속에서 어느정도 벗어날 수 있었다. 20세기 초에 전통적 중화주의의 문명론과 보편론은 팽창주의나 배타적 국민국가론과 결합하기보다는 사회주의적 보편주의 속으로 포섭될 수 있었다. 사회주의적 이상이 배타적 내셔널리즘을 대신해 중국을 강하게 통합해주었기 때문이다. 그런데 개혁개방 이후 통합의 구심력으로 사회주의 이데올로기가 무너지고 내셔널리즘이 고조되면서, 다시금 19세기 말의 배타적 국민국가론이 부활하고 있는 듯하다.

아니 단순한 부활이 아니라 진화한 국민국가론이다. 19세기 말의 한족 민족주의는 중화적 세계관을 극복하고 어느정도 포기하면서 형성되었다. 하지만 중화적 세계는 일단 신해혁명으로 국민국가가 탄생한 후에는 언제든지 부활할 수 있었다. 쑨원과 그의 뒤를 이은 중화민국, 오늘날의 중화인민공화국도 한족만의 민족주의를 주장하지 않는다. 신해혁명으로 과분의 위기에서 벗어난 후, 중국의 민족주의와 국민국가론은 서구의 국민국가론을 그대로 수용하는 단계에서 나아가 전통적 중화관을 수용하여 진화하기 시작했다. 전통적 중화관은 사회주의적 보편주의에서 탈출하여 국민국가 속으로 들어갔다. 문명적 중화관과 국민국가의 이념은 '중화민족주의'로 결합하여 이론적으로 성숙해졌다. 한족을 포함한 중국 영토 내의 모든 민족이 '중화민족'이라는, 만들어진 민족 카테고리 속에 통합되어, '중국'이라는 국민국가의 일원이 되었다. 만주족 지배하에서 혁명을 위해 벗었던 두터운 중화제국의 외투는 무게를 충분히 감당할 수 있는 국민국가가 탄생했을 때—자본주의적 국민국가이든, 사회주의적 국민국가이든—언제든지 껴입을 수 있었던 것이다.

중화민국을 거쳐 중화인민공화국의 국가건설에서 중화민족주의는 국가통합을 위해서 기능했으나, 개혁개방 이후의 중화민족주의는 이제 외부와도 마찰을 일으키고 있다. 사회주의가 담당했던 국가통합의 기능이 마비되면서, 과부하가 걸린 중화민족주의는 외부와의 마찰을 일으키면서까지 확대될 필요성이 있기 때문일지도 모른다.

21세기 맹진하는 중국의 성장요인은 외부적인 국제환경의 개선과 시대와 조화를 맞춘 중화제국의 특성에 있다. 새로운 시대에 제국적 특성을 어떻게 맞춰갈 것인가? 그러면서도 내부적 통합성을 유지할 것인가? 그 점이야말로 항상 중국의 근대적 과제였으며, 앞으로도 그러할 것이다. 지오반니 아리기(Giovanni Arrighi)는 20세기 미국의 헤게모니가 바야흐로 마침표를 찍고, 21세기 세계 헤게모니로 중국이 등장하고 있다고 말했다.[41] 그러기 위해서 중국에게 가장 필요한 것은 지난 '100년'의 근대 경험에 지나친 피해의식을 가지지 말고, '5천년' 역사 속에서 중국이 문명의 선두에 설 수 있었던 미덕, '관용'과 '여유'를 잊지 말기를 기대한다.

---

41) Giovanni Arrighi *Adam Smith in Beijing: Lineages of the Twenty-First Century*, Verso 2007. 국역본 조반니 아리기 『베이징의 애덤 스미스』, 강진아 옮김, 길 2009.

참고문헌

제1장

강판권 (1996) 「청 도광 12년(1832) 강소성의 물가: 임칙서의 奏議 분석」, 『대구사학』 52.
민두기 (2001) 「19세기 후반 조선왕조의 대외 위기의식: 제1, 2차 中英戰爭과 異樣船 출몰에의 대응」, 『시간과의 경쟁』, 연세대학교 출판부.
안드레 군더 프랑크 (2003) 『리오리엔트』, 이희재 옮김, 이산.
유장근 (1984) 「아편전쟁시기 '漢奸'에 대하여」, 『경남사학』 1.
유춘근 (1998) 「아편전쟁시기 漢奸으로의 전화 요인에 관한 일고: 만한 민족 모순을 중심으로」, 『동양학연구』 4.
조병한 (1996) 「아편전쟁 시기 저항파 임칙서의 개혁사상과 淸議」, 『동아시아역사연구』 1.
차경애 (1998) 「아편전쟁 시기 영국의 할양목표지의 변경: 舟山島에서 香港島로」, 『명청사연구』 8.
하정식 (2001) 「아편전쟁과 조선, 일본」, 『근대중국연구』 2.
井上裕正 (1994) 『林則徐』, 白帝社.
陳舜臣 (1986) 「'문화강연회' 한・중・일본の近代化開幕: 阿片戰爭を中心として」, 『일본학』 5.

제2장

김성찬 (1989) 「태평천국과 염군」, 『강좌중국사』 5, 지식산업사.
최진규 (1999) 「상제교와 태평천국의 대외관계」, 『명청사연구』 11.

표교열 (1989) 「제1, 2차 중영전쟁」, 『강좌중국사』 5, 지식산업사.
――― (2002) 「청조 도광대의 해운논쟁: 도광 5년을 중심으로」, 『아시아 문화』 18.
하정식 (1995) 「태평천국과 1850~60년대 초 조선왕조의 위기의식」, 『동방학지』 87.
――― (2004) 「태평천국과 근대일본」, 『일본역사연구』 20.

제3장
마리우스 잰슨 (2002) 『일본과 동아시아의 이웃들』, 지명관 옮김, 소화.
민두기 (1978) 「中體西用論考」, 『東方學志』 18.
박영준 (2002) 「서구군사체제의 수용과 근대일본: 네덜란드의 나가사끼 해군전습과 그 영향을 중심으로 1855~1859」, 『일본연구논총』 16.
장중예 (1993) 『중국의 신사』, 김한식 외 옮김, 신서원.
조병한 (1997) 「19세기 중국 개혁운동에서의 '중체서용'」, 『동아시아역사연구』 2.
潘向明 (2007) 「留美兒童撤回原因考略」, 『淸史硏究』 2007年 第2期.
森正夫 編 (1992) 『中國』 下, 朝日新聞社.
安井三吉 (2005) 『帝國日本と華僑』, 靑木書店.
李華興 (2005) 「容閎: 中國近代化的卓越先驅」, 『復旦學報(社會科學版)』 2005年 第5期.

제4장
구범진 (2008) 「淸의 朝鮮使行 人選과 '大淸帝國體制'」, 『인문논총』 59.
김광옥 (2007) 「19세기 후반 일본의 琉球병탄과 淸과의 영토분쟁 처리」, 『역사와 경계』 65.
김두현 (1989) 「청조정권의 성립과 발전」, 『강좌중국사』 4, 지식산업사.
김한웅 (2006) 「청기록에 나타난 18세기 티베트 역사상의 비판」, 『명청사

연구』 25.
김호동 (1999) 『근대 중앙아시아의 혁명과 좌절: 新疆 무슬림국가(1864~1877) 연구』, 사계절.
데니스 트위체트·존 페어뱅크 편 (2007) 『캠브리지 중국사 10』 상·하, 김한식 등 옮김, 새물결.
민두기 (1976) 『일본의 역사』, 지식산업사.
앤드루 고든 (2005) 『현대일본의 역사』, 김우영 옮김, 이산.
최희재 (1989) 「중화제국질서의 동요」, 『강좌중국사』 5, 지식산업사.
하자마 나오키 외 (1999) 『데이터로 본 중국근대사』, 신일섭 옮김, 신서원.
平野聰 (2003) 「'公正な帝國'から'近代中華帝國'へ」, 『歷史學硏究』 776.

제5장
민두기 편저 (1998) 『일본의 역사』, 지식산업사.
앨버트 포이어워커 (2007) 「청말의 경제동향(1870~1911)」, 『캠브리지 중국사 11』 상, 새물결.
필립 리처드슨 (2007) 『쟁점으로 읽는 중국 근대경제사 1800~1950』, 강진아·구범진 옮김, 푸른역사.
하자마 나오키 외 (1999) 『데이터로 본 중국근대사』, 신일섭 옮김, 신서원.
久保亨 (1991) 『中國經濟100年のあゆみ: 統計資料で見る中國近現代經濟史』, 創研出版.
汪石滿 編 (2003) 『中國經濟』, 安徽教育出版社.
Loren Brandt (1997) "Reflections on China's Late 19th and Early 20th-Century Economy." *The China Quarterly* 150.
Man-Houng Lin (2006) *China Upside Down: Currency, Society, and Ideologies, 1808-1856*, Harvard East Asia Center.

제6장

강진아 (2007)「廣東네트워크(Canton-Networks)와 朝鮮華商 同順泰」,『사학연구』88.
이화승 (2002)「19세기 상해의 경제개혁사상 商戰: 鄭觀應 사상의 배경과 전개」,『현대중국연구』4-2.
高橋孝助・古廐忠夫 編 (1995)『上海史: 巨大都市の形成と人々の營み』, 東方書店.
李志英 (2008)「外商在華股份公司的最初發展: 關于近代中國股份公司制度起源的研究」,『近代中國』2008年 第4期.
王敏 (2005)「蘇報案的審訊與判決」,『史林』2005年 第6期.
劉建輝 (2000)『魔都上海』, 講談社.
日本上海史研究會 (1997)『上海人物誌』, 東方書店.
村松伸 (1998)『圖說上海』, 河出書房新社.
何思兵 (2005)「旗昌洋行與19世紀美國對廣州貿易」,『學術研究』2005年 第6期.

제7장

김형종 (1989)「신해혁명의 전개」,『강좌중국사』6, 지식산업사.
윤혜영 (1989)「변법운동과 입헌운동」,『강좌중국사』6, 지식산업사.
佐藤愼一 (1998)『近代中國の思索者たち』, 大修館書店.

제8장

강진아 (2007)「이주와 유통으로 본 근현대 동아시아 경제사」,『역사비평』79.
김형종 (2002)『淸末 新政期의 硏究: 江蘇省의 新政과 紳士層』, 서울대학교 출판부.
문명기 (2000)「20세기 전반기 중국인의 동남아시아 화교 인식과 그 성격:

華僑=殖民 개념의 형성과정을 중심으로」, 『外大史學』 제12집.
久保亨 (2002) 「周辺的要素の影響下の發展: 近代中國経營史再考」, 横山宏章・久保亨・川島眞 編 『周辺から見た20世紀中國』, 中國書店.
戴鞍鋼 (1995) 「淸末新政與華僑對國內的投資」, 『安徽史學』 1995年 第2期.
林金枝 (1987) 「華僑投資對沿海城市的興起和中國近代化的作用」, 『華僑大學學報』 2.
安井三吉 (2005) 『帝國日本と華僑』, 靑木書店.
庄國土 (2001) 『華僑華人與中國的關係』, 廣東高等敎育出版社.
陳慈玉 (1989) 『近代中國的機械繅絲工業 1860~1945』, 臺灣: 中央硏究院近代史硏究所.
Man-Houng Lin (2001) "Overseas Chinese Merchants and Multiple Nationality: A Means for Reducing Commercial Risk(1895~1935)." *Modern Asian Studies* vol. 35 part 4. Cambridge University Press.
Philip Kuhn (2006) "Chinese Nationalism and the Chinese Overseas." 대우학술재단 석학연속강좌 발표문.

제9장
김형종 (1989) 「신해혁명의 전개」, 『강좌중국사』 6, 지식산업사.
오구마 에이지 (2006) 『일본이라는 나라』, 한철호 옮김, 책과함께.
요시자와 세이치로 (2006) 『애국주의의 형성』, 정지호 옮김, 논형.
윤건차 (1996) 「사회진화론 수용의 비교사적 검토: 일본의 사회진화론과 그 영향」, 『역사비평』 32.
山室信一 (2001) 『思想課題としてのアジア: 基軸・連鎖・投企』, 岩波書店.

제10장
김형종 (1989) 「신해혁명의 전개」, 『강좌중국사』 6, 지식산업사.
민두기 (1989) 「민국혁명론」, 『강좌중국사』 6, 지식산업사.

윤혜영 (1989)「변법운동과 입헌운동」, 『강좌중국사』 6, 지식산업사.
國家淸史編委會網上工程 中華文史網(http://www.historychina.net/) 싸이트 내 淸史硏究 → 專題硏究 → 淸末新政 내 鞠方安「試論淸末官制改革(1901~1911)中的文官設置及其特點和影響」외 다수 논문.

제11장

김형종 (1989)「신해혁명의 전개」, 『강좌중국사』 6, 지식산업사.
久保亨 (1991)『中國經濟100年のあゆみ: 統計資料で見る中國近現代經濟史』, 創硏出版.
劉正祥·徐精鵬 (1998)「四川保路運動時期四川地方政府與中央政府的對峙」, 『社會科學研究』 1998. 4.
趙純淸 (2006)「川籍留日學生與四川保路運動」, 『西南交通大學學報』 7-3.

華僑=殖民 개념의 형성과정을 중심으로」, 『外大史學』 제12집.
久保亨 (2002) 「周辺的要素の影響下の發展: 近代中國経營史再考」, 横山 宏章・久保亨・川島眞 編 『周辺から見た20世紀中國』, 中國書店.
戴鞍鋼 (1995) 「清末新政與華僑對國內的投資」, 『安徽史學』 1995年 第2期.
林金枝 (1987) 「華僑投資對沿海城市的興起和中國近代化的作用」, 『華僑大學學報』 2.
安井三吉 (2005) 『帝國日本と華僑』, 青木書店.
庄國土 (2001) 『華僑華人與中國的關係』, 廣東高等教育出版社.
陳慈玉 (1989) 『近代中國的機械繅絲工業 1860~1945』, 臺灣: 中央研究院近代史研究所.
Man-Houng Lin (2001) "Overseas Chinese Merchants and Multiple Nationality: A Means for Reducing Commercial Risk(1895~1935)." *Modern Asian Studies* vol. 35 part 4. Cambridge University Press.
Philip Kuhn (2006) "Chinese Nationalism and the Chinese Overseas." 대우학술재단 석학연속강좌 발표문.

제9장
김형종 (1989) 「신해혁명의 전개」, 『강좌중국사』 6, 지식산업사.
오구마 에이지 (2006) 『일본이라는 나라』, 한철호 옮김, 책과함께.
요시자와 세이치로 (2006) 『애국주의의 형성』, 정지호 옮김, 논형.
윤건차 (1996) 「사회진화론 수용의 비교사적 검토: 일본의 사회진화론과 그 영향」, 『역사비평』 32.
山室信一 (2001) 『思想課題としてのアジア: 基軸・連鎖・投企』, 岩波書店.

제10장
김형종 (1989) 「신해혁명의 전개」, 『강좌중국사』 6, 지식산업사.
민두기 (1989) 「민국혁명론」, 『강좌중국사』 6, 지식산업사.

윤혜영 (1989)「변법운동과 입헌운동」,『강좌중국사』6, 지식산업사.
國家淸史編委會網上工程 中華文史網(http://www.historychina.net/) 싸이트 내 淸史硏究 → 專題硏究 → 淸末新政 내 鞠方安「試論淸末官制改革(1901~1911)中的文官設置及其特點和影響」외 다수 논문.

제11장

김형종 (1989)「신해혁명의 전개」,『강좌중국사』6, 지식산업사.
久保亨 (1991)『中國經濟100年のあゆみ: 統計資料で見る中國近現代經濟史』, 創硏出版.
劉正祥・徐精鵬 (1998)「四川保路運動時期四川地方政府與中央政府的對峙」,『社會科學硏究』1998. 4.
趙純淸 (2006)「川籍留日學生與四川保路運動」,『西南交通大學學報』7-3.

기획강좌: 근대의 갈림길 중국
문명제국에서 국민국가로

초판 1쇄 발행/2009년 2월 27일
초판 4쇄 발행/2018년 4월 3일

지은이/강진아
펴낸이/강일우
책임편집/이명애 강영규
펴낸곳/(주)창비
등록/1986년 8월 5일 제85호
주소/10881 경기도 파주시 회동길 184
전화/031-955-3333
팩시밀리/영업 031-955-3399 · 편집 031-955-3400
홈페이지/www.changbi.com
전자우편/human@changbi.com

ⓒ 강진아 2009
ISBN 978-89-364-8243-5 03910
ISBN 978-89-364-7978-7 (전4권)

* 이 책 내용의 일부 또는 전부를 재사용하려면
  반드시 저작권자와 창비 양측의 동의를 받아야 합니다.
* 책값은 뒤표지에 표시되어 있습니다.